GUTKiND

SABIN TAMBREA

VATERLÄNDER

Roman

GUTKiND

Pentru Mama, Tata și Ai

I.

Von Zeit zu Zeit glich das Muster einem Notensystem, doch weder geradlinig wie auf Papier noch ausgefüllt von den Noten einer Melodie, sondern verstummt und losgelöst von der uns fremd gewordenen Realität des 19. März 1987. Im letzten Anlauf vor dem Ziel war es bloß eine freie Einheit zweier Striche, die vor der grauen Wolkendecke zuckte, mal mehr, mal weniger weit voneinander entfernt, an vorbeiziehenden Masten befestigt, dazwischen durchhängend, aufeinander zuspringend, aus dem Blick verschwindend und wiederauftauchend. Der flirrenden Bewegung stand ein Klang entgegen, der sich unter dem Zug entlangzog, ein Herzschlag hämmernden Metalls; Räder auf den Schwellen alter Gleise, sich an kein erkennbares Taktmaß haltend, agogisch, atmend, frei. Die Linien beruhigten sich, je langsamer der Zug durch die Landschaft fuhr, nun vermehrten sie sich wieder, beschleunigten ihre Bewegung dem Finale unserer Fahrt entgegen.

Für einen kurzen Moment drang die Sonne durch einen Wolkenriss hinter dem Kabelspiel hindurch. Ich griff nach Mamas Hand, um ihr den Wärmestrahl zu zeigen, doch sie schaute weiter unbewegt ins Leere. Meine Schwester zuppelte mir die Mütze über die Ohren und ruckelte mich zurecht, als ich in meinem gefütterten Latzmann halb von unseren Koffern zu rutschen drohte, die sie zuvor aus unserem Abteil vor die Ausstiegstür geschoben hatte.

»Nuku, imediat ajungem, totul e bine!«, sprach Ai in mütterlichem Ton, dass wir gleich ankämen und alles gut sei, eine Rolle erfüllend, um die sie nicht gebeten hatte, wuchs über die Reife eines achtjährigen Kindes viel zu früh, viel zu weit hinaus. »Sabinuku« hatte sie mich instinktiv getauft, als sie mich nach meiner Geburt zum ersten Mal gesehen hatte, die erfundene Endung an meinen Namen drangehängt und den Hauptteil fortan weggelassen. Seitdem blieb es einfach so.

Der Sonnenstrahl verschwand, von Mama ungesehen. Regentropfen begannen nun, seitwärts an der Scheibe entlangzurennen. Ai wandte sich zu Mama, berührte ihre Hand.

»Imediat coborâm«, sagte sie, gleich steigen wir aus. Bonn hatten wir vor mehreren Minuten verlassen, ein Schaffner lief vorbei, bemerkte unser Gepäck, hielt inne und kam zurück.

»Köln?«, fragte er Mama, Ai antwortete, »Ja, Hilfe, bitte.«

Ich versuchte, mich für eine der Stromleitungen zu entscheiden, doch jede einzelne entwischte meinem Blick. Es war nicht zu erahnen, wohin ihr Weg als Nächstes führen würde, noch dazu verwirrten Regenlinsen meine Sicht. Eine riesige Stahldachkonstruktion schob sich vor das Fenster, Bremsen heulten auf, die Tropfen auf der Scheibe nahmen eine Kurve Richtung Boden, reflektierten hundertfach eine Leuchtreklame vom Seitendach des Bahnhofs in Gelb und Blau – der Zug kam mit schwerem Ruck zum Stehen. Die Tür öffnete sich.

Unbekannte, kühle Luft fasste mir ins Gesicht und rann in meine Lunge, Ai griff um meine Brust, hob mich hinunter, der Boden neuen Zuhauses berührte meine Sohlen. Die strahlende Reklame erfasste meine ganze Aufmerksamkeit, die gelbe Zahl 4711 schien schräg aus einem verschnörkelten Kreis, darunter blaue Buchstaben: Das »O« hatte zwei Punkte als Ohren, es erinnerte mich an die Maus aus dem Comicheft, das Tata uns zugeschickt hatte.

Derweil war auch Mama ausgestiegen und betrachtete einen ungepflegten, langhaarigen Mann in engen Lederhosen, der von uns abgewandt am Bahnsteig rauchte. Er bemerkte uns erst, als Ai ungelenk das Gepäck vom Schaffner anzunehmen versuchte, während Mama bloß dastand, eingefroren, mit zwei schweren Koffern, die ihr langsam aus den Fingern glitten und zu Boden stürzten. Der fremde Mann schnipste seine Zigarette fort und eilte Ai zur Hilfe, während Mama ihn nun aus der Nähe betrachten konnte.

War das Béla? Konnte er sich in zwei Jahren tatsächlich so verändert haben? Konnte ihn der Kummer der letzten beiden Jahre, der Entriss von der Familie und die Zeit in Einsamkeit auf solche Art entfremden? Dieser Mann hatte nichts mehr mit dem Jungen gemein, in den sie sich verliebt hatte. Die feinen Züge seines Gesichts waren verhärmt, sie versuchte angestrengt, ihr Bild aus der Erinnerung in diesem Mann wiederzuerkennen, und fast gelang es ihr, wie wenn man in die Sonne schaut und dann woanders hin, als sähe man das eingebrannte Echobild im neuen Blick, so auch auf dem Gesicht des Fremden. Mama sprach ihn kraftlos an, doch ehe sie »Béla?« ausgesprochen hatte, rief Ai: »Tata! Da hinten ist er ja!«

Unser Tata rannte vom anderen Ende des Bahnsteigs auf uns zu, mit zwei Blumensträußen in der Hand, die viel zu groß waren, um sie allein zu tragen. Ai sprang ihn nach langem Anlauf an und ließ ihn nicht mehr los. Langsam lief er mit dem festgeklammerten und von Blüten eingerahmten Äffchen um den Hals auf Mama zu, die noch immer unbewegt neben den umgefallenen Koffern stand. Ai löste einen Arm und legte ihn um sie, zu dritt umarmten sie sich lange. Ich stand daneben, betrachtete sehr ernst den Mann, der mir zwar bekannt vorkommen sollte und es ganz entfernt auch tat, doch irgendwie auch nicht. Nach einer Weile löste sich die Einheit.

»Nuku, erkennst du denn Tata nicht?«, fragte Ai lachend. Ich schaute weiter skeptisch, sprach mit tiefster Stimme: »Ta-Ta.« Er hob mich hoch, meine Nase streifte seinen Hals. Doch! Etwas fast Vergessenes kam mir plötzlich sehr vertraut vor, und mit dem nächsten Atemzug wurde mir ganz warm ums Herz.

Die Rückbank des Autos war auch ohne unser Gepäck bereits vollbepackt. Tata hatte selbstgeschmierte Sandwiches vorbereitet, viel mehr, als wir zu viert in einer ganzen Woche hätten essen können, dazu Bonbons, Kekse, drei Limoflaschen von eineinhalb Litern – rot, gelb und klar, dafür aber mit einem leuchtend grünen Etikett – alles Köstlichkeiten, die es zuhause nicht gab. Während Mama und Tata im Regen versuchten, den Rest von unserem Leben im Kofferraum zu verstauen, konnte ich mich der Anziehungskraft der gelben Limonadenflasche nicht erwehren. Ai half mir beim Öffnen und Anheben, ich trank viel zu viele, viel zu große Schlucke. Als Nächstes war die bunte Schokoladentüte dran. Zwar schmeckte es unfassbar gut, doch es klebte stark am Gaumen und musste schnell mit weiteren Pritzelschlucken heruntergespült werden. Wir wurden eng angeschnallt, die Blumensträuße hinter unsere Kopfstützen gequetscht, Mama und Tata stiegen ein. Mein Bauch blubberte sehr stark, doch zumindest war die Müdigkeit wie ausgelöscht. Der Dom wurde uns gezeigt, eine Brücke über einem breiten Fluss, dann folgte eine sehr runde Autobahnauffahrt, bei stark anziehender Geschwindigkeit.

Ein Laut drang plötzlich durch den ganzen Innenraum des Wagens, konturlos und doch splitternd, gefolgt von Mamas bitterlichem Weinen. Die Geigen hätten sie ihr abgenommen, an der Grenze. Auch die Gemälde, die ihr so bedeutsam waren. Wir hätten eine Genehmigung zur Überführung gehabt, doch das war ihnen gänzlich egal. Bumami und Horea seien aus dem Zug geprügelt worden, nicht einmal eine Umarmung hatten sie uns zum Abschied von den Großeltern zugestanden, Bestien!

Es folgten Schimpfworte, wie wir sie noch nie von Mama gehört hatten, brutalste Messerwortauswüchse drosch sie gemeinsam mit den Fäusten gegen die Armatur, Tata riss das Lenkrad herum, brachte den Wagen mit schwerem Ruck auf dem Seitenstreifen zum Stehen, der Gurt krallte sich in meinen Magen. Tata betrachtete hilflos und sehr lange ihren Schmerz, der auch der seine war, doch den zu empfinden er sich verboten hatte, um in der Fremde nicht verrückt zu werden. Er fasste nach ihren Händen, drückte sie beruhigend an den Körper, umarmte sie, so eng er konnte, bis schließlich beide im gleichen Rhythmus zuckten und dabei fürchterliche Laute von sich gaben. Ai war blass, sie schaute starr auf die Kopfstütze vor sich, dann legte sie ihre Hand auf meinen Kopf. Die Berührung rannte gleich einer Ameisenstraße meinen Nacken hinunter, die Wirbelsäule entlang bis in den Magen. Ein Strahl süßester Geschenke schoss mir sauer geworden aus dem Gesicht, quer durch den ganzen Innenraum des Wagens.

»Nuku, am ajuns!«, weckte Ai mich, wir waren angekommen. Mein Blick fiel auf Bäume. Wir standen auf einem Wendeparkplatz mit abschließendem kleinen Wald, am Ende einer gebogenen Straße, von der von Gärten abgetrennte Wohnblocks abgingen. Das Gepäck stand bereits neben dem Auto auf der glänzenden Straße, der Regen hatte aufgehört. Tata deutete auf das letzte Haus mit einer schwarzen Fünf an der Seite, hielt uns die andere Hand hin und spreizte die Finger.

»Glatzer Straße 5, in 4370 Marl!«

Welche Sprache kam da aus Tatas Mund? Eine ruppige Aneinanderreihung von Buchstaben mit unerwarteten Lautfolgen, ganz und gar unverständlich, auch wenn es ganz entfernt rumänisch klang, denn er rollte das »R«.

»Ihr müsst euch diese Adresse gut merken, dies ist ab jetzt unser Zuhause!«

Das Gepäck schafften wir mit einem Mal in den vierten Stock, Tata schloss die Tür auf. Dahinter ein Flur mit braun-grün geblümter Tapete, links eine Kammer, daneben eine kleine Gästetoilette. Ai konnte nicht fassen, wie warm es in der Wohnung war, staunend zog sie sich und mir die Mützen aus, und wir rannten wie zwei verwirrte Lämmer durch die Tür ins Wohnzimmer.

Ein Küchentisch, vier Holzstühle mit Lehnenkanten auf gefährlicher Höhe um einen Esstisch, im gleichen Raum zwei Holzsofas mit eingesteppten Schwungmustern, ein Fernseher, ein Glastisch, auf den Tata eine Fotokamera stellte, uns zusammenrief, um die erste gemeinsame Erinnerung nach dem Wiedersehen festzuhalten, und den Knopf für das verzögerte Auslösen betätigte. Und noch einmal, zur Sicherheit. Ein weiterer kleiner Flur ging vom Wohnzimmer ab zum Badezimmer, links daneben das Schlafzimmer mit riesigem Ehebett und Kleiderschrank, rechts vom Bad das Kinderzimmer mit zwei weißen Kleiderschränken, Schreibtisch, Regal und einem doppelstöckigen Hochbett. Wir flippten aus, denn es lagen unzählige Spielsachen darauf, ich griff sofort nach der Puppe mit dem schönsten Haar, zwirbelte eine ihrer Locken um den Zeigefinger und drückte die entstandene Schlaufenfeder zwischen Daumen und Mittelfinger aneinander, so wie ich es bei Mama immer tat, doch es fühlte sich leider überhaupt nicht so gut an wie bei ihrem wunderweichen Haar.

Tata versuchte, meine Aufmerksamkeit auf die eigentlich mir zugedachten Spielzeugautos zu lenken, doch mein Blick fiel erstmal auf die Tapete. Die Wände waren über und über mit den Figuren aus dem Comicheft gefüllt. Die Maus, drei kleine Enten mit Kappen, eine große mit blauem Oberteil und lustigem gelben Schnabel, ein schlaksiger Kerl mit Schlappohren an ein Auto gelehnt, eine ernste Ente mit Hut, Monokel und vielen Münzen um sich herum; es nahm kein Ende. Ai setzte sich zu mir aufs untere Bett, und wir entdeckten all die neuen Gefährten, die uns von nun an in den Schlaf begleiten würden.

Derweil waren Mama und Tata im Wohnzimmer damit beschäftigt, in Rumänien anzurufen, um unsere Großeltern zu beruhigen und zu berichten, dass alles gut gegangen und wie die Fahrt verlaufen war. Eine dreizehnstellige

Nummer musste in die Wählscheibe gedreht werden, doch eine Verbindung wollte nicht zustande kommen. Als es nach unzähligen Versuchen schließlich doch gelang, bekam Mama kein Wort heraus, stattdessen hörten ihre Eltern gleich trotz aller Versuche, es zu unterdrücken, wie sehr sie aus Sehnsucht nach ihnen und ihrem verlorenen Zuhause weinen musste. Tata kam ins Kinderzimmer, um uns zum Telefon zu holen, unsere Großeltern wollten sicher auch unsere Stimmen hören, doch Ai lag friedlich eingekringelt auf dem Bett, ich hingegen war etwas unbequemer eingeschlafen, kniend vorgebeugt, mit dem Hintern in die Luft, die Stirn gegen die Tapete angedrückt.

Wenig später weckte uns der Hunger. Wir aßen eine Suppe, die uns ein Ehepaar gekocht hatte, das bereits vor einigen Jahren aus Rumänien geflohen war und als Kollegen und Freunde auf Tata achtgegeben hatten, während er sich einlebte. Ai fuhr danach mit Tata einkaufen, Mama und ich blieben zuhause.

Ich erkundete die Wohnung noch einmal, um zu sehen ob die schönen Entdeckungen noch immer da waren oder ob ich sie mir bloß eingebildet hatte; die Veränderungen in der letzten Zeit kamen so unvermittelt und verstörend, dass ich sichergehen musste.

So strahlend hatte ich Ai noch nie gesehen; sie kam völlig begeistert, wenn auch ungläubig von der Einkaufstour zurück. Es erschien ihr wie ein Wunder, dass man die Möglichkeit hatte, selbst zu entscheiden, was man einkaufte. Sie berichtete von all der Auswahl und den Farben, von den köstlichen Gerüchen an den Essensbuden vor dem Einkaufszentrum, davon, dass man vor dem Kauf verschiedene Bodenreinigungsmittel öffnen und riechen konnte, ob der Duft einem zusagte; von dem Klamottenladen, in dem sie sich einen roten Pulli aussuchen durfte, den sie nun stolz trug, von dem Reinigungsgeschäft, in das sie Mamas langen Lederrock brachten, den ich auf der Fahrt versehentlich mit Milch aus meiner Flasche bekleckert und dessen Fleck über die drei Tage schlimm zu stinken begonnen hatte. Eigentlich hätte auch Mama mitgehen müssen, um sich neue Anziehsachen zu kaufen, denn die Kiste, die sie vor unserer Abreise mit den restlichen Habseligkeiten und unseren Klamotten versenden durfte, war bisher noch nicht angekommen. Doch sie traute sich noch nicht hinaus, es ängstigte sie, nicht kommunizieren zu können, und in Tatas Klamotten sah sie noch viel dürrer aus, als sie sich unter Menschen hätte blicken lassen wollen.

Am späten Nachmittag schlug Tata mir vor, Fußball spielen zu gehen. Als wir angezogen waren, verstand ich erst im Hausflur, dass Mama nicht mitkommen würde, und entschied mich dagegen. Also badeten wir. Sogar Schwimmspielsachen hatte Tata uns gekauft. Ai und ich plantschten, Tata brachte uns von Zeit zu Zeit ein kleines Stückchen Brot, das nach Größe abgepasst genau in unsere Münder passte, garniert mit einer dicken Butterschicht unter Salami oder doppellagigem Schinken, Käse und einem Stückchen Gurke, geschält, ohne dunkelgrünen Rand. Schinken und Käse hätten wir nicht unbedingt gebraucht; Ai und ich mochten beide die Variante mit Salami lieber, doch Tata gab uns zu bedenken, dass Käse und der Schinken teurer waren, das müssten wir doch schmecken!

Mit weichen Handtüchern wurden wir abgetrocknet, ehe mir ein noch weicherer Pyjama angezogen wurde. Auf der Brust waren zwei Mäuse in einem grünen Auto ohne

Dach, es erinnerte mich an Horeas Wagen, mit dem er uns zum Zug gefahren hatte. Die Maus saß am Steuer, die Mäusin stand auf dem Beifahrersitz und winkte zum Abschied. Ein warmer Luftstrom drückte mir plötzlich ins Gesicht, Tata föhnte mich und massierte meinen Kopf dabei, wie angenehm, ich hätte augenblicklich einschlafen können. Ai und er lachten darüber, wie sich mir die Augen wegdrehten, Mama stand in der Tür, betrachtete uns drei, und auch sie begann zu lächeln, kurz leuchtete es in ihren Augen, zum ersten Mal seit langer Zeit.

Später lagen wir verknotet auf dem Sofa, die Dämmerung trat langsam hinter dem Fernseher durch die Fenster zum Balkon herein. Der 19. März war nun fast vergangen, die Synapsen meines Hirnes verspürten bereits Muskelkater vom Zusammenwachsen, und mit dem endlosen Klicken der rücklaufenden Wählscheibe donnerte der Schlaf mich unversehens in die nächsten Tage.

Die folgende Zeit zog wie ein Fiebertraum an uns vorbei. Aus dem Erinnerungskokon erlebten wir ein zersprungenes Kaleidoskop zeitgelöster Augenblicke, getragen von der Hoffnung, bald Frieden mit unserer Entwurzelung zu schließen.

Ai gelang es nach der Einschulung in die zweite Klasse recht gut, sich einzuleben; sie schloss Freundschaften und lernte schnell die neue Sprache. Nachmittags übte sie Violine, war beschäftigt, abgelenkt und die meiste Zeit auch unbeschwert. Mama hingegen litt am Entzug der von ihr schwer vermissten Menschen. Auch die tägliche Routine als Violinistin bei den Orchesterproben im Kulturpalast der Heimatstadt fehlte ihr, die Unfähigkeit, ihren Beruf ausüben zu können, schmerzte sie sehr.

Nach seiner Flucht hatte Tata sich eine Arbeitsstelle als Violinist in der Philharmonia Hungarica erkämpft, einem Orchester für geflüchtete Musiker aus dem Osten, und die Tatsache, dass er zwei Mal täglich Proben für eine anstehende zweiwöchige Amerikatournee hatte, führte ihr das Fehlen einer Aufgabe jenseits der des Mutterseins noch deutlicher vor Augen. Hinzu kam, dass sie während seiner Tournee den Schutz der Wohnung verlassen musste, um Ai zur Schule und mich zum Kindergarten zu fahren.

»Du musst selbstständig sein!«, hatte Tata ihr lange vor der Flucht gesagt, bis sie schließlich nachgegeben und sich um den Führerschein bemüht hatte; von sich aus hätte sie es nicht getan, und nun begriff sie, warum er so darauf bestanden hatte und wie vorrausschauend er dachte.

Nach schwerem Abschied, bei dem Tata ihr Mut zuzusprechen versuchte, war sie nun auf sich allein gestellt. Als wir am nächsten Morgen abfahrtbereit im Auto saßen, starrte Mama eine lange Weile aufs Lenkrad, betete, schlug ein Kreuz und startete den Motor.

Was, wenn sie sich verfahren würde? Zwar war sie einige Male mit Tata vor seiner Tournee die Strecke abgefahren, und die Notizen hielt sie nun fest in ihrer Hand, doch bei jeder Ampel überkam sie eine Angst, ob der eingeschlagene Weg richtig sei. Was, wenn sie einen Unfall verursachen würde? Was, wenn der Tank leer ginge, wie würde sie mit dem Tankwart kommunizieren? Nie passierte etwas Unerwartetes, doch nach ihrer Heimkehr war Mama stets so erschöpft, dass sie sich hinlegen musste.

Am Zaun vor dem Kindergarten schaute ich ihr lange nach, wie sie hinter einem Busch in Richtung Parkplatz verschwand. Ich trauerte, dass ich die Zeit nun ohne sie verbringen musste, flüsterte ihr nach: »Îmi pare rău«, es tut mir leid. Die ebenfalls aus Rumänien stammende Kindergärtnerin hinter mir hatte zugehört und gleich zu weinen angefangen. Auch ihr war eine sentimentale Seele nicht abzusprechen, was mir dabei half, mich heimischer zu fühlen, während ich von ihr in den Saal meiner »blauen Gruppe« geführt wurde, um meine neu gewonnenen Freunde zu begrüßen.

Seit kurzem begann das Mädchen mit den Wasseraugen aus der »gelben Gruppe«, meine ganze Aufmerksamkeit auf sich zu ziehen, obwohl ich sie nie direkt anschauen konnte; ihren gelegentlichen Blicken konnte ich nicht standhalten. Ich wollte ihr ein Geschenk machen, als Dankeschön dafür, dass ich in ihrer Gegenwart mein Heimweh deutlich weniger empfand.

Dies teilte ich Mama mit. Zwar spazierten wir meistens sonntags durch den Marler Stern – ein Einkaufszentrum unter einer riesigen Traglufthalle, das alles bot, was man sich nur wünschen konnte, und sei's nur für die Augen –, um nicht werktags in Versuchung zu kommen, etwas von Tatas knappem Gehalt auszugeben; und wenn, dann nur für Kugeln an der Eisdiele, die auch an Sonntagen geöffnet war. Nach meinem ausgesprochenen Wunsch setzten wir uns jedoch ausnahmsweise während Tatas Mittagspause an einem Wochentag in den Wagen.

Die Suche nach dem passenden Geschenk stellte sich als leichter als befürchtet heraus, denn im Kaffeeladen fiel mir gleich ein faltbares Werbeprospekt auf. Die schönen Farben darauf kitzelten meine Wahrnehmung und erinnerten mich mit ihrem Flimmern an ihre Wasseraugen, also entschied ich, den Prospekt mitzunehmen, ihn mit der

Hilfe meiner Familie in Geschenkpapier einzupacken und mit einem rotglänzenden Schleifenband zu umschließen. Ich überreichte es ihr am nächsten Morgen mit gesenktem Blick. Später entdeckte ich das aufgerissene Geschenk am Boden, als ich gerade zum Ausgang gehen wollte, wo Mama auf mich wartete. Da war das Mädchen leider schon weg, wie mir die Kindergärtnerin mitteilte. Sie bemerkte das verwaiste Geschenk in meiner Hand, und Tränen füllten ihre Augen. Sicher würde das Mädchen sich zuhause ärgern, dass ihr mein Geschenk versehentlich aus der Jacke gefallen war. Wir legten es gemeinsam auf den Tisch, an dem das Mädchen immer malte, und zum Glück hatte sie es schließlich gefunden und an sich genommen, denn es war verschwunden, als ich am nächsten Tag dort nachschaute.

Der Sommer zog ein, ebenso erwachte meine Neugier auf das Leben. Die einst kühle Luft, die mir auf dem Dreirad entgegenwehte, fühlte sich immer versöhnlicher an. Sie flüsterte mir mit wärmer werdenden Tagen ein Versprechen zu, das ich zwar nicht verstand, sondern nur erfühlend deuten konnte, als eine Vorfreude auf alles Unbekannte, was in mein Leben treten möge. Der Asphalt erwärmte sich, die Büsche blühten auf, es duftete aus jeder Richtung.

Am Wald entlang spazierten wir zur Brücke, unter der auf einer Gleisspur hin und wieder ein Zug zwischen Marl und Recklinghausen pendelte; was für ein Glücksfall das war, wenn wir den Moment erwischten und die drei Wagen unter uns vorbeirauschten. Von dort aus weiter über saubere Straßen, gemähten Rasen hin zum Spielplatz;

immer die Familie um mich, nie mehr als wenige Sekunden von meiner Hand entfernt. Betrachtete ich nur den Augenblick, so schien das kitzelnde Gefühl des Sonnenscheins aus tiefstem Blau, reflektiert vom satten Grün im Schattenstand der jeweiligen Stunde wie ein unveränderlicher Zustand. Doch schaute ich kurz weg und wieder hin, veränderte jedes Gebäude, jeder Baum sein Gesicht, die Stimmung. Ich sog das Licht am Vormittag in mich hinein, als würde es nie enden. Die Schatten am Nachmittag schmeckten melancholischer, der Abend trauerte bereits um den vergangenen Tag.

Dann nach Hause, die vier Stockwerke hinauf; in jeder Etage roch es wunderbar nach Essen, nur in der dritten wurde immer etwas Ekliges gekocht. Tata meinte, es sei Kohl; ich hielt die Luft an, während wir durch den Furzgeruch hinaufeilten. Abends wurde gebadet, danach lagen Ai und ich vor dem Fernseher im Schoß unserer Eltern, während sie sich an der Wählscheibe abwechselten.

Die Dämmerung drückte mir mit jedem weiteren Tag schwerer auf die Brust, sobald die Sichtbarkeit der Welt entschwand. Diesen Zustand mochte ich immer weniger, da ich nicht fähig war, in der Dunkelheit die Abgrenzungen meiner Gedanken zu erkennen; ich fürchtete, sie würden zu weit vom Weg abkommen, auf dem ich mich bei Tageslicht noch sicher fühlte. Ich spürte eine große Furcht, es wucherte irgendetwas in der Tiefe, von dem ich hoffte, dass es nicht aufsteigen würde, doch es setzte unaufhaltsam eine lähmende, nicht greifbare Verlustangst ein, die über viele Jahre jede Nacht über meinen Vorsatz fegte, es an diesem Abend zu schaffen, einfach im eigenen Bett einzuschlafen, und nach dem Aufwachen sei schon Morgen.

»Heute gehe ich nicht rüber!«

Solange Mama und Tata wach waren, hielt der Klammergriff sich noch zurück. Dann, sobald ich von drüben das Klicken ihrer Nachttischlampen hörte, das Geräusch unabwendbarer Gewissheit, dass sie gleich nicht mehr wach sein würden und ich ganz allein mit meinen Gedanken daläge, folgte der Kampf mit meiner Scham. Gefühlte Stunden lang lag ich unter Angstschüben da, befürchtete mir eingestehen zu müssen, dass ich wohl wieder scheitern würde. Jede Nacht dahin führend, dass der Knoten tief in meinem Hals nur durch das Herübertapsen in ihr Bett gelockert werden konnte, denn schon in dem Moment, in dem ich den Entschluss fasste, zu ihnen hinüberzugehen, war die Angst sofort verschwunden. Ich legte mich schweigend zwischen sie. Kurz war alles gut, doch kaum fielen meine Augen zu, wachte ich im nächsten Augenblick wieder im eigenen Bett auf; der Vorgang wiederholte sich, bis die Dämmerung mir endlich Mut verlieh, allein noch ein wenig Kraft zu sammeln, für einen weiteren, unbeschwerten Tag.

Eines Nachmittags riefen mich meine Eltern ins Kinderzimmer, wo sie mir unvermittelt einen Geigenkasten in die Hand drückten. Ich sei jetzt fast fünf Jahre alt, genauso alt wie Ai, als sie zu spielen begann, also sei es höchste Zeit, mit dem Geigenunterricht zu beginnen, um so mit den besten Voraussetzungen später zur absoluten Spitze und nicht bloß zum Mittelmaß gehören zu können. Ich freute mich, nun einer von ihnen zu werden, und packte die Geige vorsichtig aus. Sie war sehr, sehr klein, feuerrot und roch stark nach Lack. Ich fuhr mit meinem Zeigefinger die Schnecke am Geigenkopf entlang, sie glänzte wie eine Seifenblase. Der Bogen hatte ein Pünktchen aus Perlmutt unter weißem Haar an dunkelbraunem Holz. Er war sehr hübsch, vor allem die sanft geschwungene Spitze. Ich schaute zu Mama, ihre Nase hatte genau die gleiche Form.

»Vioară în stânga, arcușul în dreapta«, sagte Tata, voller Vorfreude auf den feierlichen Moment der ersten Kontaktaufnahme zwischen mir und meiner vorbestimmten Zukunft; jedoch hatte ich keine Ahnung, was er damit meinte, die Geige links, den Bogen rechts. Die kleine Geige wurde mir an den Hals gehoben, ich sollte sie zwischen Schulter und Kinn einklemmen.

»Aceasta este mâna stângă« – das war also links. Ich schaute die Startrampe der vier silbernen Saiten entlang des Halses meiner Geige zur Schnecke, musste schielen, um die Details klar zu erkennen, so nah war mir auf einmal dieses Instrument. Jetzt sollte ich mit dem Handgelenk den Hals der Geige abstützen. Ich versuchte es mit der freien Hand, der rechten.

»Falsche Hand! Heute nur links!«, intervenierte Tata gleich, ich sollte die rechte Hand locker hängen lassen und es mit der linken versuchen. Das war zu viel für meine Motorik. Ich war schon mehr als ausgelastet damit, die Geige zwischen Kinn und Schulter festzuklemmen, denn mit dem linken Handgelenk erhob sich auch meine rechte Schulter, die mir Mama aber sofort sanft herunterdrückte. Sie korrigierten gemeinsam meine Hand am Geigenhals, so dass dieser mit ein wenig Abstand zur Kuhle zwischen Daumen und Zeigefinger lag. Tata war zufrieden, doch anstatt, dass ich die Geige hätte einpacken dürfen, um meine Konzentration wieder den Spielsachen zu widmen, sollte ich die Geige runternehmen und von allein diese Position finden. Bei allen drei folgenden Versuchen mussten sie jede einzelne Bewegung korrigieren, jedes Mal wurde mir die rechte Schulter wieder runtergedrückt; ich konnte es mir gar nicht merken; und das war erst die Geigenhand.

»Nur Geduld. Es braucht Zeit, bis es in den Reflex übergeht, und dann musst du gar nicht mehr dran denken.« Das klang danach, als würde das Vorhaben länger dauern, also schlug ich etwas anderes vor: »Darf ich Lego spielen?«

Am nächsten Tag war die Bogenhand dran. Die Geige war schon am Hals, jetzt sollte ich meine rechte Hand ausschütteln. Tata legte mir daraufhin den Bogen zwischen die Finger.

»Nur sanft greifen, das ist alles, mehr musst du nicht tun!« Ich griff zu fest zu, der Daumen schnalzte aus der Rundung über in die Biegung, der kleine Finger rutschte mir von der Metallspannschraube am Holz, der Bogen flog zu Boden.

»Sanft!«

Ich schüttelte die Hand erneut aus, Tata wiederholte seine Übergabe. Dieses Mal gelang es mir. Er rief nach Mama, damit sie den Moment nicht verpasste. Sie kam herein, stellte sich zu Ai, die am Schreibtisch ihre Hausaufgaben erledigte und wehleidig zu uns herüberschaute; sie wusste, von nun an müsse sie das Gekratze eines Anfängers ertragen.

»Du musst jetzt auf der Hälfte des Abstandes zwischen Steg und Zunge der Geige den Bogen im rechten Winkel zur Seite auflegen, parallel zum Steg!« Nichts leichter als das! Leider geriet ich beim Versuch mit der Spitze meines Bogens unter die Saiten, ließ ihn vor Schreck fallen, die

Spitze verhakte sich zwischen den stählernen Fäden, die mit einem lauten »Plong« zerrissen.

»Zwei linke Hände, wie Horea!«, fasste Tata den bisherigen Verlauf zusammen, Mama lächelte traurig.

»Die Geige drückt am Hals!«

»Es dauert etwas, bis sich an der Stelle Hornhaut bildet, aber dann wirst du den Druckschmerz nicht mehr spüren!« Er zog neue Saiten auf, und die Übung wurde wiederholt. Draußen war so schönes Wetter! Mama übernahm, führte mir den Bogen an die korrekte Stelle auf die Saiten. Jetzt war der Moment gekommen, der erste Ton sollte erklingen. Ich begann ungelenk eine Kakophonie schräger Töne aus dem Ding in meiner Hand zu schrubben, die rechte Schulter rutschte mir verkrampft nach oben, ich ließ die Geige angeekelt sinken.

»Wunderschön!«, kommentierte Ai trocken, packte ihre Hefte zusammen und ging ins Wohnzimmer, um dort in Ruhe mit den Hausaufgaben fortzufahren.

Meine Schwester war uneinholbar weiter fortgeschritten mit der Geige. Wenn sie spielte, dann klang es nach Musik, es schmerzte nicht in den Ohren, wenn sie eine Stelle zigmal wiederholte, um sie noch perfekter hinzukriegen. Wenn sie übte, dann lächelte Ai die meiste Zeit, bis auf die Momente, in denen ich neben ihr am Boden zu laut nach einem bestimmten Legosteinchen in der Kiste suchte oder die Melodien mitsummte, die sich mir schnell einprägten und die ich, wenn sie wieder unterbrach, besserwisserisch zu Ende sang.

Sobald es aber an die telefonische Terminvereinbarung ihrer Geigenstunde ging, weinte Ai jedes Mal. Sie durfte sich, und das war eine Ehre, die Geigenschülerin einer sehr renommierten russischen Professorin nennen, die sich zur Aufgabe gemacht hatte, Ai bereits im Alter von zehn Jahren für die Aufnahmeprüfung an ihrer Hochschule als Jungstudentin vorzubereiten. Also fuhren wir jeden zweiten Sonntag mit dem Auto einen langen Weg nach Düsseldorf, zur Professorin nach Hause.

Während ihrer zwei Unterrichtsstunden liefen wir durch die Straßen, an Schaufenstern und einem Fluss entlang, ließen uns die Sonne ins Gesicht scheinen und holten schließlich erholt vom Spaziergang samt einer Kugel Eis die weichgeklopfte Ai wieder ab. Ich umarmte sie und schaute die strenge Professorin so wütend an, wie ich nur konnte, während Mama ihr einen Umschlag mit einer für unsere Familie nicht unerheblichen Summe übergab.

Hin und wieder übte auch Mama, doch meistens fehlte ihr die Kraft und auch die Motivation. Es dauerte knapp zwei Jahre, bis auch sie eine Arbeitserlaubnis bekam, ohne die sie eine Strafe von fünftausend D-Mark hätte zahlen müssen, hätte sie ihren Beruf unerlaubt ausgeübt.

Kaum war die Angelegenheit erledigt, bemühte Tata sich für sie um ein Bewerbungsvorspiel auf die frei gewordene Aushilfsstelle in seinem Orchester. Dieser Gedanke gab Mama Hoffnung, sie sehnte sich danach, wieder gemeinsam mit ihrem Mann auf einer Bühne stehen zu dürfen; ab dem Moment übte sie regelmäßig, so auch Ai und Tata. Wenn sie mit mir fertig waren und ich meine Pflicht an der Geige getan hatte, spielte ich im Wohnzimmer mit Legosteinen, untermalt von nicht zueinander passenden Melodien aus drei verschiedenen Richtungen. Tata übte die Passagen aus den kommenden Konzerten, Ai für ihren Unterricht und Mama ihrem Probespiel entgegen.

Von einem doppelten Gehalt würde sich Tata endlich einen lang gehegten Wunsch erfüllen können; eine Videokamera auf Ratenkauf und sehr viele Kassetten, um alles festzuhalten, was der Familie in Rumänien an unserem Aufwachsen entging, am alltäglichen Leben, von dessen kostbaren Momenten Tata zu gut wusste, wie sehr sie aus der Ferne schmerzten, wenn man sie verpasste.

Mama bekam die Stelle, doch trotz der beruflichen Erfüllung war ihre Traurigkeit nicht gänzlich zu vertreiben. Wir verbrachten ab dem Moment die meiste Zeit im Lindenhof, dem Probensaal ihres Orchesters, der Philharmonia Hungarica. Tata legte Wert darauf, auch an den Wochenenden etwas zu unternehmen, um Mama von den Phantomschmerzen abzulenken und so die Stimmung zu verbessern; wir verabredeten uns mit den Kollegen und ihren Familien, grillten und erlebten eine Zeit entstehender Freundschaften, die bald auf mehr basierten, als bloß den gleichen Ursprungspunkt zu teilen.

Die Männer des Orchesters spielten Fußball, mir wurde die Aufgabe des Ballrückholers zugedacht. Später saß ich ermüdet auf dem Schoß einer hübschen Frau mit langen Locken, welche sich so schön wie Mamas Haare um meine Finger legen ließen, fast ebenso elastisch war die Schlaufe! Es war die Tochter von Tatas bestem Freund, mit dem er gemeinsam aus Rumänien geflohen war; auch seine Familie war mittlerweile nachgekommen. Oft erzählten sie beim Bier nach dem Fußballspiel, was sie für Kämpfe am ersten Pult der Violingruppe mit dem Dirigenten und den Musikern hinter ihnen ausgefochten hatten. Sein Freund war der Konzertmeister der Philharmonie, die wichtigste Position des Orchesters. Er lachte, was für ein Symbol das war, was für ein Affront, dass der Kapitän das Schiff vor allen anderen verließ, und zwar »per Köpper vom höchsten Punkt des Segelmastes. Was haben sie uns damals nicht dafür verurteilt, und als Verräter durch den Dreck gezogen!«

Seither hörten sie nichts Gutes aus der Heimat, die Zurückgebliebenen zerstritten sich, und mit jedem, der im letzten Jahr noch rüberkam, neigte das System im alten Land sich weiter seinem Untergang entgegen.

Es dauerte nicht lange, und eine erste gemeinsame Konzerttournee stand an. Die Proben dafür beanspruchten unsere Eltern den ganzen Tag im Lindenhof. Ganze sechs Tage würden sie mehrere Konzerte in Budapest und umliegenden Städten spielen. Die Ehefrau eines Orchesterkollegen hatte sich bereit erklärt, während der Reise auf Ai und mich aufzupassen. Zur Eingewöhnung holte sie mich während der Probenwoche vor der Abreise unserer Eltern vom Kindergarten ab. Gleich am ersten Tag verspätete sie sich; ich plauderte noch ein wenig mit der Kindergärtnerin, bis schließlich die Frau, der ich mich nun anvertrauen musste, mit ihrem Hund um die Ecke bog.

Es fühlte sich nicht richtig an, von jemand anderem als meinen Eltern abgeholt zu werden, ich versuchte, das Sonnenechobild meiner Mama in ihr zu erkennen, doch es wollte mir nicht gelingen. Sie kam erzwungen freudig auf uns zu, umarmte mich, um der Kindergärtnerin zu beweisen, dass zwischen uns alles gut war.

Weil sie noch etwas einkaufen musste, liefen wir zum Marler Stern. Vor der Wursttheke versuchte ich, eine freundschaftliche Beziehung zu ihr aufzubauen, indem ich sie wissen ließ, welche Salami am besten schmeckte, auch weil ich bereits Hunger hatte. Ich deutete auf das Exemplar, was der Wurst am ähnlichsten sah, die Tata immer für uns kaufte. »Die hier schmeckt besonders gut, wenn man sie in den Mund legt und anfängt, drauf zu kauen!« Dabei stellte ich mir den Geschmack so lebhaft vor, dass mir das Wasser im Mund zusammenlief, doch sie hörte nicht hin. Der Fleischer hingegen lächelte mich an, piekste ganze fünf Scheiben auf seinen Zweizack und reichte sie mir über die Theke.

Bei ihr zuhause angekommen durfte ich im Wohnzimmer spielen, bis der Regen aufhörte, woraufhin sie mich mit dem Hund in den Garten schickte, »Frische Luft tut gut!« rief und die Glastür hinter uns zuschloss. Ball spielen durfte ich nicht; der Nachbar beschwerte sich bereits nach dem ersten Schuss lauthals über die wild gewachsene Hecke, also tollte ich mit dem Hund herum und trat nicht selten in einen seiner weiß verwitterten Haufen. Als ich zum Hunger auch noch Durst bekam, klopfte ich an das Fenster, doch sie hörte es wegen des lauten Fernsehers nicht. Hin und wieder nahm sie tiefe Schlucke aus einer grünen Flasche, später schlief sie tief und fest. Das Atmen fiel mir schwer bei dem Gedanken, dass Ai und ich bald sechs Tage hier übernachten müssten.

Bevor meine Eltern mich an diesem Abend nach der Probe abholten, durfte ich im Wohnzimmer spielen, draußen war es kalt geworden. Die Söhne der Frau schauten einen Film, dessen Verlauf sie anscheinend auswendig kannten. »Augen zum Auto!«, rief der langhaarige Sohn mit den schwarzen Klamotten, noch ehe etwas Schlimmes zu sehen war. Auf der Rückseite seines Shirts waren Orte und Datumsangaben gedruckt, darüber ein Name in einer Schrift, die mich an die Gabel des Fleischers erinnerte. Ich senkte zum Schein den Blick auf mein Spielzeug ab, doch die anstrengende Nutzung meiner Augenwinkel konnte er mir nicht verbieten. Soeben lag im Film eine Frau aufreizend entkleidet in der Badewanne. Plötzlich öffnete sich die Wanne von unten, und unzählige Skeletthände griffen brutal nach ihr. Die Frau versuchte zu entkommen, doch es gelang ihr nicht. Unter qualvollen Schmerzen starb sie, fontänenartig blutzerfetzt. Diese Bilder bekam ich abends nicht aus dem Kopf, als ich zuhause in der Wanne lag. Tata brachte mir hin und wieder eines seiner kleinen Brotkunstwerke ins Bad, schob es mir in den Mund und ging wieder in die Küche. Dies lenkte mich für einen kurzen Moment von den schrecklichen Bildern ab; wieder Schinken! Ich rief ihm nach: »Salami, bitte!«, und hatte im nächsten Augenblick sofort wieder Angst, dass sich die Badewanne öffnet und ich qualvoll verenden muss. Nachts startete ich mehr Versuche als sonst, um im Bett meiner Eltern zu übernachten; traute mich sogar, den langen Anlauf wegzulassen. Jetzt musste jede Sekunde genutzt werden, um bei ihnen zu sein, wo sie doch bald so lange weg sein würden.

Dann kam der Tag, an dem wir Abschied nehmen mussten und mit unseren kleinen Koffern zu der Aufpasserin gebracht wurden. Ich schaute meinen Eltern lange am Fenster nach, ob sie nicht vielleicht noch einmal wiederkämen; ein Mal schon konnte Mama sich nicht trennen und kam zurück für eine weitere Umarmung, warum also nicht ein zweites! Dazu kam es jedoch nicht, der Orchesterbus hatte rechtzeitig erreicht zu werden.

Der Tag verging träge und kloßbeschwert im Hals, ich war verstummt und melancholisch, was Ai besorgte und nach einem Ausweg aus dieser Lage suchen ließ. Abends riefen unsere Eltern von einer Raststätte an, wonach Ai unserer Aufpasserin ins Gesicht flunkerte, dass sie soeben die Erlaubnis eingeholt hatte, die Koffer packen zu dürfen, um mit mir nach zuhause zu gehen und dort zu übernachten. Die Frau hinterfragte diese offensichtliche Lüge nicht, sondern rief nach ihren Söhnen, die sich sofort auf das frei gewordene Sofa warfen und den Fernseher anschalteten. Ai bemerkte meinen fragenden Blick und hielt sich bloß den Zeigefinger vor den Mund, ehe wir über die drei Straßen durch die Dämmerung nach Hause liefen. Es war zwar nur ein Schatten der Situation, die ich mir erwünschte, doch zumindest linderte sich meine Schwere bei dem Gedanken, die Nacht mit Ai zuhause zu verbringen.

Aus dem Wohnzimmer drang der laute Klang des Fernsehers bis ins Bad, ein Musiksender untermalte uns das Abendessen, das Ai uns zuvor im Stile Tatas angerichtet und auf dem Klodeckel abgelegt hatte, von wo wir uns abwechselnd ein Stückchen nahmen; endlich ohne Schinken! Ich hielt den Duschkopf falsch herum, als Ai den Wasserstrahl vom Hahn in den Schlauch umleitete, es spritzte einmal quer durchs ganze Bad; wir quiekten vor Lachen, dann klingelte das Telefon.

Wir wurden sofort ernst, wussten gleich, dass wir nun mit den Konsequenzen unserer Lüge konfrontiert werden würden. Nachdem Ai mit aufgeregter Stimme dementierte, den Verstand verloren zu haben, und ihre Entscheidung rechtfertigte, gelang ihr nach langem Schweigen die Überredung unserer Eltern mit einem einzigen Satz: »Vertraut mir.«

Nachdem wir auflegten, kümmerte sich Tata telefonisch darum, dass uns die Nachbarin von Gegenüber die nächsten Tage etwas mitkochte, was sie gerne tat, und sich sogar dafür entschuldigte, die Abende nicht in unserer Wohnung verbringen zu können, da sie ihren Mann zu pflegen hatte; doch sie bot uns an, jederzeit klopfen zu dürfen, wenn irgendetwas sei.

Die Nacht verbrachten wir im Elternbett, das Bettzeug roch nach Mama, Ai kraulte meinen Kopf fast so gut wie Tata. Obwohl ich unsere Eltern sehr vermisste, schlief ich sofort ein und wachte erst am nächsten Morgen wieder auf. Zwei Tage hatten wir nun geschafft, es blieben noch vier Nächte, die wir alle auf die gleiche Art verbrachten. Ai setzte mich morgens im Kindergarten ab, hastete mit ihrem Fahrrad so schnell wie möglich zur Schule. Zur Abholzeit spielte ich noch mit den Kindern, die ebenfalls etwas später abgeholt wurden; das Mädchen mit den Wasseraugen war leider immer die Erste, die mit ihrer Mama verschwand. Ich nahm mir vieles vor, was ich gerne von ihr beantwortet bekommen hätte, doch es gelang mir nicht, sie anzusprechen; mein Mut kam erst vollständig zurück, nachdem sie nicht mehr um mich war.

Kevin, der Zappelphilipp mit dem Dauerschnupfen, hingegen war mir viel zu anwesend, er nervte mich mit seinen wilden Theorien, beispielsweise, dass es den Weihnachtsmann nicht gäbe; ich argumentierte, so gut ich konnte, dagegen, es ergäbe keinen Sinn, warum Mama und Tata mich anlügen sollten. Sie hätten schließlich nichts davon, wenn mein Dank für die Geschenke allein dem

Weihnachtsmann und nicht ihnen gelten sollte. Warum sollte ein Mensch freiwillig auf Dankbarkeit verzichten? Seine Rechnung ging also nicht auf, doch ein leiser Zweifel war in mir gesät und wuchs.

Irgendwann befreite Ai mich endlich aus seinen Fängen. Vor unserer Wohnungstür fanden wir jeden verbleibenden Tag aufs Neue einen duftenden Topf mit Essen vor, badeten, spielten alles, nur nicht Geige, und mit jeder weiteren überstandenen Nacht freute ich mich mehr darauf, bald wieder von der Ent-Elterung geheilt zu sein.

Am Vorweihnachtsabend bekam ich den unumstößlichen Beweis dafür, dass es den Weihnachtsmann wirklich gibt. »Woher kommen deine Zweifel?«, fragten mich Mama und Tata am Esstisch. Ich traute mich nicht, zu sagen, dass ich in ihrem Kleiderschrank, dessen Schlüssel sie allzu unbedacht versteckt hatten, vor einigen Tagen ein Spielzeug gefunden hatte, ein Flugzeug, das mir vermutlich als Geschenk vom Weihnachtsmann vorgegaukelt werden sollte. Also versuchte ich, das Thema so anzusprechen, dass es hoffentlich nicht auffällt. »Wie soll ein Mensch allein all die Arbeit schaffen?«

Ai entgegnete, dass der Weihnachtsmann nicht einmal voll ausgelastet sei, er hätte sogar noch genügend Zeit, um das Licht im Kinderzimmer auszuschalten, wenn man es versehentlich anlassen würde. Sofort rannte ich ins Kinderzimmer, schaute durch den dunklen Raum zum Fenster, wo Tata einen Leuchtestern angebracht hatte. Ich drückte meine Nase unter den Stern ans kalte Fenster, sagte dem Weihnachtsmann, dass es sehr nett wäre, wenn er das Licht ausschalten könnte, welches ich nun gleich anmachen würde. Das Sternenlicht strahlte die fallenden Schneeflocken an, der Beschlag meines Atems hatte eine lustige Form, zwei orangene Flügel um einen nassen Punkt, von der Nase zwei Augen, das linke kleiner. »Alles klar? Danke!«

Ich wandte mich der Tür zu, lief am doppelstöckigen Bett vorbei und drückte den Schalter.

»Jetzt ist es an!«

Dann rannte ich ins Wohnzimmer zurück und begann, die Hühnersuppe zu löffeln, die nun genügend abgekühlt war. Ai war als Erste fertig, das ärgerte mich. »Ich muss auf die Toilette«, sagte sie, stand auf und ging. Ich begann, schneller zu löffeln, damit ich nicht auch noch gegen meine Eltern verlieren würde. Als ich mit der Suppe fertig war, kam Ai mit offenem Mund zurück.

»Was ist passiert?«, fragten meine Eltern bestürzt. Ai deutete in Richtung des Kinderzimmers am Bad vorbei. »Schau mal bitte nach!« Ich war von der Freude über meinen zweiten Essensplatz so abgelenkt, dass ich nicht verstand, was sie meinte; lief wieder ins Kinderzimmer, doch ich konnte nichts entdecken, es war zu dunkel. Also machte ich das Licht an. Alles war ordentlich, die Betten gemacht, kein Lego am Boden, die Autos symmetrisch unter dem Hochbett geparkt.

»Was ist denn?«, fragte ich Ai verwirrt, die mit verschränkten Armen hinter mir stand.

»Das Licht war aus!«, antwortete sie.

»Was?«

»Du hast es gerade angemacht!«

Ich bekam eine fiese Gänsehaut, rannte an meiner Schwester vorbei ins Schlafzimmer und musste mich mit mehreren Sprüngen auf dem Elternbett abreagieren. Ein Lattenrost löste sich laut knackend nach dem vierten Sprung. Es dauerte nicht lange, schon standen alle drei in der Tür und schauten mich mahnend an. Unbewegt versuchte ich, auf der eingedellten Matratze zu balancieren und mich zu verteidigen, ich habe nicht anders gekonnt.

»Warum war das Geschenk in eurem Schrank versteckt, wenn es mir der Weihnachtsmann doch bringen sollte?« Sie schauten sich ratlos an, Ai setzte an: »Nuku!«, zeigte dann nach einer Pause auf Tata, dem das Abwägen einer klugen Antwort sichtlich schwerfiel. Schließlich sprach er, und zum Glück war es mir gelungen, den Ärger über das zersprungene Bett aus seiner Stimme zu verbannen, denn sie klang ganz weich: »Der Marler Stern hat heute zu, es ist Sonntag.«

»Ja, das stimmt, am Sonntag haben die Geschäfte zu«, bestätigte Ai, »und gestern wurde schon um dreizehn Uhr zugemacht, wie jeden Samstag, also hat uns der Weihnachtsmann gebeten, das Geschenk schon vorher bei uns zu verstecken.«

»Genau, das war gestern, als er uns darum bat«, fuhr Tata fort, »wie sollte er sonst rechtzeitig alle Geschenke besorgen? Soll er etwa im Geschäft einbrechen?«

Nein, das konnte doch nicht stimmen! Ich beichtete ihnen, dass ich bereits vor fünf Tagen das Geschenk gefunden hatte. Mama schossen Tränen in die Augen; sie erinnerte sich, dass ich vor vier Nächten an ihr Bett gekommen war, sie weckte und fragte, ob es den Weihnachtsmann wirklich gäbe. Sie dachte, es sei bloß ein Vorwand, damit ich wieder bei ihnen schlafen dürfe. Tata bemerkte ihre Tränen, versuchte, sie zu beruhigen, flüsterte »Te rog«, ich bitte dich.

»Warum sagst du uns das nicht gleich, damit wir dir die Wahrheit sagen können?«

»Welche Wahrheit?«, fragte ich erhobenen Hauptes, bereit, die kalte Gewissheit zu empfangen.

»Es ist schwer, darüber zu sprechen«, sagte Mama kraftlos und blickte noch trauriger als zuvor. Ai fasste all ihren Mut zusammen. »Der Weihnachtsmann hat das Gleiche, was Mama auch hat. Er ist sehr traurig im Moment. Deshalb hat er uns dieses Jahr gebeten, das Geschenk für dich zu kaufen, damit er zuhause bleiben kann, bis es ihm wieder besser geht.«

Ich verstand zwar nicht, was Ai damit meinte, dass Mama »etwas hätte« – ich kannte sie nicht anders, und mir fehlte ein Vergleich, doch wenn sie das Gleiche hatte wie der Weihnachtsmann, dann musste es etwas ganz Besonderes sein.

Am nächsten Abend spielte ich mit meinem Geschenk vor dem Fernseher. Mama und Tata waren in der Küche, Ai im Kinderzimmer, und ich musste, wie jeden Abend, nach ihnen rufen, wenn die rumänische Flagge mit den Farben Rot, Gelb und Blau in den Nachrichten gezeigt wurde. Gerade lief noch die Werbepause, von deren kurzen Filmchen ich so gut wie nichts verstand. Mit Mama und Tata sprachen wir grundsätzlich nur rumänisch; untereinander bestand Ai darauf, dass wir Kinder uns bemühen sollten, deutsch zu sprechen, um uns so schnell wie möglich an die neue Sprache zu gewöhnen. Das Klangbild der Werbestimme lag jedoch wie ein explodiertes Puzzle vor meinem Inneren verteilt, unvorstellbar, dass die Worte am Ende ein großes Ganzes ergeben sollten. Es wurde viel zu schnell gesprochen, als dass ich mich mittels einzelner bekannter Worte an den Inhalt hätte herantasten können. Also wandte ich mich wieder meinem Geschenk zu.

Warum heißt es Flugzeug? Ein Zeug, das fliegt; da weiß man gleich, was es ist und was es macht. Nun ja, was genau es ist, beschreibt es nicht ganz, es ist schließlich nur ein »Zeug«, und das kann alles sein. Auf Rumänisch heißt es »avion«. Da kann man sich keine Worterklärung denken, aber gerade das ist irgendwie schöner, das Wort selbst hat eine bunte Form, ohne dass der Verstand sich daran entlanghangeln kann. Flugzeug schien mir plump. Genauso Hubschrauber. Oder Heißluftballon. Diese Worte verursachen kein Gefühl, sondern liefern bloß eine effiziente, auf ein einziges Wort komprimierte Beschreibung ab. Wie Fernseher. Da sieht man, was in der Ferne passiert. Ein Gong ertönte.

»Hier ist das erste deutsche Fernsehen mit der Tagesschau.« Eine Fanfare setzte ein, vom blaugelben Logo sprang das Bild über auf eine Frau mit blonden Haaren, schwarzem Blouson mit durchsichtigen Ärmeln und drei Ketten um den Hals.

Hatte sie gerade »rumänisch« gesagt? Ich rief nach Mama und Tata, obwohl auf dem Bildschirm nicht die Landesflagge links neben der Frau gezeigt wurde, sondern nur das Bild eines freundlichen Mannes mit verschwitztem Gesicht über einem Anzug mit Krawatte.

»Mama, Tata, românia!«

Augenblicklich standen sie neben mir und starrten auf den Fernseher.

»Geht es um Rumänien?«, fragte ich aufgeregt. »Ja, der Mann links ist Ceaușescu«, antwortete Tata knapp. Ich freute mich so sehr darüber, richtig gehört zu haben, dass ich eine Gänsehaut bekam, in das Schlafzimmer rannte, so hochsprang, wie ich konnte, und die Holzlatte wieder in den Boden knallte. Den Verdienst sogleich zunichte gemacht, schlug ich voller Eigenwut die Hände vors Gesicht. Mama und Tata schrien auf. Ich rannte zurück ins Wohnzimmer, im Flur knallte ich gegen Ai, die ebenfalls alarmiert vom Schreibtisch aufgesprungen war, dann sahen wir unsere Eltern, erstarrt, nah zum Fernseher gebeugt. Man sah einen Mann mit dicker Hornbrille vor der rumänischen Flagge, an seinem linken Ärmel war ebenfalls ein rot-gelb-blaues Band zu sehen. Seine Worte wurden nicht übersetzt, er sprach rumänisch, im deutschen Fernsehen.

»Nicolae Ceaușescu und Elena Ceaușescu wurden zum Tode und zur Konfiszierung ihres Vermögens verurteilt. Das Urteil ist rechtskräftig und wurde bereits vollstreckt.«

Mama und Tata sprangen, jubelten, sie tanzten, standen dann auf einmal still, in langer, inniger Umarmung.

»Ich habe das Bett wieder kaputt gemacht!«, sprach ich in die Stille.

»Das ist nicht schlimm!«, sagte Mama milde, als sei es das Unwichtigste auf der Welt. Nun war es Tata, der Tränen in den Augen hatte. Er versuchte, etwas zu sagen, doch die Stimme brach ihm weg. Wir gingen zu ihm hin und umarmten ihn gemeinsam, sein Rücken zitterte.

»Im Sommer fahren wir nach Hause!«

»Wie, sind wir denn nicht zuhause?«

»Zuhause-zuhause!«

Ehe die Sommerferien anbrachen, wurden wir zu einem Termin gebeten, bei dem ich hoffentlich den Eignungstest zur Aufnahme in die Grundschule bestehen sollte. Leider würde Ai genau mit meiner Einschulung auf das Gymnasium wechseln, dabei hätte ich es mir sehr gewünscht, sie in meiner Nähe zu wissen, wenn diese neue, aufregende Phase für mich begann.

Wir warteten vor der Tür des Lehrerzimmers. Für mich war die Größe der Stühle geeignet, bei meinen Eltern befanden sich die Knie fast auf Höhe ihrer Schultern. Hinter uns erstreckte sich ein grüner Innenhof mit unterschiedlichen Bepflanzungen, umgeben von verglasten Gängen, die zu den weit verstreuten Unterrichtsräumen der Goetheschule führten, sogar ein Schwimmbad gab es, und ein Aquarium in der Eingangshalle. Die Brille, die ich seit einigen Tagen tragen musste, um mein Schielen zu korrigieren, war noch ungewohnt und drückte an der Nase.

Der Direktor bat uns ins Lehrerzimmer herein. Ich stand vor einem Tisch, auf dem unterschiedliche Bauklötze lagen. Nach vielen simplen Fragen, die ich leicht beantworten konnte, bekam ich die Aufgabe gestellt, mit den Klötzen eine Treppe zu bauen. Ich betrachtete sie lange, sie schienen mir nicht breit genug, um versetzt in die Höhe gebaut stabil aufeinanderzuliegen, ohne sofort einzustürzen. Ich wollte nicht, dass mein erster Versuch scheiterte, deshalb dachte ich ausführlich nach. Das Telefon klingelte, der Direktor entschuldigte sich und nahm den Anruf entgegen. Ich schaute erwartungsvoll zu meinen Eltern; sie hätten mir jetzt unbemerkt die Lösung verraten können, doch sie dachten nicht daran, sondern schauten mich bloß stumm und sehr besorgt an. Ich flüsterte ihnen zu: »Sagt mir, wie?«, sie aber schüttelten bloß gnadenlos die Köpfe. Ich verstand nicht, warum sie mir so in den Rücken fielen.

Das Telefonat war beendet, der Direktor kam zurück an den Tisch und legte gleich die Lösung offen, ungeduldig, da er einen Anschlusstermin einzuhalten hatte. »Trep-pe!«, teilte er die Silben und legte die Steinchen leicht versetzt, flach auf den Tisch. Mir fehlten die richtigen Worte, um ihm zu beschreiben, was mir in Gedanken klar begreifbar schien, nämlich dass, soweit ich das verstanden hatte, bei einer Treppe die Überwindung eines Höhenunterschieds vonnöten war; sein flach auf dem Tisch liegender Lösungsvorschlag wurde dieser Funktion aber nicht gerecht. Ich traute mich jedoch nicht, zu widersprechen, da ich beschämt war, offensichtlich alle drei sehr schwer enttäuscht zu haben.

»Nun denn. Auch ihre Tochter hatte am Anfang so ihre Schwierigkeiten. Also versuchen wir's!«

Selbst am Nachmittag dieses wichtigen Tages musste ich Geige üben, es konnte keine Ausnahme gemacht werden, da mir am nächsten Tag gleich eine weitere Prüfung bevorstand.

Mit der Kindergärtnerin hatten meine Eltern vereinbart, dass ich beim Abschlussfest vor allen Kindern ein Lied spielen sollte, erstmals vor Publikum. Die Komposition war sehr simpel, schnell verinnerlichte ich die Melodie. Womit ich allerdings nicht gerechnet hatte, war die Aufregung, die meinen ganzen Körper erstarren ließ, kaum dass ich in der Aula vor den Kindern stand. Meine Ohren wurden taub, ich hörte nur noch die pumpenden Geräusche meines Atems. Alle konnten unbeschwert das große Fest genießen, nur ich musste noch abliefern, was für eine Ungerechtigkeit!

Tata stand hinter dem Stativ mit seiner Kamera, Mama hockte vor mir und stimmte meine Geige; die »blaue«, »rote«, »grüne« und auch »gelbe Gruppe« starrte mich an, nachdem der leitende Kindergärtner die Menge zur Ruhe gerufen und meinen Auftritt ankündigt hatte. Nur das Mädchen mit den Wasseraugen war nicht aufmerksam, was mir aber recht war.

Mama übergab mir die Geige, führte meine Bogenhand an die tiefste Saite, ich begann zu spielen. Die ersten Takte verliefen ganz nach Plan, dann rutschte meine linke Hand verkrampfend den Geigenhals hinauf, die Melodie verzerrte sich schräg in die Höhe und klang furchtbar falsch, vor allem, wenn eine leere Saite in der Notenfolge an der Reihe war, denn die blieben stur gestimmt und passten sich nicht meiner Fingerhöhe an. Ich schloss die Augen, um bei dieser Schmach gefühlt abwesender zu sein. Mama korrigierte meine Haltung und schob die linke Hand wieder herunter, die Töne glitten auf die richtige Höhe, worauf mir im Gegenzug aber die rechte Schulter wippend hochschoss, auch diese drückte sie zurück an ihren Platz. Zwar klang die Melodie nun wieder so, wie wir sie eingeübt hatten, doch Freude empfand ich nicht dabei, bis das Lied endlich an sein Ende kam.

Erleichtert schlug ich die Augen auf, als sich mein Gehör mit nachlassender Aufregung der Außenwelt hin öffnete, und vernahm einen wahren Tumult, der zwischenzeitlich ausgebrochen war. Tata hatte vorher gemeint, die Kinder würden am Ende sicherlich begeistert sein und laut applaudieren, doch ihr Hunger überwog.

»Das Buffet ist eröffnet!«, gab der Leiter verspätet den Startschuss, als die Meute schon längst das Ziel erreicht und kräftig zugelangt hatte. Ich reichte meiner Mama die Geige und rannte zu den anderen an die gedeckten Tische. Die von den Eltern mitgebrachten Kuchen lagen zuhauf noch da, die Schüssel mit dem Kartoffelsalat, den Mama nach Art Bumamis zubereitet hatte, war als Erstes vollständig weggeputzt, und auf die unzähligen Nachfragen hin musste sie versuchen, das Rezept auf Deutsch zu formulieren.

Nun ging es an die Übernachtung im Kindergarten. Ich konnte meine Eltern am Nachmittag des gleichen Tages nicht davon abbringen, im Marler Stern einen Schlafsack zu kaufen, in dem ich später übernachten sollte; mit dem Gang zur Kasse war mein Schicksal besiegelt. Ai war nach der Schule zum vereinbarten Treffpunkt beim Kinderkarussell vor dem SPAR dazugekommen. Wir durften uns noch Süßigkeiten für die Abfahrt nach Rumänien am nächsten Morgen aussuchen. Eine Kühlbox mit blauen Batterien belegte fast den ganzen Einkaufswagen, die Geschenke für die Verwandten füllten ihn vollends, also trugen wir die bunten Tüten fest umarmt neben dem Wagen her. Um Beiläufigkeit bemüht, erzählte ich Ai, dass ich es für keine gute Idee hielt, am Abend zurück in den Kindergarten zu müssen. »Du bist schon groß, versuch es doch zumindest!«, antwortete sie, weit weniger mitfühlend, als ich es von ihr gewohnt war.

Als mir die Kindergärtnerin später mitteilte, dass mein Wasseraugenmädchen bereits nach dem Fest am Morgen direkt mit ihrer Familie in den Urlaub losgefahren sei, ohne dass ich mich womöglich auf ewig von ihr verabschieden konnte, verflüchtigte sich auch die letzte Motivation, am falschen Ort zu übernachten. Die Dämmerung neigte sich der Nacht entgegen, der Kloß in meinem Hals wuchs und schmerzte immer mehr. In der Aula saßen alle Farbgruppen um die Kindergärtnerin und den leitenden Kindergärtner, die abwechselnd noch eine Geschichte zur guten Nacht vorlasen. Mir wurde schummrig, ich war verschwitzt und fror dennoch, kroch aus der Gruppe heraus zur Eingangstür, robbte unbemerkt hinaus, lief an den Zaun am Busch, wo meine Eltern immer zur Abholung erschienen; nun war es dunkel, jede Hoffnung war vergebens.

»Geht es dir gut?«, erschreckte mich die Kindergärtnerin in den Rücken.

»Ging schon mal besser.«

»Hast du Heimweh?«

»Nein.«

»Soll ich zuhause anrufen?«

»Ja.«

Ihre Augen wurden glasig, ich verdrehte meine, dann umarmte sie mich, nahm mich bei der Hand, und ehe ich sie nie mehr wiedersah, liefen wir ein letztes Mal gemeinsam in das Gebäude unbeschwerter Kindheiten hinein.

Aus dem Rückfenster des Autos betrachteten Ai und ich unser Zuhause, bis es ganz hinter der Kurve der Glatzer Straße verschwand. Mama und Tata hätten nicht gedacht, dass wir all das Gepäck tatsächlich unterbringen würden; dementsprechend wenig Platz hatten wir im Auto. Der Fußbereich war vollständig gefüllt, nur kleine Ritzen boten Platz für meine Beine. Mama hatte noch weniger Bewegungsfreiheit, da ihr Sitz ganz vorne eingerastet war, um der Kühlbox mit den Sandwiches und Limonaden hinter ihr Platz zu bieten, die wiederum Ai jede andere

Möglichkeit nahm, als die ganze Reise im Schneidersitz zu unternehmen. Auf der Rückfahrt würde es viel bequemer sein, der Großteil unseres Gepäcks waren Geschenke für die Familie.

Auf knapp zwei Tage schätzte Tata die Dauer unserer Fahrt. Anfangs war es noch unterhaltsam, wenn Tata die lustigen Städtenamen vorlas, die auf den blauen Schildern an uns vorbeizogen. Wir quiekten vor Lachen, als er das zweite »t« in Katzenfurt wie ein »z« aussprach. Obwohl Ai ihn korrigierte, geschah ihm dieser Fehler später erneut, bei Schweinfurt. Nach Passau waren wir schon müde und reagierten nur noch unbefriedigend auf seine Versuche, die Stimmung der Reisetruppe zu erhellen. Vor Wien gerieten wir in einen zähen Stau, die bunten Tüten waren schon geleert, die Nacht brach über Ungarn ein. Kurz ruhten wir auf einem Parkplatz, ehe wir mit der Dämmerung die Fahrt in Richtung Grenze über die Landstraße nach Ártánd fortsetzten, uns in die achtspurige Schlange zur rumänischen Grenzkontrolle einreihten, über der bereits am frühen Morgen Abgase die heiße Luft zerflirrten und die grüne Konstruktion mit orangenem Dach wie eine Fata Morgana erscheinen ließen.

Mama und Tata sprachen kein Wort mehr, sie waren sehr besorgt vor dem ersten Zusammentreffen mit den Offiziellen; Freunde berichteten von Demütigungen der Vaterlandsverräter, von Durchleuchtungen bis auf die Karosserie, ihre Nerven dünnten mit jedem kriechenden Meter weiter aus, dann ging auf einmal gar nichts mehr. Um uns herum stiegen die Menschen aus den Autos, ein Raunen ging durch die Menge, als sich die Nachricht verbreitete, dass die Grenzarbeiter soeben angefangen hatten, den »schimbul«, den Schichtwechsel zu vollziehen. Tata fragte den Mann mit der goldenen Uhr vor uns, was das für die Wartezeit zu bedeuten hätte, dieser zuckte nur mit den Schultern, setzte sich zurück in seinen Wagen und schlief erstmal eine Runde.

Später, nachdem ich es nicht mehr ausgehalten hatte und erleichtert mit Mama aus dem Gebüsch hinter der Leitplanke über den weichen Asphalt an den Wagen zurückkehrte, begannen die Menschen, zu pfeifen und ironisch zu applaudieren, als die Grenzer wohlgenährt ihre Arbeit wieder aufnahmen. Die Motoren wurden gestartet, der letzte noch verbliebene Wagen vor uns fuhr hinter die Schranke. Der Fahrer hielt dem Kontrolleur den Pass hin, dieser nahm die darin versteckten Geldscheine an sich, winkte den Wagen durch.

»Seid still!«, unterbrach Tata sofort unsere Feierei, dass wir nun endlich dran seien. Der Grenzer deutete auf eine Parkbucht, enttäuscht darüber, dass er in unseren Pässen keine Spende vorfand.

Die beiden aus dem Häuschen herausgetretenen Männer waren sehr unfreundlich, fast bellend befahl der eine, den Kofferraum zu öffnen. Der andere stützte seine Hände in die Hüften, darunter prahlte ein metallischer Griff in ledernem Holster. Mamas Hand zitterte, Tata flüsterte ihr zu, dass alles gut sei, sie hätten nichts gegen uns in der Hand. Das bräuchten sie auch nicht, erwiderte Mama mit schneidender Schärfe, »Sie haben das alte System gestützt, ihnen ist alles zuzutrauen«. Alles mussten wir auspacken, mit Spiegelteleskopen schauten sie unter das Auto, mit unverschämten Fingern bohrten sie sich durch die Intimitäten unseres Gepäcks.

»Was denkt ihr, dass wir keinen Kaffee in Rumänien haben?«, maulten sie, nahmen aber dennoch zwei Packungen an sich.

»Pleacâ«, rotzte der eine Tata vor die Füße, wir sollten verschwinden, nachdem er auch den letzten Millimeter untersucht und zu seiner Unzufriedenheit nichts gefunden hatte. Während wir alles wieder verstauten, rauchten sie, und lachten und kommentierten, dass es an Leuten wie uns läge, dass es an der Grenze so lange dauerte. »Mai repede!«, schneller, trieb uns der mit der Waffe an, worauf Ai demonstrativ langsam einstieg, sich in den Schneidersitz begab und die Tür zuknallte, während sie den Stinkefinger durch die Verkleidung verdeckt auf den Grenzbeamten mit der Waffe richtete.

Tata beschleunigte vorsichtig. Wir fuhren am rot-gelb-blauen Schild vorbei, die Stille blieb. Mein Blick folgte einer gelben Röhrenschlange, sie trennte die Straße von den Feldern und zuckte in unregelmäßigen Abständen eckig in die Höhe, um Traktoren die Einfahrt zu ermöglichen, durch die, wie Tata ablenkend erklärte, Gas gepumpt werde. Mama war sehr blass um die Lippen und bat darum, kurz am Wegesrand zu halten. Ai erzählte, dass die gelben Blumen auf dem Feld ihre Köpfe bewegten, immer der Sonne entgegen. Tata ergänzte, dass es nur bei den jungen Blumen so sei, die älteren blieben starr, und dabei betrachtete er Mama besorgt, während sich ihr Kreislauf langsam wieder einpendelte. Die gelben Sonnenblumen, der stechend blaue Himmel, ich sagte zu Ai, es fehlte nur noch das Rot, um die Flagge dieses Landes zu vervollständigen. Tata scherzte hilflos und flüsterte, mehr zu sich, »Blut«, dann fuhren wir weiter.

Nach der Stadt Oradea begann bereits der Anstieg durch das Apuseni-Gebirge. Auf der schmalen, zweispurigen Straße versperrten oft Lastkraftwagen und Kutschen die schnelle Weiterfahrt. Tata traute sich nicht, zu überholen, ärgerte sich schwer über die routinierten Fahrer, die ohne freie Sicht mit einer mörderischen Geschwindigkeit sich selbst und andere beim Überholen gefährdeten; nicht selten waren Kreuze aufgestellt, wo die Begrenzungen zum Abgrund durchgebrochen waren.

Zur Mittagszeit erreichten wir Cluj, Ai und mir wurden die Gebäude gezeigt, in denen Mama und Tata als Studenten ein und aus gegangen waren, in denen sie gewohnt und gegessen hatten. Sie konnten nicht fassen, wie sehr sich alles über das vergangene Jahrzehnt verändert habe. Wir verließen Cluj über eine Landstraße entlang eines weiteren Berges, von dem aus man die ganze Stadt überblicken konnte.

Zahllose Dörfer mit kleinen Lädchen an der holprigen Straße folgten, hier schien nichts im rechten Winkel gebaut zu sein, wie ich es von zuhause in Marl kannte, sondern wie aus der Natur herausgewachsen. Patiniert verlebt stachen die bunten Zäune und Fassaden aus der blanken Erde, ohne Gehweg zwischen ihnen und der Straße, ohne Bordstein, der in Deutschland Ordnung durch die Blicke zog, so dass man, ohne Missverständnis, gleich erfasste: Da ist Straße, hier die Trennung, dort das Haus.

Bald erschien der erste weiße Wegstein mit der aufgemalten Entfernung nach Târgu Mureş: siebenundsechzig Kilometer, noch ungefähr zwei Autostunden bis nach Hause. Völlig übermüdet lachten wir über die exaltierten Radiostimmen, unsere Köpfe wippten zu »Like a Prayer«,

Ai sang bei »She's like the Wind« lauthals mit, Tata tanzte mit dem Kinn zu »Freedom«, dann mussten wir die Fenster schließen, als wir in den Stinkbereich des Combinat hineinfuhren, einer Fabrik für Düngemittel vor unserer Stadt, aus deren Schornsteinen giftgelber Rauch in den Himmel stieg.

Wir jubelten, als wir das zweigeteilte Schild mit unserem Städtenamen erblickten, »Târgu Mureş« stand auf der oberen Fläche, auf der unteren die ungarische Bezeichnung »Marosvásárhely«; beides kaum zu lesen, da die Namen in den Farben des jeweils anderen Landes beschmiert worden waren. Dieses Gebiet hieß Transsilvanien, hergeleitet aus der ungarischen Perspektive als »das Land hinter den Wäldern«, die wir nun schon länger hinter uns gelassen hatten; ein Landstrich, der über die Jahrhunderte mal zu Ungarn, mal zu Rumänien gehörte, wie Tata uns ausführlich erklärte. Vor dem Ersten Weltkrieg war die Region Teil der Österreichisch-Ungarischen Monarchie, worauf sie durch den Vertrag von Trianon Rumänien zugesprochen wurde. Während des Zweiten Weltkriegs fiel ein Teil durch den Zweiten Wiener Schiedsspruch wieder Ungarn zu, ehe das Gebiet durch die Einflussnahme der Sowjetunion auf das politische Vakuum nach dem Zweiten Weltkrieg endgültig wieder unter rumänische Herrschaft fiel. Durch die wechselnden Ansprüche und Unterdrückungen hielten die Besitzansprüche und Konflikte zwischen den Bevölkerungsgruppen bis heute an, so dass nicht wenige Bürger die jeweils andere Sprache nicht sprachen; manche aus Prinzip, andere beherrschten sie tatsächlich nicht.

Der Palatul Culturii erschien, ein prächtiger Jugendstilbau, im Zentrum unserer Stadt, in dessen Konzertsaal

Mama und Tata vor der Flucht gemeinsam im Orchester gespielt hatten. Ai war völlig aufgedreht, zeigte auf das Haus dahinter, in dem Momo und Ticu, Tatas Eltern, wohnten, doch zuerst fuhren wir zu der Wohnung von Bumami und Horea, unseren Großeltern mütterlicherseits, wo wir unser Gepäck ausladen und die Ferien über schlafen würden.

Wir fuhren eine Allee entlang, rechts zeigte Mama auf das Cinema Arta, wo sie zum ersten Mal mit Tata ausgegangen war, doch sie kam nicht dazu, die ganze Geschichte zu erzählen, da wir hinter einer großen Kathedrale bereits in die Straße zum Stadtteil des 7 Noiembrie, des 7 November, einfuhren. Zur linken wurde uns das Liceul de Arta, das Kunstgymnasium, gezeigt, in dem unsere Eltern als Klassenkameraden ihre Schulzeit verbracht hatten, dann bogen wir rechts in eine kleine Seitenstraße ein. Beim dritten Wohnblock parkte Tata den Wagen nah am Treppenaufgang mit der Aufschrift D11. Ai öffnete die Tür, sprang heraus, ich hinterher; vor der Treppe schauten wir zum ersten Stock hinauf.

Wenn es Engel gäbe, dann sähen sie genauso aus. Den ganzen Tag über hatten Bumami und Horea immer wieder aus dem Wohnzimmerfenster herausgeschaut, sobald auch nur entfernt ein Auto zu hören war. Nun waren wir tatsächlich angekommen, zuhause-zuhause! Unsere Großeltern strahlten und winkten, stürmten so schnell sie konnten die Haustreppe hinunter, umarmten uns sehr lange und verweint, bis Bumami sich des Ofens erinnerte und aufgeschreckt die Treppenstufen wieder hinaufwatschelte; ihr Sommerkleid zog bei jedem Schritt die Musterblumen zwischen dem eingebügelten Fächermuster auseinander, ihre Haare waren frisch onduliert und rotbräunlich getönt, wie karamellisierte Zuckerwatte wehten sie schwungvoll auf dem Weg zur Rettung ihres Kuchens.

Horea blieb mit uns beim Auto, betrachtete Ai und mich durch warme braune Augen; nannte unsere Namen ohne Koseform, sprach mit uns, als wären wir Erwachsene, ein sanftes Lächeln lag um seine Lippen, ein Sonnenstrahl streichelte sein Gesicht durch die hohe Blätterkrone vor dem Haus. Die tiefe Bräune seiner Haut kontrastierte stark mit dem weißen Haar, seine Kleidung war fein assortiert, beige Hose zu cremefarbenem Hemd, die Ärmel auf gleiche Saumbreite hochgekrempelt.

Mama ließ Horea nicht mehr los, solange sie weinte, und sie weinte lange. Tata fing völlig überdreht vor Erschöpfung an, das Gepäck auszuladen, die Chipskrümel von den Rücksitzen wegzufegen und überhaupt alles zu tun, um den unwirklichen Moment der Ankunft nicht mehr in sich einsickern zu lassen, als er hätte ertragen können; in großer Furcht vor dem Wiedersehen mit all den Verwandten, denen er als Vaterlandsverräter berufliche Konsequenzen und Strafen eingebracht hatte. Wie würden sie ihm begegnen?

Als alles aus dem Wagen in die Wohnung getragen war, übergab Mama unseren Großeltern die ersten Geschenke, darunter Kaffee samt einer automatischen Kaffeemühle für Bumami, für Horea ein Taschenkalender mit der Gravur 1990 auf dem ledernen Einband. Danach hängte Bumami sich ans Telefon und ging ihr Nummernbüchlein durch. Sobald sie die Nachricht unserer Ankunft an alle Verwandten weitergetragen hatte, füllte sich die kleine Wohnung innerhalb kürzester Zeit.

Lidi, Mamas um knapp zwei Jahre ältere Schwester, kam mit ihrer Familie als Erstes an, und ab dem Moment klebte das Geschwisterpaar wie zwei Magnete aneinander. Nachdem sie sich sehr lange umarmt und Freudentränen vergossen hatten, fragte Lidi, »Facem o pauză?«, ob sie eine »Pause« machen würden, eine Codephrase für Kaffee und Zigaretten.

Ina, meine zwei Jahre jüngere Cousine mit zwei riesigen Guckmurmeln, dockte ebenfalls untrennbar an mir an. Titiam, ihr Bruder, der neun Jahre älter als sie war, hatte das freundlichste und einnehmendste Lächeln. Was auch immer er sagte, klang zum Schreien komisch, jeder Satz kam mit einem Lachen aus seinem Mund und ließ seine Fröhlichkeit gleich auf alle anderen überschwappen, auch auf ihren Tata, der sich mir eher wortkarg, wenngleich nicht weniger freundlich mit dem Namen Lulu vorstellte.

Als Nächstes kam ein korpulenter Mann in imposanter Uniform und mit offizieller Kappe in den engen Flur herein. Ai umarmte ihn sofort und flüsterte ihm zu, dass es nur noch knapp drei Wochen hin sei, bis beide am gleichen Tag Geburtstag hätten! Ich hielt lieber Abstand, seine Ausstrahlung schien sehr autoritär, doch als sein Lächeln sich zu beiden Seiten bis an die Sonnenblende hinaufzog, traute auch ich mich näher an ihn ran. Tata kam aus dem Wohnzimmer dazu, umarmte seinen älteren Bruder, heftig klopften sie sich auf den Rücken; es folgte seine Frau Ilo und der gemeinsame Sohn Adi mit schelmischem Grinsen.

Danach trat Tatas andere Nichte ein, meine Cousine Cristina. Mit etwas Abstand schleppte sich ihr Tata Nelu hoch, der zwei volle Kästen Limonade in die Wohnung wuchtete; Nelus Bruder war der Chef einer Getränkefabrik und schickte uns das Zuckerwasser als Willkommensgeschenk zu unserem kleinen Fest, dahinter seine Frau, Tatas ältere Schwester Ita, die gleich lauthals in die Runde rief, was der Grund für das Halstuch über ihrer geschwollenen Schilddrüse war, »verfluchtes Tschernobyl!«, dann sofort Tata fest umarmte, bis er seine glänzenden Augen mit schnellen Schritten ins Wohnzimmer zu verstecken versuchte.

»Alles ist gut«, sagte er ungläubig im Verschwinden über seine Schulter, doch mehr zu sich, erstaunt darüber, dass sich seine Befürchtungen nicht bewahrheitet hatten – seine Familie verhielt sich ihm gegenüber, als sei nie etwas gewesen.

Im Wohnzimmer ploppten die Korken aus den Schnapsflaschen, mit kleinen Gläschen wurde angestoßen; es klingelte erneut. Ein älterer Herr trat ein und lupfte seinen Hut, sprach mir »Servus!« zu, ich antwortete mit dem gleichen Wort, worauf er fragte, ob ich wüsste, was das heißt, und erklärte, bevor ich es verneinen konnte, es käme von »ego servus sum tuus« und bedeutete: »Ich bin dein Diener.«

»Unchiul Puiu!«, begrüßte Mama ihn aus der Küche, während sie ihre Zigarette ausdrückte – warum nannte sie ihn so, wie sie Ai und mich beim Kosenamen rief? »Puiuți« bedeutete Kükchen, ohne das verniedlichende »ți« am Ende hieß es »Onkel Küken«. Ich sah ihn ernst an und fragte, ob er nicht zu groß für ein Küken sei; er freute sich über meine Neugier, »Es ist wichtig, die Dinge zu hinterfragen!«, reichte mir die Hand und stellte klar, dass er mit vollem Namen anders hieße. Das konnte doch nicht sein, er hieß genauso wie Ai und ich mit unseren Zweitnamen; die

Geschichte meiner Taufe bekam ich gleich dazu, was hatte ich den Priester nicht in die Flucht geschrien, erzählte er; zumindest sei es ihm so zugetragen worden. Seine Stirn trug viele Falten, die erahnen ließen, wie viel er in seinem Leben schon gedacht hatte; auf seiner Wange prangte eine Warze, die aber aufgrund der maskulinen Zeichnung seines Gesichts nicht weiter auffiel.

Hinter ihm hüpfte freudig eine kleine Frau auf der Stelle und lugte über seine Schulter, bis sie sich schließlich an ihm vorbeidrängeln konnte, während Onkel Küken seinen Gehstock an die Wand lehnte und in die Küche ging, um Mama zu umarmen. Sofort zwickte die kleine Frau mir in die Wange, stellte erstaunt fest, dass ich genauso groß wie sie geworden sei. Ihre kurzen blonden Haare wellten sich wie Wasser um ihre Stirn, der rote Lippenstift leuchtete aus ihrem ebenen Gesicht und unterstrich die Blässe ihrer Haut.

Aus der Küche rief Mama »Tuśa Speranța!«, was »Tante Hoffnung« bedeutete, und umarmte auch sie aus vollem Herzen.

Spätestens ab jetzt war es sehr schwer, auseinanderzuhalten, welcher Kosename eigentlich zu wem gehörte, da keiner der Dazugekommenen mit dem eigentlichen Namen angesprochen wurde; nur bei Speranța stand wirklich »Hoffnung« als Name offiziell in ihrem Pass. Die Erfüllung ihrer Hoffnung auf eigene Kinder war ihnen aufgrund eines misslungenen Eingriffs eines Arztes nicht vergönnt, »Eltern« wurden sie dennoch, und zwar Paten von Ai und mir.

Kaum war die Haustür geschlossen, klingelte es wieder. Weitere Menschen traten ein, die Dielen knarzten unter dem Gewicht schunkelnder Umarmungen. Bumami scherzte, so eine Menschenmenge hätte diese Wohnung überhaupt noch nie gesehen, durchaus auch besorgt darüber, ob das Essen denn für alle reichen würde.

Ina rannte mir hinterher, im Slalom um Menschen, die mich zu greifen versuchten, und wenn sie mich erwischten, erzählten, wie sehr ich gewachsen sei, fragten, ob ich mich an sie erinnere – sie waren mir zwar gänzlich unbekannt, doch aufgrund ihrer Herzlichkeit war gleich für mich entschieden, dass ich sie gernhatte, auch wenn die Küsse allzu feucht auf meine Wange geschmatzt wurden. Vor allem Momo, Tatas Mama, machte sich einen Spaß daraus, ihre Lippen kräftig zu befeuchten, ehe sie mir einen »Strutz-Bussi« aufklebte, wie sie den Lippenpfropfen köstlich lachend ankündigte.

Mein Gesicht abwischend machte ich mich wieder los, es gab so vieles zu entdecken! Bumami bückte sich nach der Ofenklappe, um den nächsten Kuchen herauszuholen, Ina und ich zogen am Zipfel der Schleife ihrer Schürze und hechteten kichernd in Sicherheit, versteckten uns in der kleinen Vorratskammer der Küche, Mist, Sackgasse!, zogen dennoch die Türen zu und beobachteten durch die Ritze, wie Bumami sich umschaute und alle Umstehenden fragte, wer das gewesen sei – Ina prustete los, Bumami riss die Hand zum Mund und schaute direkt in unsere Richtung, öffnete die Kammertür und lächelte uns mit dem gutmütigsten Lächeln an, während wir uns vor Lachen fast einpinkelten.

Die Glasscheibe in der Küchentür fehlte, auf diesem Weg konnten wir der Knuddelei entkommen, sprangen durch den Spalt zwischen Türgardine und Rahmen über den Flur ins Wohnzimmer. Auf den zwei Betten und den Stühlen um den Esstisch waren alle Sitzgelegenheiten belegt. Horea saß mit übergeschlagenen Beinen am Tischende mit dem Sonnenlicht im Rücken, unterhielt sich mit meinem anderen Großvater Ticu, Tata saß gegenüber und schenkte ihnen in kleinen Gläschen etwas nach, wovon Ina und ich aber nicht probieren durften, auch auf wiederholte Bitte hin nicht, also ab ins hintere Zimmer, auf dessen Bett Ai, Cristina, Adi und Titiam lagen und erzählten. Ina sprang auf ihren Bruder, kreischte dabei wild; ich nahm ebenfalls Anlauf und warf mich über beide.

An der Wand zum Balkon des kleinen Zimmers hing ein Gemälde eines eleganten Herren mit einer Nasenklemmbrille, der mir als unser Urgroßvater vorgestellt wurde und der zu diesem Zeitpunkt ebenfalls mit uns im Zimmer verweilte; die kleine Kiste mit seinen umzubettenden Überresten – oder was davon noch übrig war, vermutlich war es nach sechzig Jahren nur noch Erde – lag neben dem Sofa zu Füßen seines Bildnisses.

Oft erzählte Mama von seiner Frau, ihrer Großmutter Buni, mit der sie früher in dieser Wohnung zusammen mit ihren Eltern und Lidi gewohnt hatte und die für Mama eine sehr wichtige Bezugsperson gewesen war. Leider verstarb sie wenige Monate vor meiner Geburt, was Mama in eine schwere Trauer stürzte. Da sie zu dem Zeitpunkt noch nicht wusste, dass ich ein Junge werden würde, hatte sie die fixe Wunschvorstellung, ich würde Buni ablösen, mir gewissermaßen mit ihr die Klinke in die Hand geben und als Mädchen zur Welt kommen. Wie ein Junge zu erziehen sei, konnte Mama sich nicht vorstellen, und es ängstigte sie sehr, kannte sie es doch durch ihr eigenes Aufwachsen mit einer Schwester und durch Ai nicht. Irgendwann später, durchgeweinte Wochen nach meiner Geburt, erschien ihr Buni schließlich im Traum und rügte sie: »Hör auf zu weinen, dieser Junge wird dir nichts als Freude bringen. Doch eines musst du wissen: Musiker wird er nicht«, ehe sie entschwand. Oft bereute Mama später, mir diese Geschichte erzählt zu haben, als ich sie wiederholt als willkommene Rechtfertigung zitierte, wenn ich wieder einmal keine Lust verspürte, Geige zu üben – also meistens. Die Ferien über hatten Ai und ich jedoch die Erlaubnis bekommen, zu pausieren. Einem unbeschwerten Sommer stand somit nichts im Weg.

Sechs Enkelkinder, vier Großeltern, acht Eltern sowie Ais und meine Pateneltern versammelten sich am Nachmittag des Ankunftstages im Wohnzimmer, dazu noch Freunde und weitere Bekannte unserer Familie. Die Hühnersuppe konnte schichtweise serviert werden, den Jüngsten zuerst. Sie war viel zu heiß, was Ina aber nicht davon abhielt, gierig reingelöffelt den ersten Platz zu ergattern; jetzt musste ich mich ranhalten, pustete wild. Plötzlich brannte ein Schmerz in meinem Unterleib auf und verbreitete sich lähmend durch den ganzen Körper, so schlimm hatte ich es noch nie erlebt. Meine Arme krampften sich zusammen, der Löffel fiel mir aus der Hand, mit einem Urlaut aus tiefstem Hals riss ich die Aufmerksamkeit aller Augenpaare auf mich, hob panisch die Tischdecke an und schaute in die geschockten Augenmurmeln meiner Cousine. Sie war unter den Tisch gekrabbelt und hatte mir völlig unvermittelt mit fiesester Kinderhändekraft zwischen die Beine gezwickt. Ich weinte vor Schmerz, sie vor Schreck, die eine Hälfte der Familie war tief besorgt und tröstete, die andere lachte schallend; nur Horea schaute ohne jede Reaktion durch mich hindurch, verstummt, entrückt, als sei er aus der Zeit gefallen.

Nachdem die Tränen getrocknet und alle satt geworden waren, ging mit der eintretenden Dämmerung auch der Schnaps bald zur Neige. Die Geschenke waren verteilt, es wurde sich bedankt für Kaffee, Köstlichkeiten, Kleidung und das viele Spielzeug; bald torkelten die Männer aus der Tür, die Frauen setzten sich ans Steuer, und wir winkten ihnen lange nach, bis sie in alle Richtungen verschwanden. Nur Onkel Küken und Tante Hoffnung wollten noch nicht gehen.

Er gab sich seiner Leidenschaft für alte Sprachen hin und versuchte, das Gespräch mittlerweile auf Latein zu führen; sie erzählte zeitgleich einen Witz, dessen Pointe wir jedoch selbst erraten mussten. Keiner von uns aber nannte die richtige Antwort auf die Frage, was denn nun die Henne mit Hut auf dem Zaun zum Polizisten sagte. Nach jedem Versuch lachte sie mit immergleicher Melodie ein »Nu!« heraus und wartete gespannt auf unseren nächsten Einfall. Bumami probierte derweil ihre Kaffeemühle aus, um zur allgemeinen Ernüchterung ein wenig Stärkung zu servieren.

Als in der Dunkelheit unzählige Stechmücken um die orangefarbene Straßenlaterne vor dem Haus schwirrten, entschieden sie sich endlich zu gehen. Die Pointe blieb Tante Hoffnung uns aber noch schuldig; diese wurde uns zum nächsten Wiedersehen versprochen.

Tata war völlig erledigt, hatte sich bereits im kleinen Zimmer hingelegt und schlief laut schnarchend, während Mama, Bumami, Ai, Horea und ich noch im Wohnzimmer saßen und mir geduldig erklärt wurde, wen ich an diesem Tag alles kennengelernt hatte und in welchem Verhältnis wir zueinander standen.

Bumami legte sich hin und seufzte genüsslich: »Ioi, ce bine este în pat!«, ach, wie gut ist es im Bett. Auch Horea legte sich hin, nachdem er das große Licht und den Fernseher ausgemacht hatte. Bumamis Gesicht war frisch eingecremt und noch feuchtweich, Horeas Bart innerhalb weniger Stunden so gewachsen, dass unsere Wangen brannten, als Ai und ich nach hunderten Küssen zur guten Nacht endlich schweren Herzens von ihnen abließen. Es machte große Freude, da Bumami am Hals sehr kitzelig war, und auch Horea zuckte lustig, als ich seine Fußsohlen berührte, die wegen der angewinkelten Beine seitlich unter der Decke hervorschauten.

Drei Generationen waren vereint in dieser kleinen Wohnung; wenn man die Kiste unter dem Sofa berücksichtigte, sogar vier. Bumami knipste die kleine Nachttischlampe aus. Bis in die späte Nacht erzählten wir und lachten, während Mama sich im Nebenzimmer von unseren Stimmen unterhalten ließ, sich lächelnd noch ein wenig gegen das Einschlafen wehrte, um den ersten Tag der Ankunft bis zur absoluten Stille in sich aufzunehmen.

Am nächsten Morgen weckte mich der Klang der Kaffeemühle. Stimmen flirrten durch den Vorhang der Küchentür ins Wohnzimmer, Mama und Bumami flüsterten sich lächelnde Worte zu. Ai schlief noch, also schälte ich mich leise aus der Decke. Meine Güte, wie das juckte! Ich sah einen fetten Mückenstich am Fuß, kratzte und fand kein Ende, da ich bei jeder Bewegung weitere entdeckte, deren

Jucken sich erst bemerkbar machte, als der Pyjamastoff über die jeweiligen Stellen streifte. Es war zum Verrücktwerden. Und meinte ich, einen Stich im Rücken mit meinen Fingernägeln erwischt zu haben, so stellte es sich als ein Sekundärjucken heraus; der Übeltäter war eigentlich an einer anderen Stelle und kitzelte die Nerven über Bande. Den schlimmsten Juck am Ohr konnte ich erst verschlimmernd lindern, als ich mich zufällig am Zeh kratzte, wie auch immer diese beiden Stellen zusammenhingen.

»Nuku, nicht kratzen!«, flüsterte Ai im Halbschlaf und drehte sich zur Wand. Ich schob den Vorhang beiseite und öffnete das Fenster. Ein kleiner Park füllte die gesamte Aussicht, stechendes Blau zwinkerte durch die sattgrünen Blätter der hohen Baumkrone hindurch, das Versprechen auf einen warmen Sommertag schwebte über den noch feuchten Rasen in meine Nase.

Horea spazierte mit Einkaufstüten vom Markt an einem Mirabellenbaum vorbei und versuchte, die abgefallenen Früchte nicht zu zertreten, lief an den Bänken im Park auf unser Haus zu und begrüßte einen Nachbarn, der dort saß. Sonnenpunkte des Blätterschattenspiels im warmen Wind zitterten auf seinem Gesicht, die Augen lächelten, die weißen Haare bewegten sich mit den eleganten Gesten seiner Arme. Horea legte die Tüten neben den Nachbarn auf die Bank, stützte seine Hände in der Taille ab. Er bemerkte mich und winkte mir zu, mit dem gleichen weichen Schwung wie bei unserer Ankunft, dann deutete er in meine Richtung, um den Blick des Nachbarn auf mich zu lenken. Der nickte und winkte mir ebenfalls zu, jedoch ohne die Liebe, die nur ein Großvater seinem Enkelkind in die Begrüßung zu legen im Stande ist. Trotz der Hitze trug

Horea ein braunes Sakko über dem Hemd – er kleidete sich ungeachtet jeweiliger Moden und saisonaler Farben immer in Beige- und Brauntönen, die in der ganzen Nachbarschaft liebevoll »culorile Sava«, »Sava-Farben« genannt wurden. Horea Sava hatte sich schick gemacht, um den vielen Begegnungen auf dem Weg zum Markt angemessen feierlich gekleidet von unserer Ankunft zu berichten, ganz ohne Eile, die Vorfreude auf seine Heimkehr mit jedem Pläuschchen weiter auskostend.

Ich lief durch den Flur in die Küche, wo Mama schnell aufstand, sich hastig zum Fenster drehte, ihre Zigarette ausdrückte und den Rauch unauffällig zum Fenster hinauszuwedeln versuchte.

»Nukuțu!« Bumami platzte vor Freude, drückte meinen Kopf fest an ihren Bauch. Ich umarmte sie, löste dabei in ihrem Rücken die Schürze, die aber nicht zu Boden fiel, da die Bändchen in ihrer Bauchfalte eingeklemmt waren. Es war der reinste Nervenkitzel, wann die Schürze endlich zu Boden gleiten würde, um Bumami womöglich die gleiche Reaktion zu entlocken wie am Vortag, als wir uns unzählige Male darüber krummgelacht hatten. Dann endlich, als ich bei Mama auf dem Schoß saß und Bumami sich einmal zu stark bewegte, fiel ihr der Stoff zwischen die Füße. Sie schaute sich erstaunt um.

»Wer hat diese Frechheit gewagt, warst du es etwa?«, fragte sie Mama, die sofort verneinte.

»War es etwa Rupi?«

»Wer ist Rupi?«, fragte ich Bumami.

»Hast du ihn schon vergessen?« Sie begann sofort zu erzählen. Damals, vor unserer Abreise hätte sie mich immer in die Nische zwischen Küchenschrank und Wand gesetzt, um mich zu füttern. Nicht komplett aufzuessen war keine Option, deshalb setzte sie sich vor mich, um mir jeden Fluchtweg zu versperren. Sie sagte mir, dass sie meinen Teller, wenn ich tatsächlich nicht aufessen sollte, dem bösen Nachbarsjungen geben würde, der immer vor der Tür herumlungerte und die Leute schikanierte. Da wurde ich, entgegen der von Bumami erhofften Reaktion, neugierig und weigerte mich, aufzuessen. Sie ging mit meinem Teller in den Flur, öffnete die Wohnungstür und begrüßte Rupi. Der antwortete mit einer wunderlichen, tiefen Stimme, sie stritten bald, ich gluckste und rief nach ihr: »Schon gut, ich esse auf!«

Anfangs funktionierte die Methode gut, doch als ich bald begann, nach Rupi zu fragen, und mit jeder weiteren Antwort Mitleid entwickelte für das entstehende Bild dieses armen Jungen in meinem Kopf – schien er doch großen Hunger zu haben –, wollte ich mein Essen mit ihm teilen.

Nun betrat Horea die Küche, holte riesige Tomaten und Gurken aus den Tüten, bald erschien auch Tata im Pyjama, seine Haare waren verstrubbelt. Er fragte leise herum, ob wir auch Sodbrennen vom Essen gestern Abend hätten, Horea lächelte: »Nicht vom Essen, nur vom Schnaps!«

»Nein, nein! Es lag an den eingelegten Paprika!«, hielt Tata dagegen, massierte leidend seine Schläfen. Auch Ai tapste in die Küche, wir umarmten uns zu sechst. »Seid ihr nicht hungrig?«, fragte Bumami und flirrte los, um den Frühstückstisch zu decken, ohne eine Antwort abzuwarten.

Mittags waren wir zum Essen bei Tatas Eltern, bei Momo und Ticu, eingeladen. Horea fuhr uns in seinem grünen Wagen hin, Tata hatte unser Auto in der Garage abgestellt, da er fürchtete, ein deutsches Kennzeichen wäre eine allzu verführerische Einladung für Diebe. Der Wagen ratterte sehr laut, den Rückspiegel hatte Horea in einen schrägen Winkel hingedreht, von dem er sich versprach, den »unghiul mort«, den »toten Onkel« jederzeit im Blick zu haben, wie er uns während der Fahrt ins Zentrum erklärte. Ich fragte, welchen der toten Onkel er meine; alle lachten über meine Frage, nur Horea antwortete ernst, »Unghiul mort, nu unchiul mort!«, mit »g« statt »c« bedeutete das Wort für Onkel also Winkel.

Wir fuhren an der orthodoxen Kathedrale vorbei auf die Straße entlang der Allee im Zentrum. Links thronte eine große Reiterstatue vor der Kirche, der rumänische Nationalheld Avram Iancu auf dem Pferd war von rot-gelb-blauen Fahnen flankiert. Tata erklärte, dieser Mann hatte sich vor mehr als hundert Jahren gegen den ungarischen Nationalismus zur Wehr gesetzt, als Transsilvanien noch zu Ungarn gehörte, und wurde seither als rumänischer Nationalheld gefeiert. Tata deutete auf den Sockel und bemerkte, wie blankgeputzt die Steine von Schmutz und Schmierereien waren, die man wenige Monate zuvor noch in den Nachrichten hatte sehen können, als es nach der Revolution zu schweren Ausschreitungen zwischen den Bevölkerungsgruppen gekommen war. Auf dem Mittelbereich der Allee spazierten Menschen an einer im Boden eingelassenen Uhr entlang, deren riesiges Ziffernblatt aus Blumen bestand. Rechts erschien der Kulturpalast, kurz davor bogen wir in eine kleine Seitenstraße ab, die auf den Innenhof zum Haus unserer anderen Großeltern führte. Horea wollte nicht stören, also fuhr er gleich wieder zurück, nachdem er Mama, Tata, Ai und mich abgesetzt hatte.

Oben bekam ich von Oma Momo direkt einen saftigen Strutz-Bussi verpasst, sie überreichte mir gleich einen Faden, um einen noch dampfenden festen Brei aus Maisgrieß, die »Mămăligă«, zu zerteilen. Ich verstand erst, was meine Aufgabe war, nachdem Tata übersetzte, denn Momo zog es vor, ungarisch zu sprechen.

»Du bist doch zu einem Viertel Ungar«, sagte sie nun gebrochen auf Rumänisch, »also musst du diese Sprache auch lernen!«

»Mit Deutsch, Rumänisch und der Sprache der Musik habe ich schon genug zu tun!«

Sie lächelte, schüttelte den Kopf und lotste mich auf Deutsch mit den Worten »Komm, meine Liebe, komm mit mir« ins Wohnzimmer; bat Tata, mir die Geschichte dieses einzigen Satzes, den sie auf Deutsch beherrschte, zu übersetzen.

Als sie zwanzig Jahre alt war, hatte sie während des Zweiten Weltkriegs einem deutschen Soldaten, der mit seiner Truppe im Bauernhof ihrer Familie einquartiert war, derart den Kopf verdreht, dass sie sich, als die deutschen Truppen von den sowjetischen zurückgetrieben wurden, auf den Feldern vor ihm verstecken musste. Aus einem Graben heraus hörte sie den Soldaten im Rückzug diesen Satz verzweifelt in alle Himmelsrichtungen rufen, bis er schließlich aufgab und auf Nimmerwiedersehen verschwand.

Die erfüllte Liebe fand sie wenige Jahre später, als sie nach Braşov zog, um zum Lebensunterhalt ihrer Eltern und ihrer elf Geschwister beizutragen, indem sie in einer Traktorfabrik arbeitete. Dort lernte sie unseren Großvater Ticu kennen, der ebenfalls von außerhalb dorthin gelangt war. In eine wohlhabende Familie hineingeboren, musste er die Heimatstadt Horezu in der Walachei verlassen, der Fahndung der örtlichen Polizei entfliehend, weil er einen Mann halbtot geschlagen hatte, der ihm zuvor seine Klarinette gestohlen hatte. Nach einer perspektivlosen Tischlerlehre begann er ebenfalls in der Traktorfabrik zu arbeiten, wo er sich von der Schönheit und dem ungarischen Temperament unserer Großmutter verzaubern ließ, wenngleich er ihre Sprache nicht verstand, und sie auch später nie erlernte. Nach der Geburt von Tatas älteren beiden Geschwistern zog die Familie nach Târgu Mureş, wo Ticu die Armeezeit hinter sich brachte und nach der Offiziersschule bei der Feuerwehr die Karrierestufen bis zum Kommandanten emporstieg, ehe er pensioniert wurde.

Nun saß er wie gewöhnlich auf seinem Stammplatz am Esstisch des Wohnzimmers und lächelte breit, als er Ai und mich bemerkte, und begann, mit den Armen so zu fuchteln, als würde seine Freude bersten. Er tätschelte und knuddelte mich ruppig, sprach dabei: »Paştele mati!«, was ungefähr »die Ostern deiner Mutter« bedeutet; der Inhalt kontrastierte merkwürdig mit seinem erfreuten Ausdruck. Momo sagte etwas zu ihm auf Ungarisch, Tata übersetzte auf Rumänisch, Ticu antwortete auf Rumänisch, Tata übersetzte es für Momo auf Ungarisch, dann ging sie zurück in die Küche.

Ich schaute Tata erstaunt an, fragte, ob sich sein Vater nie direkt mit seiner Ehefrau unterhalte, er lächelte mich zwinkernd an und scherzte: »Secretul căsniciei fericite!«, ebendies sei das Geheimnis ihrer glücklichen Beziehung.

Der Fernseher lief nebenbei; es flimmerte eine Tierdokumentation über den Bildschirm. Ai lief durch den kleinen Flur nach hinten, wo sich links das Zimmer unserer

Cousine Cristina befand, die Tochter von Tatas Schwester, die bei meinen Großeltern aufwuchs; geradezu lag das Bad, rechts das Schlafzimmer von Momo und Ticu, mit Balkon auf die Allee, die ins Zentrum von Târgu Mureş führt. Eine metallische Reklamekonstruktion hing über der ganzen Länge des Balkongeländers, eine Bierwerbung für die Getränkefabrik des Onkels unserer Cousine, wodurch die Familienkasse ein wenig aufgefüllt wurde.

Es war schon heiß; die Abgase beschwerten die träge Sommerluft noch weiter. Von links kamen unzählige Wagen, vor allem cremefarbene Dacias, auf der zum Balkon näheren Straßenseite stadtauswärts; auf der gegenüberliegenden Spur brummten die Autos einwärts. Direkt vor mir stand zwischen den Fahrspuren die riesige Statue eines Soldaten mit erhobener Flagge, sein Gesicht war direkt auf meiner Augenhöhe, dahinter trocknete auf den Balkons des Wohnhauses gegenüber Wäsche, weit zur linken flimmerte das Dach der orthodoxen Kathedrale in der Mittagshitze.

Als noch Tatas Geschwister eintrafen und die Lautstärke im Wohnzimmer weiter anstieg, fläzte ich mich bald nur noch erschöpft auf dem Sofa, auch das Essen lag mir schwer im Magen. Ich musste meinen Blick vom Fernseher abwenden, als wiederholt ein Tierjunges gerissen wurde. Jeder im Zimmer sprach zeitgleich mit jedem. In diesem Teil der Familie war jeder Ton ein wenig lauter, als ich es gewohnt war, jeder Scherz ein wenig stechender, jede Geste energetischer. Achtete man nicht auf die Worte, klang die Melodie ihrer Sätze entweder beleidigt oder beleidigend, dazwischen gab es wenig; doch Mama beruhigte mich, dass sie einander liebten, wenn auch auf eine andere Art, als wir es von drüben kannten. Und dazwischen Tata, der

Ruhigste aus seiner Familie, der von seiner Ausstrahlung her eher zu Mamas Seite passte, bemerkte meine Mattheit, kam herüber und fragte, ob er uns zeigen sollte, wo er und Mama früher gearbeitet hätten.

Aus dem kühlfeuchten Treppenhaus betraten Mama, Tata, Ai und ich die Hitzeglocke im Innenhof, Tata lief eine kleine Treppe hinunter zu einem Lieferanteneingang und klopfte an der schweren Metalltür, doch niemand öffnete. Hier war er als Kind immer über eine geheime Abkürzung hineingelangt, nun aber mussten wir den Weg um den Wohnblock herumgehen, um den Kulturpalast durch den Haupteingang zu betreten.

Direkt angrenzend an den kargen Wohnblock unserer Großeltern, den ich anhand der Bierwerbung an ihrem Balkon ausmachte, erhob sich der Kulturpalast mit solch anmutiger Wucht aus dem Stadtbild heraus, als müssten sich alle Kompassnadeln nach ihm richten. Die äußere Erscheinung der Fassade glich einer soliden Burg, fast wie ein alter Herrscher, der sich bunte Märchenkleider angezogen hatte: Über dem Hosenfundament aus rechteckigen Steinen schwang sich eine karminrote Bauchschleife um die oben abgerundeten, schmalen Fenster, die sich auf den ersten Blick in scheinbar unregelmäßigen Abständen zu Grüppchen formierten; darüber das Oberhemd aus ruhigem Beige mit Fenstern auf Höhe des Gebäudeherzens, seltener ohne Schwung am oberen Rand, derart angeordnet, dass die Fensterschicht darunter auf den zweiten Blick eine Symmetrie erkennen ließ; die Krawatte ein Mosaik aus den wärmsten Farben des Sonnenuntergangs mit antik anmutenden Figuren. Unter der Zahnreihe aus weiteren, sehr vielen, kleinen Fenstern auf einem Untergrund aus goldenen Kacheln schwebten zwei Reihen massiver Buchstaben am Oberhemd: »Palatul Culturii«, auf Ungarisch darunter »Kultúrpalota«. Die Kopfbedeckung als Pointe des Gesamtakkords, unerwartet flimmernd, ein alle Ecken und Balkonvorsprünge umspielendes, spitz zulaufendes Dach mit Kachelmosaik in Orange, Blau und Weiß; Farben, die, obgleich in den unteren Bereichen nicht verwendet, in der Mischung treffend das Gesamtgefühl der kompletten Fassade zusammenfassten. Ich hielt die Luft an, als wir den Palast betraten.

Tata ärgerte sich, dass der Pförtner uns nicht kostenlos eintreten ließ, fragte ihn, ob er sich an ihn und Mama nicht erinnerte, sie hätten viele Jahre im Orchester gespielt. Der Pförtner antwortete nur mit der Gegenfrage, ob es denn in Deutschland so viel besser sei, und ließ uns erst nach Bezahlung der unermäßigten Touristentickets eintreten.

Ein Klangvakuum waberte durchs Foyer, hielt den Straßenlärm zurückgedrängt; das Echo unserer Schritte hüpfte unter den verzierten Gewölben entlang und über den weißen Marmorboden bald wieder zurück. Als wir uns vor einem goldgerahmten, deckenhohen Spiegel gegenüberstanden, holte Tata seine Videokamera aus der Umhängetasche, installierte den großen Akku, filmte uns über die Spiegelung, winkte uns zu, wir winkten zurück. Jetzt erst konnte ich erkennen, wie viele Mücken mich allein in der ersten Nacht gestochen hatten; meine Beine waren übersät von aufgekratzten Hubbeln, ebenso die Arme. Ai, Mama und Tata waren seltsamerweise verschont geblieben.

Hinter unserem Familientableau zog sich das Foyer, der Spiegel am anderen Ende erweiterte die Ferne bis in alle Ewigkeit. Neben uns schaute eine grimmige Bronzestatue ins Leere, »Beethoven!«, flüsterte Tata, die Reflexion verstärkte die Bewunderung in seiner Stimme; dann eine weitere beim Treppenaufgang zum ersten Rang. »Enescu!«, bedeutete Mama. Ai stellte mir »Bartók« vor, dessen Gravur den gleichen Vornamen verriet, wie auch Tata ihn trug. Die Wände waren durch feinste Pinselstriche zu einem Grün vereint – der Farbe der Hoffnung, wie Speranța mir gestern verraten hatte. Kam ich der Zeichnung an den Wänden näher, so sah man schwarze, orangene, auch dunkelblaue Schwünge; jede Farbe sich genügsam mit den anderen verbindend, ohne jeden Drang zum stolzen Vordergrund, sich beflügelnd und erhebend zu einem hoffnungsvollen Ganzen. Mir wurde schwindelig, ich rannte vor, zurück, von der Wucht des Einzelnen bis hin zum Gleichgewicht, alles war vertreten!

Tata führte uns über die Treppe in die Königsloge eines noch sehr viel prächtigeren Saals, in dessen Luft eine gänzlich andere Atmosphäre lag. Das Flieder an den Wänden und die goldenen Ornamente wirkten feierlich, geerdet durch dunkelrote Stoffe an den Sitzen. Tata erzählte uns, die Loge, in der wir standen, habe früher der Beleuchtung gedient, hier hatte er sich abends mit Hilfe des Hausmeisters reingeschlichen, um zahllosen Vorstellungen und Konzerten beizuwohnen. Das rumänische Theater, das ungarische und die Philharmoniker teilten sich den Konzertsaal ohne jeglichen Konflikt. Was im alltäglichen Leben illusorisch schien, war im Zuhause der Kultur ohne weiteres möglich. Selten kam es vor, dass Tata nicht hier aufzufinden war, wenn seine Familie abends nach ihm suchte. Dann lenkte er unsere Blicke hoch zur Decke des Kulturpalastes.

»Seht ihr den kleinen Fleck?«

Tatsächlich war am verzierten Leuchtkreis ein Abdruck auf dem sonst makellosen Relief am Saalhimmel erkennbar, als hätte eine Kinderhand die Fliederschicht weggewischt. »Das war ich!«, sprach Tata stolz und milde lächelnd.

»Wie bitte?« Ich blickte zu Ai, sie zuckte mit den Schultern, ebenfalls ahnungslos, wie er das in der Mitte des Saales wohl angestellt haben sollte, in über dreißig Metern Höhe.

»Kannst du fliegen?«

»Ich konnte es mal!«, sagte Tata knapp und schmunzelte weiterhin geheimnisvoll, ohne ein weiteres Wort darüber zu verlieren.

Der zweite Abend lief genauso ab wie der erste und die verbleibenden ebenfalls. Einmal ließ ich mich von meiner Tante Lidi überreden, bei ihr zuhause zu übernachten, was ich tagsüber für eine großartige Idee hielt – konnte ich doch so bis in den späten Abend mit Ina und Titiam spielen. Kaum bei ihnen angekommen aber, machte mich die Luft in ihrer Wohnung wehmütig; es roch zwar gut und frisch, dennoch war es der Duft einer Familie, die, wenngleich verwandt, nicht die meine war. Als auch noch die Dämmerung hereinbrach und unsere Betten gemacht wurden, war der Schmerz in meinem Hals nicht mehr zu unterdrücken.

Irgendwann brach es aus mir aus, ich heulte los; Lulu war so freundlich, mich zurückzufahren. Kaum war ich wieder zuhause, eingemummelt in die Decke und den Armen meiner Familie, war die Welt wieder so, wie ich sie zum Einschlafen brauchte, beschützt, behütet.

Horea und Bumami lagen mit dicken Brillen in ihrem Bett, schauten zum Fernseher und lasen angestrengt die Untertitel eines amerikanischen Films mit; Mama, Ai und ich lagen verknotet auf unserer Matratze. Wenn sich einer von uns auch nur einen Millimeter bewegte, plongte sofort eine Feder im Gestell mit comichaftem Laut, der uns jedes Mal laut lachen ließ. Tata wanderte derweil das Zimmer ab und ließ uns durch seine Freude, meistens aber durch seine Flüche wissen, ob er mit der Fliegenklatsche die Mücke nun erwischt hatte oder nicht. Bevor er sich zu uns legte, brachte er noch den Mülleimer aus der Küche nach unten, dazu zwei Schälchen, eines mit Milch, das andere mit Fleisch, welche er neben die Mülltonnen legte.

Vor einigen Tagen hatten wir dort ein kleines Kätzchen gefunden und darum gebeten, es hochbringen zu dürfen; Tata rief unerwartet scharf aus dem Küchenfenster: »Sie hat Würmer, Flöhe, Finger weg und lasst sie laufen!« Erst ärgerte ich mich über sein fehlendes Mitgefühl, dann bemerkte ich, dass er sich dennoch jeden Abend um das kleine Wesen kümmerte.

Als Tata wieder oben war, schaltete er den Fernseher stumm, da die Nachbarin pünktlich zur Ruhezeit mit dem Besenstiel gegen unseren Boden klopfte. Doch auch tonlos hielt der Film uns alle schwer in Atem. Hin und wieder stieß Mama ungläubig ein »Nu cred!« aus, als es dem Fernsehdieb erneut gelungen war, sich aus einer ausweglosen Lage zu befreien, mal kiekste Tata lachend, wenn der Ganove besonders clever war, mal schimpfte Bumami mit Horea, entweder weil er eine Frage zum Verlauf des Filmes hatte und die Zusammenhänge, mit den Kopf in den Wolken, missverstand oder weil er viel zu laut schnarchte.

Dem immergleichen Verlauf der Abende standen Tage gegenüber, die unterschiedlicher nicht sein konnten. Als wir erstmals Lidi in ihrer Wohnung besuchten, wurden Mama und Tata ganz still, als wir das Treppenhaus betraten. Lidi stand schon im Türspalt und begrüßte uns, Ai lief zum Türknauf der Wohnung im Treppenhaus gegenüber und berührte ihn.

»Hier haben wir gewohnt, Nuku!«, ließ sie mich wissen. Im Grunde wäre es immer noch unsere Wohnung gewesen, doch die Verbrecher des ehemaligen politischen Systems konfiszierten das Eigentum der Vaterlandsverräter und hatten unsere Wohnung damals direkt an einen aus ihren Reihen weiterverkauft. Nach dem Zerfall des Systems waren es die gleichen Köpfe hinter den Tischen der Behörden, die sich nicht sonderlich bemühten, die zahllosen Anträge auf Entschädigung abzuarbeiten, wenn man nicht genügend darauf bestand; eine Aufgabe, derer sich Horea mit vollem Engagement angenommen hatte.

Und nun waren wir zu Gast, wo wir einmal zuhause waren. Horea war mit Bumami vorgefahren, er trat aus Lidis Wohnzimmer und umarmte uns, obwohl wir uns erst eine halbe Stunde zuvor gesehen hatten. Er fragte mich, ob wir zum »cutu albastru« spazieren wollten, zum »blauen Hund«, so hätte ich ihn damals getauft, doch ich erinnerte mich nicht und konnte mir auch nichts darunter vorstellen, also machten wir uns sofort auf den Weg.

Der blaue Hund stellte sich als ein Fantasiewesen heraus, das weder blau noch Hund noch überhaupt war, sondern bloß ein Garten hinter einer Holzverkleidung, in dem ich diesen blauen Hund vermutete. Bei der kleinen Bude am Fluss Pocloș vor dem Wohnblock meiner Tante bekam ich zur Entschädigung meiner enttäuschten Erwartungen ein Eis, und wir spazierten noch ein wenig am Ufer entlang.

Ein Großvater trat mit seinen beiden Enkelkindern aus dem nächsten Block heraus und kam uns entgegen, das Mädchen an der Hand, den Jüngeren trug der Mann huckepack. Das sah gemütlich aus, also schaute ich bittend zu Horea, doch plötzlich erkannte ich ihn nicht wieder.

Leichenblass betrachtete er den Mann, sein Kinn zitterte, wie auch seine abgespreizten Finger, die Knie starr wie eingefroren. Ich fragte ihn, ob es ihm gut gehe, doch er stotterte nur den Namen »Cisteianu«, lange, nachdem dieser mit seinen Enkeln an uns vorbeigelaufen und verschwunden war. Von diesem unerwarteten Zusammentreffen erholte sich Horea den ganzen Tag über nicht mehr, und was die Vorgeschichte war, wollte oder konnte er mir nicht erzählen.

Nachts bekam ich bruchstückhaft etwas mit, als mich Stimmen aus der Küche weckten und ich aus der Deckung des dunklen Flurs heraus durch die glaslose Tür zuhörte. Tatas Kamera lag auf dem Ofen und blinkte rot, das Netzkabel schlängelte sich bis zur Steckdose neben mir im Flur. Bumami, Mama und Tata saßen um den Esstisch, rauchten und hörten der Erzählung Horeas zu, auf den die Kamera gerichtet war. Als ich von Elektroschocks hörte, von Misshandlungen und Folter, von Unrecht und Gefängnis, versuchte ich lautlos zurück ins Bett zu gehen, da mich das Gesagte ängstigte; riss aber das Kabel aus der Dose, die Kamera kippte scheppernd um. Sofort erschien Bumami, fragte, ob ich Hunger hätte, zog mich in die Küche, hob mich auf den Schoß, umarmte mich, als müsste sie mich vor den Worten beschützen, die soeben noch gesprochen worden waren; vielleicht suchte sie auch eigenen Schutz, so eng, wie sie mich festhielt.

Jetzt schwiegen sie. »Da, cam asta a fost.« So ungefähr war das, sagte Horea erschöpft zum Abschluss einer langen Stille, doch wir saßen weiter stumm um ihn herum; auch Tata, der sonst immer gern der Erste war, den Gang in Richtung Bett einzuläuten, saß verdunkelt da. Der Sekundenzeiger an der Wand tickte.

»Du musst das aufschreiben«, traute Mama sich nach langem Anlauf auszusprechen, Horea antwortete, ehe sie den Satz beendet hatte, »da, stiu«. Nach weiteren schweigenden Sekunden wiederholte er, erschöpfter als zuvor: »Ich weiß.« Bumami formte dreimal das Wort »vai«, während sie die Luft zitternd in sich hineinzog: Ach! Ach! Ach! Es tat weh, sie so zu hören. »Kommt, ihr habt morgen viel Programm, und es ist schon spät«, sagte Horea schließlich leise, doch seine Augen blieben unbewegt, frästen weiter einen tiefen Riss durch die Schutzwand unserer Gegenwart.

Kein Tag dieses Sommers verging ohne einen Ausflug, sei es zu Verwandten und Freunden, an Orte der Jugend unserer Eltern, zu Mamas Großmutter Buni auf den Friedhof hinter dem Krankenhaus, in dem ich geboren wurde, zur Gaststätte Der goldene Hahn, in der Mama und Tata ihre Hochzeit gefeiert hatten, zum Sovoata-Resort eine Stunde weit entfernt mit einem See, der so salzig war, dass man darin schweben konnte, ohne sich bewegen zu müssen.

Meistens wurden diese Abenteuer von Tatas Bruder organisiert, da er gute Kontakte hatte und sich aufgrund seiner Funktion als leitender Beamter bei der Finanzbehörde darauf verlassen konnte, in den Lokalitäten beste

Qualität zu unschlagbaren Konditionen zu bekommen. Einmal fand ich jedoch eine Fliege in meiner Suppe. Das Gesicht des Onkels verfinsterte sich, und sofort rief er den Koch herbei. Der konnte es nicht glauben, griff mir mit den Fingern in den Löffel, steckte sich die Fliege in den Mund, begann darauf zu kauen und rief genüsslich in die Runde: »Petersilie!« Alle lachten. Mein Onkel hatte berufsbedingt sogar ein Blaulicht am Auto, das er hin und wieder anmachte, wenn der Verkehr ins Stottern kam, wir fuhren ihm in unserem Wagen einfach hinterher. Gegessen wurde viel, getrunken noch viel mehr; und als wir am Salzsee übernachteten, zogen die beschwipsten Brüder bald von der Terrasse los, um Glühwürmchen für uns zu fangen. Erfreulich war nur der Plan des Unterfangens – nicht so sehr das leere Marmeladenglas, mit dem sie wiederkamen.

Als wir eines Abends bei meinem Onkel zuhause eingeladen waren, fragte Mama nach dem Essen seine Frau Ilo, ob sie in der Küche eine Pause machen würden. Diese sagte, man könne gerne auch im Wohnzimmer rauchen, doch Mama bestand darauf, nach nebenan zu gehen, Tata blickte ihnen besorgt nach. Ich spielte derweil mit meinem Onkel. Er machte angeheitert seltsame Geräusche, imitierte beeindruckend ein haariges Wesen, das gerade im Fernseher zu einem Mann mit Lichtschwert sprach. Mein Onkel wurde immer lauter und trieb es auf die Spitze, grölte aus vollem Hals, verlangte bald nach einer Spritze zur Beruhigung, die ich ihm sehr gern verpasste, endlich war er still. Als sich auch meine Lachmuskeln wieder beruhigten, ging das Spiel von vorne los. Irgendwann fragte er, wo die Frauen seien, und als diese mit verweinten Augen aus der Küche kamen, änderte sein Ton sich scharf, verunsichert davon, was der Grund für diesen Ausbruch der ihm unerwünschten Emotionen war.

Auf der Rückfahrt stritten Mama und Tata, hielten wiederholt am Straßenrand, Worte schlugen hagelnd ein.

»Was hast du zu ihr gesagt?«

»Noch viel zu wenig, das, was war, meine Sicht darauf und wie es mich verletzte.«

»Es ist doch alles gut, es ist vorbei, man kann es nicht mehr ändern, wir sollten uns versöhnen.«

»Wir sollen es verdrängen?«

»Gut, dann stürzt das alles ein.«

»War ich im Unrecht, soll ich schweigen, sagt ihr auch was!«

»Haltet uns da bitte raus«, sprach Ai das letzte Wort.

Am selben Abend, während es mir nicht gelang, einzuschlafen, versuchte ich mir vorzustellen, was Mama gemeint hatte mit »das, was war«. Bumami hatte schon vor längerem ihr allabendliches »Ach, wie gut ist es im Bett« geseufzt, weitaus weniger beseelt als die Tage zuvor. Horea, dem die Stille aus dem Nebenzimmer zu schwer auf dem Herzen lag, flüsterte uns zu, dass wir ihm versprechen müssten, im Leben niemals einen Tag im Streit zu beenden.

»Und bevor unsere Nationalmannschaft rausgeflogen ist, zu wem hast du gehalten, zu Rumänien oder Deutschland?«, fragte mich am nächsten Abend Onkel Küken im Wohnzimmer von Lidi und Lulu, während wir pappsatt auf den Anpfiff des Fußballfinales warteten. Ich erzählte ihm, dass ich mich eigentlich nicht für Fußball interessiere und dass man unterscheiden müsse. Ich wusste, dass er es mochte, wenn ich reflektierte Überlegungen anstellte, und prompt lächelte er. Vom Trikot her lösten die rumänischen Farben mehr in mir aus als die deutschen; das Trikot war einfach hübscher. Andererseits mochte ich Klinsmann sehr, und Titiam nannte mich immer »Klinsmännchen«, wenn wir auf dem Bolzplatz im Park vor unserem Haus spielten und es mir große Freude bereitete, die Tricks des Stürmers zu imitieren oder es zumindest zu versuchen. Daher konnte ich ihm keine eindeutige Antwort geben, auch nicht auf seine nachdrückliche Frage, welches ich als mein »Vaterland« bezeichnen würde, als das Wort während der Hymne aus dem Fernseher erklang. Stattdessen rief ich die restliche Familienbande, die gesammelt in der Küche eine Pause machte, ins Wohnzimmer, damit sie den Anstoß des Finales nicht verpassten. Lulu griff nach seinem ersten Schnapsglas, lächelte mich schelmisch an, bevor er trank, und fragte, »Willst du heute noch einmal versuchen, bei uns zu übernachten?«. Ich verstand den Wink, lachte beschämt und sagte ihm, dass ich mit meinen Eltern im Auto zurückfahren würde; also nein, er könne ruhig trinken.

Nachdem Deutschland Weltmeister geworden war, klingelte der Polizistennachbar, der in unserer ehemaligen Wohnung im Treppenhaus gegenüber wohnte, und eine allgemeine Unruhe setzte ein. Er habe soeben gesehen, dass unser Garagentor offen steht, wolle fragen, ob das so gehöre. Lulu, der bei unserer Ankunft so nett war, seinen Dacia aus der Garage zu fahren, damit wir unser Auto dort sicher abstellen konnten, war überzeugt, dass er das Tor selbstverständlich abgeschlossen hatte, auch Tata war dabei und hatte es gesehen. Alarmiert rannten beide in ihren Hausschuhen los.

Unten angekommen bestätigte sich die Befürchtung. Das Garagentor stand offen, die Frontscheibe unseres Wagens lag an die Wand gelehnt, offenbar durch professionelles Werkzeug intakt aus dem Rahmen gehoben. Zum Glück hatte Tata immer alles von Wert aus dem Auto genommen; das Einzige, was fehlte, war das Radio. Da keine Gewalteinwirkung am Garagentor auszumachen war, vermutete der Polizist, dass sich jemand aus unserem Familienkreis mit einem Schlüssel Zugang verschafft haben musste. Tata legte sich mit ihm an, schnaubte, das sei lächerlich, wir seien alle die ganze Zeit über in der Wohnung gewesen.

»Wir sind gute Menschen!«

»Keiner verlässt den Ort!«, ordnete der Polizist unbeirrt an, machte sich sofort daran, sich die vorsorglich mitgebrachten Handschuhe anzuziehen und die Frontscheibe in die Küche meiner Tante zu schleppen. Darauf baute er routiniert eine schwere Ausrüstung auf, die er über den Flur aus seiner Wohnung herübergetragen hatte, knipste eine spezielle Lampe an und machte sich an die Arbeit. Seelenruhig bereitete er alles vor, legte sich Papier zurecht, notierte untereinander die Namen aller Anwesenden und bepinselte die ganze Windschutzscheibe mit einem gelben Pulver. Der Reihe nach mussten alle ihre Fingerabdrücke nehmen lassen. Der Polizist war zwar nett und höflich, dennoch war Tata empört, sprach mehr zu sich, dass in diesem Land alles beim Alten geblieben sei – »die offensichtlich Unschuldigen werden kontrolliert, und die wahren Verbrecher kommen so davon«, doch der Polizist hörte nicht hin und ließ sich die Laune nicht verderben. Zum Abschluss schaute er mich an und verlangte auch nach meiner Hand.

Es ehrte mich, für den Einbruch in Betracht zu kommen. Ich war mir zwar sicher, dass ich es nicht war, doch wäre ich es gewesen, so hätte ich es gern gewusst, also stimmte ich zu, ließ ihn jeden meiner Finger zuerst auf das Tintenschwämmchen ditschen, dann auf das Papier. Stolz betrachtete ich meine Finger.

»Und jetzt du!«, sagte ich zum Polizisten, Ai hinter mir prustete los. Er schaute sie streng an und fand sich umgeben von den Blicken unseres Familienkreises, bis mir der Reihe nach recht gegeben wurde und er sich schließlich nicht ohne eigene Abdrücke aus der Lage winden konnte.

Wenige Tage später feierten wir die Geburtstage von Ai und unserem Onkel. Zu Fuß waren wir zum Platoul Cornești gelaufen, einer Aussichtsplattform am Berg der Stadt, von der aus man das ganze Panorama überblicken konnte: die Häuserspitzen im Zentrum um den Kulturpalast, das Krankenhaus zur Rechten und der Fluss Mureș im Hintergrund.

Ich zählte dreimal durch, mich eingeschlossen waren wir dreiundzwanzig Menschen, dic um unseren Grill standen. Alle waren gekommen, die ganze Familie war vereint; um uns herum weitere Menschengruppen, die ihre eigenen Feste feierten. Ai strahlte, beseelt und unbesorgt begrüßte sie ihr neues Lebensjahr.

Eine Kindereisenbahn quietschte hinter uns aus ihrem langen Holzschuppen, hielt mit beeindruckendem Geschepper am Einstiegsbereich. An der Lokomotive war unter einer dicken Rostschicht ein lächelndes Gesicht aufgemalt. Der alte Schaffner rief lallend nach Passagieren, torkelte zum Fahrscheinhäuschen, zündete sich eine

Zigarette an; musste aber nicht lang warten, da sich gleich eine Schlange bildete. Mama fragte uns, ob wir eine Runde fahren wollten. Selbstverständlich war ich begeistert von dem Vorschlag, nur Tata war besorgt, sagte: »Tetanus überall, pass bitte auf und halt dich fest!« Ai blieb lieber dort, um mit unseren Cousins zu plaudern, also stieg ich alleine mit Mama ein.

Als der Zug sich ruckelnd in Bewegung setzte, verstand ich, was Tata meinte. Ich fiel sofort um, schnitt mich aber glücklicherweise nicht an den verzogenen Metallplatten am Boden des Zuges. Ich stand wieder auf, bemerkte Tatas umwölkten Blick, während wir uns von ihm entfernten, schrie ihm nach, »Nu mă doare, nu mă doare!« – »Es tut nicht weh, es tut nicht weh!«, die Sorgenfalten verblieben aber bis zu unserer Rückkehr auf seiner Stirn, wie jedes Mal, wenn ich mich wieder einmal tollpatschig anstellte.

Wir fuhren durch den Wald, bald nach einer langen Kurve am Zoo vorbei, vor dem ein gruseliger Bär ausgestopft am Eingang stand. Er schien sehr alt zu sein, was Mama bestätigte; zuhause hätte sie ein Foto von Tata als kleiner Junge mit ebendiesem Bären, das könnte sie mir bald zeigen, wenn ich wollte. Die meiste Zeit aber schwieg sie während unserer kleinen Zugreise. Ich fragte sie, ob es ihr gut gehe, sie lächelte ein wenig traurig. »Ich vermisse das alles nur schon vor.«

Kaum hatte ich fast vergessen, dass da in Deutschland unser eigentliches Leben auf uns wartete, drehte sich das Karussell verbleibender Tage mit wehender Gewöhnung immer schneller, bis mit einem Mal der letzte Tag gekommen und der Abschied unabwendbar war.

An diesem Abend war ich es, der den ersten Dominostein umstieß, indem ich zu weinen anfing, als ich Bumami und Horea zur guten Nacht küsste. Innerhalb kürzester Zeit breitete sich der Tränenflächenbrand aus. Als Nächste weinte Bumami, dann Ai, aus dem Nebenzimmer kamen sofort Mama und Tata herbeigeeilt, um zu sehen, was im Wohnzimmer los war – da bemerkte ich, dass Mama schon ganz geschwollene Augen hatte. Als Nächstes wankte Horea und als Letztes schließlich Tata, der uns erst noch heldenhaft zur Vernunft zu bringen versuchte, indem er uns vor Augen führte, dass wir uns alle schon im kommenden Jahr wiedersehen würden. Er griff im Übersprung nach seiner Kamera und filmte das Familienporträt rotgeweinter Augen.

Ai und ich schauten Bumami, Horea, Lidi, Lulu, Ina, Titiam, Onkel Küken und Tante Hoffnung am nächsten Morgen nach, wie alle trist zum Abschied winkten, Tata hupte zum Warnblinklicht, Mama weinte bitterlich. Im Zentrum hielten wir kurz an, um uns auch von Tatas Familie zu verabschieden. Er versuchte, stark zu sein, seine Stimme klang bestimmt, scheinbar unberührt, als hätte er mit knappem »viszlát«, einem beiläufigen »Tschüss« seine Fluchtentscheidung noch einmal zu bestärken; doch den Abschied vertrug auch Tata nicht so leicht, wie er uns glauben lassen wollte.

Die ersten Stunden der Fahrt kamen uns wie eine Ewigkeit vor. Tata war hilflos, als Mama wiederholt von einem Tränenschwall erschüttert wurde, mit jedem weiteren Kilometer schnitt ihr die Abschiedsscherbe tiefer in die Seele. Die Kabel hingen lose aus dem Radioschacht; keine Musik konnte uns die Stimmung erhellen, und als in den Bergen auch noch Regen einsetzte, musste Mama mit einem Lappen das Wasser auffangen, das an den Rändern durch die notdürftig reparierte Scheibe drang.

Wir waren eine Woche früher losgefahren, als es für eine rechtzeitige Ankunft zum Schulbeginn in Marl nötig gewesen wäre; Tata hatte den Wunsch, uns Pesaro an der italienischen Westküste zu zeigen, die während einer Konzerttournee vor seiner Flucht tiefen Eindruck bei ihm hinterlassen hatte.

Mama hingegen konnte ihre Trauer nicht verheimlichen, dass wir die Zeit der Ferien nicht zur Gänze mit der Familie in Rumänien verbracht hatten. Tata meinte es gut, er rechtfertigte die Entscheidung damit, dass auch Erholung wichtig sei, was auf unserer Reise aufgrund des ständigen Trubels bislang nicht möglich gewesen war. Dennoch versprach er ihr kurz nach der Ankunft im Hotel, dass wir von nun an die Sommerurlaube ausschließlich in Rumänien verbringen würden.

Am Freitag vor meiner Einschulung begannen bereits die Proben für Mama und Tata im Lindenhof, und da Ai mit einer Freundin unterwegs war, ging ich mit meinem Rucksack voller Spielsachen zur Probe mit, auch meinen Fußball durfte ich mitnehmen; damit spielen durfte ich drinnen aber nicht, und draußen regnete es stark. Während sich alle Musiker aus der Garderobe in Richtung Probensaal entfernten, um pünktlich zu beginnen, schüttete ich den Inhalt meines Rucksacks auf der Tischtennisplatte in der Mitte des Raumes aus und versuchte, die etwas ältere Tochter eines Cellisten, die ebenfalls im Garderobensaal verblieb, für meine Schätze zu begeistern, doch sie zog es vor, in ihrem bilderlosen Buch zu lesen. Erst als ich alle Spielsachen durchhatte, mich langweilte und mit dem mir zuzwinkernden Fußball vorsichtig zu dribbeln anfing, legte sie ihr Buch beiseite, übernahm den Ball und legte eine beeindruckende Leistung aufs Parkett, indem sie ganze siebzehn Mal die Kugel dribbelnd in der Luft behielt.

Ich hatte noch nie ein Mädchen mit solchen Fertigkeiten gesehen. Sie verlangte von mir, mich als Torwart an die Wand zwischen den Türen zu den Toiletten zu stellen. Nicht ein einziges Tor konnte ich abwehren. Sie holte gerade wieder Schwung, übersprang aber den Ball, lupfte ihn mit einem Hackentrick hoch, griff danach und versteckte den Ball hinter ihrem Rücken, als ein alter Mann durch die Tür trat. Wir begrüßten ihn höflich, zeigten ihm auf Nachfrage die Richtung zu den Toiletten. Er verschwand, und wir setzten unser Spiel fort. Ich bat sie, nicht mit so viel Kraft oder aber wenigstens aus größerer Entfernung zu schießen.

»Gut, dann wechseln wir!« Sie passte mir den Ball zu. Ich legte ihn mir weit hinter der Tischtennisplatte so zurecht, dass ich ihr beweisen konnte, nicht weniger Kraft zu haben als sie, nahm wilden Anlauf, ballerte die Kugel in hohem Bogen durch die Luft und bemerkte panisch, wie die Toilettentür sich öffnete und der Ball direkt auf das Gesicht des alten Mannes zuschoss.

Im Probensaal setzte nach einiger Zeit Unruhe ein, warum der Dirigent so lange vom Toilettengang zurück brauchte. Sie waren erst bei der Hälfte des ersten Satzes der Sinfonie angekommen, als er unterbrochen hatte. Selbst wenn sie den Rest in einem durchspielen sollten, so würde die verbleibende Zeit nicht reichen, um bis zum

Ende zu gelangen. Und wenn es etwas gab, das für Orchestermusiker inakzeptabel war, dann war es die Überschreitung des gewerkschaftlich vereinbarten Probenendes um Punkt dreizehn Uhr.

Es war der erste Tag des Dirigenten mit dem Orchester, auch die Örtlichkeit kannte er noch nicht, also beschloss einer der Bassisten, nachzusehen. Es dauerte nicht lange, da überbrachte er die Nachricht ans Orchester, dass er nicht wüsste, wie er damit umgehen sollte, bat den Konzertmeister, sich die Vorgänge im Garderobensaal mit eigenen Augen anzuschauen.

Sofort legten einige neugierige Musiker ihr Instrument beiseite, machten sich auf den Weg dorthin, öffneten die Tür und erblickten, wie der Dirigent völlig aus dem Häuschen und sehr leidenschaftlich mit uns Fußball spielte, gerade einen Sprint in Richtung Tor vollzog, den Ball aber durch eine gekonnte Grätsche an das Mädchen verlor und nach steilem Sturzflug formvollendet abrollte.

»Herr Menuhin«, setzte der Konzertmeister vorsichtig an. Jetzt erst bemerkte ich inmitten der staunenden Gesichter, die durch den Türrahmen übereinander hinweg einen Blick in den Garderobensaal zu erhaschen versuchten, auch Tatas ungläubigen Blick. Glücklicherweise war ich nicht in Ballbesitz gewesen, die Schuld konnte ich also auf die anderen schieben.

»Verzeihen Sie!«, sprach Menuhin, »Es macht mir mehr Vergnügen, mich mit Menschen zu umgeben, die das Spielen noch nicht verlernt haben.«

Was anfänglich als Affront aufgenommen wurde, verwandelte sich über die nächsten Wochen zu einer beglückenden Zusammenarbeit zwischen dem Orchester und

Yehudi Menuhin, der, wie ich von Tata erfuhr, ein sehr renommierter Violinist war und es sich als Dirigent zur Aufgabe gemacht hatte, das Orchester aus den finanziellen Schwierigkeiten herauszumanövrieren.

Die Idee bei der Gründung des Orchesters war, die universell verbindende Sprache der Musik als Leuchtturmprojekt der Kultur zu etablieren, über Landes- und systempolitische Grenzen hinweg, was anfänglich mit einer Sensation, der ersten Gesamtaufnahme aller hundertvier Haydn-Sinfonien auch gelang; sogar Grammys gab es dafür, doch zuletzt hatten die Zeitungen eher von den Geldern berichtet, mit denen Bund und Land sich an diesem Orchester beteiligten, und ob das Geld nicht besser dafür verwendet werden sollte, deutsche Orchester der Umgebung vor der drohenden Insolvenz zu bewahren, von der so gut wie keines verschont geblieben war. Ein Artikel beschwerte sich gar über die Unverhältnismäßigkeit der Subventionen, gemessen am Niveau der Philharmonia Hungarica, noch dazu vor halbgefüllten Sälen.

Tatsächlich schlich sich eine gewisse Nachlässigkeit in die Arbeitsmoral einzelner Orchestermusiker ein. Mama wurde als Aushilfskraft immer dann gerufen, wenn sich jemand krankmeldete, und bald arbeitete sie so viel, dass wir keinen freien Tag mehr zusammen hatten. Also bat sie die Stimmführerin der zweiten Violine, Tasha, nach Möglichkeit etwas weniger Dienste spielen zu dürfen. Diese antwortete harsch, dass Mama nur dazu da sei, die richtigen Musiker zu entlasten. Wäre sie fest angestellt gewesen, dann hätte auch sie wie Tata ein Anrecht auf Ruhezeiten gehabt. So aber musste sie ständig spielen, selbst wenn er frei hatte.

Als ein Probespiel für eine frei gewordene feste Stelle in der zweiten Geige anstand, bewarb Mama sich und spielte alle drei Runden fantastisch, die Wahl fiel aber auf einen anderen Bewerber; als eine weitere Stelle neu vergeben wurde, fiel auch diese einem anderen zu. Bei der Besprechung mit der Streichergruppe fragte Tata offen, was der Grund für die erneute Ablehnung sei, Mama hätte doch viel besser als die anderen gespielt.

»Diese Frau wird niemals eine feste Stelle in diesem Orchester bekommen, solange ich lebe«, sprach Tasha den wahren Grund ihrer Entscheidung unverblümt aus, »Dies ist die Philharmonia Hungarica, was hat eine Rumänin hier verloren?« Tata antwortete knapp, »Spasibo, Tasha!«, worauf sie nichts weiter zu entgegnen wusste. Die Stimmung zwischen Mama und ihr kippte weiter, auch Tatas bester Freund ungarischer Abstammung, der seit Jahren ein innigeres Verhältnis zu Tasha pflegte und wie vernebelt unter ihrem Einfluss zu stehen schien, wandte sich von uns ab.

Vermehrt kamen Spannungen innerhalb des Orchesters auf, die seit den blutigen Ausschreitungen zwischen den ethnischen Gruppen im März 1990 in unserer Heimatstadt anschwollen und sogar einst befreundete Kollegen in Deutschland derart voneinander entfremdeten, dass auch hier blanker Hass entflammte. Die Ausschreitungen in unserer Heimatstadt begannen mit einer Schmiererei auf der Statue des rumänischen Nationalhelden Avram Iancu, die aus dem Ungarischen übersetzt »ab nimm« bedeutete und die Polizei zu der Aussage verleitete, sie müsse von Ungarn verursacht worden sein – ungeachtet der Tatsache, dass die ungarischen Worte in der falschen Reihenfolge geschrieben waren und es genauso gut eine Intrige von der anderen Seite hätte sein können, um Hass zu schüren.

Am Tag drauf brach im Tudor-Viertel, in dem unsere damals konfiszierte Wohnung wie auch die von Lidi gelegen war, eine Schlägerei mit hunderten Beteiligten aus, weil Randalierer sich von einem ungarischen Apothekenschild gestört fühlten; bald waren auch alle Schilder mit ungarischer Bezeichnung am Rathaus verschwunden.

Am 19. März wurde der Sitz der Demokratischen Union der Ungarn Rumäniens, UDMR, gestürmt; die Polizei und die Armee griffen erschreckend spät ein, als zu Tode verängstigte Menschen aus dem Gebäude rannten und mit Holzlatten zu Boden geknüppelt wurden. Der Funke war zu einem Flächenbrand geworden, eine riesige Demonstration mit über fünfzehntausend Ungarn protestierte am kommenden Tag im Stadtkern gegen die Verbrechen am Vortag, dreitausend Rumänen wurden aus den Außenbezirken mit Bussen herangeschafft, disponiert von einer ultrarechten rumänischen Organisation. Die Polizei versprach zwar, das Zentrum abzuriegeln, damit die Bevölkerungsgruppen nicht aufeinandertrafen, doch an vielen Absperrungspunkten wurden die rumänischen Demonstranten nicht aufgehalten.

Ein Lastwagenfahrer verlor durch ein Wurfgeschoss die Kontrolle und steuerte direkt in die ungarischen Demonstranten, diese bewaffneten sich mit zerlegten Bänken, prügelten einen von der Gegenseite bewusstlos, gefilmt von einem Kamerateam. Die Bilder, die um die ganze Welt gingen, wurden zum Spielball der Schuldzuweisungen, da anfänglich berichtet worden war, dass dort ein Ungar von Rumänen angegriffen wurde; dann verbreitete sich die

Information, es sei genau andersrum gewesen; jeder nahm jene Sichtweise ein, die zu seinen Überzeugungen passte. Sechs Menschen verloren bei diesen Ausschreitungen ihr Leben, 294 wurden verletzt, 36 davon schwer.

Von alledem bekam ich in unserem ersten Sommer in Rumänien, wenige Monate nach diesen Geschehnissen nicht mehr mit als die beschmierten Stadtschilder am Ortseingang; doch die Kluft zwischen den Bevölkerungsgruppen riss bis nach Marl auf, und so war die Arbeitsatmosphäre für Mama sehr belastend und raubte ihr jede Freude, die sie noch für ihren Beruf empfunden hatte.

Als einige Zeit später ein weiterer Kollege in den Ruhestand ging und erneut ein Probespiel abgehalten wurde, spielte Mama die ersten zwei Runden brillant und bekam die volle Stimmzahl aller bis auf Tashas. Die dritte und finale Runde wurde hinter einem Vorhang abgehalten, damit nur die Qualität und keine persönliche Präferenz ausschlaggebend seien. Mürbe und unsicher geworden schaffte es Mama aber nicht, ihr Niveau aus den ersten beiden Runden zu halten; ihre Nerven gaben nach, ihr Bogen zitterte, und auch dieses Mal fiel die Wahl auf jemand anderen.

Wir trösteten sie zu dritt, als wir aus dem Lindenhof zurück zu unserem Wagen liefen. Tatas mittlerweile ehemaliger bester Freund lief mit Tasha an uns vorbei, und als wir gerade einsteigen wollten, spuckte er in Mamas Richtung auf den Boden.

Wie konnte der Charakter seines ehemaligen besten Freundes sich so sehr verdunkeln, jetzt, wo er im Wohlstand lebte, in eigentlicher Erfüllung aller Wünsche, wegen der er aus Rumänien geflohen war; Tata war außer Stande, es sich zu erklären.

Er zeigte ihn an, und bei seiner Aussage sagte der ehemalige Freund mit Hilfe eines Übersetzers auf Ungarisch aus, dass er tatsächlich gespuckt hätte, doch er habe bloß etwas im Mund gehabt, Mama solle nicht alles auf sich beziehen.

In der Folge wurde Mama immer seltener gerufen, auch wenn noch so dringend eine Aushilfe gebraucht wurde. Ich verstand nicht, warum sie kampflos aufgab.

»Die Macht der Frauen ist die Geduld«, sagte sie zu mir, doch ich kam nicht drauf, was Geduld bewirken sollte, wo doch dringend jetzt etwas geschehen musste.

Bei einem Fußballspiel des Orchesters wenig später wurde auch ich zum ersten und zum letzten Mal als Aushilfe eingesetzt, da einer der Bratschisten viel zu langsam war, jeden Ball verlor und schließlich entnervt aufgab. Ich durfte seine Position übernehmen, und mein Atem stockte, als ich verstand, gegen wen ich in meiner Position zu spielen hatte und wem ich die Bälle abnehmen sollte.

Das Schicksal stellte mir tatsächlich das spuckende Lama entgegen. Mein Herz klopfte wild; diesen Kampf musste ich für Mama mitgewinnen. Gnadenlos grätschte ich ihm jedes Mal dazwischen; er, genervt, wie von einer Wespe, schrie irgendwann hysterisch Tata an: »Sag deinem scheiß Sohn, dass er mich in Ruhe lassen soll!« Da er den ersten Stein geworfen hatte, sah ich mich nun im Recht, ihm nach dieser Beleidigung den größtmöglichen Schmerz zuzufügen, den ich bislang kennengelernt hatte, wissend, dass ich zuhause Ärger dafür bekommen würde, doch das war es mir wert. Ich zielte, rannte schreiend los und rammte ihm mit voller Wucht meinen Schädel mitten in die Weichteile.

Die Pausenklingel schellte. Etwas abseits meiner Schulkameraden lief ich die Gänge entlang zum nächsten Unterricht, am Aquarium vorbei, dessen Scheibe ich immer berühren musste. Eine seltsame, sentimentale Bindung zu diesem Fischgefäß flammte für einen Augenblick in mir auf, als ich die zahllosen Fingerabdrücke darauf bemerkte. Sicher hatte auch Ai vor dieser Scheibe innegehalten. Ich fragte mich, welcher der Abdrücke wohl von ihr war, was mir ihre Abwesenheit im Jetzt mit einem wachsenden Knoten im Hals vor Augen führte. Zwei aus meiner Klasse hatten noch ältere Geschwister auf der Schule, ich beneidete sie darum, in der Pause zu ihnen gehen zu können, wenn sie etwas brauchten, und sei es nur eine Umarmung.

Mein Tischnachbar, der ebenfalls sehr schweigsam war, hatte den gleichen Heimweg wie ich. Oft fuhren wir mit dem Fahrrad die lange Straße an der Parkmauer am Krankenhaus vorbei nach Hause, auf der gegenüberliegenden Straßenseite gab es eine Bäckerei, bei der mein Kamerad immer hielt. Wir standen vor der Theke, beide schmächtig, beide mit Sehhilfe auf der Nase, beide Mägen knurrten. »Haben Sie Kuchenreste?«, fragte er den dicken Bäcker, bald fragten wir synchron, und jedes Mal schnitt er uns von einem ganzen Streuselkuchen kleine Stücke ab, die er uns schenkte. Irgendwann flog zu Hause auf, was der Grund für meine Appetitlosigkeit am Mittagstisch war; ab dem Moment bekam ich jeden Morgen etwas Geld mit der Ansage, »Wir sind doch keine Bettler!«, um auf dem Heimweg einen Streuselkuchen mitzubringen, den ich nach dem Essen mit Ai verputzen durfte.

Nachmittags rief mich Tata immer zu ihnen ins Bett, er wolle mir was sagen, was er aber nie tat, sondern er kraulte mir nur den Kopf, was mich augenblicklich einschlafen ließ.

Dann folgte die unerwünschte Stunde an der Geige, das Pensum sollte über die nächsten Monate noch gesteigert werden, weil im Januar meine erste Teilnahme am Wettbewerb »Jugend musiziert« anstand. Da mehrere Kinder der Orchestermusiker ebenfalls teilnahmen, organisierte man am Sonntag vor dem Wertungsspiel eine Generalprobe im Lindenhof. Wir kauften im Marler Stern ein weißes Hemd und eine schicke beige Hose für den ersten großen Auftritt. Ich bekam am Morgen vor dem Vorspiel von Tata eine Krawatte umgebunden, die aber viel zu lang ausfiel, das Ende steckte ich mir in die Hose. Vor lauter Aufregung erinnerte ich mich an gar nichts mehr, als wir uns zuhause die Videoaufnahme anschauten und besprachen, woran noch zu feilen sei. Mir fiel vor allem auf, dass ich nicht mehr offen lächeln sollte. Während der letzten Takte des Musikstücks, als ich wusste, dass mit dem Ende die Freizeit nahte, zog sich mein Grinsen über beide Ohren und ließ meine proportional viel zu großen Zähne durch Tatas vollen Zoom auf mein Gesicht noch viel größer erscheinen, so auch die Lücken, ach du meine Güte. Fortan achtete ich nicht nur darauf, bei Takt sechzehn die linke Schulter unten zu behalten, sondern auch nur noch so zu lächeln, dass meine Lippen nie die Sicht auf mein Gebiss freigaben.

Der Wettbewerb selbst war, wenngleich nicht weniger aufregend, kaum weiter erwähnenswert. Ich gewann zwar den ersten Platz mit 22,57 von fünfundzwanzig Punkten – wie auch immer die Jury die Nachkommastellen ausverhandelt hatte –, und ab dreiundzwanzig Punkten wurde eine Weiterleitung von der Regional- zur Landesebene ausgesprochen, doch dafür war ich in meiner Altersgruppe sowieso noch nicht zugelassen. Also war ich enttäuscht, aber nicht zu sehr, verbaute ich mir ja im Grunde nichts durch die fehlenden 0,43 Punkte. Ai hingegen bekam die volle Punktzahl mit der Gewissheit, dass der Unterricht bei ihrer Professorin ohne jede Unterbrechung weitergehen würde, um auch beim Landeswettbewerb wieder zu den Besten zu gehören.

Eines Abends begleitete ich Tata ins Konzert. Wir parkten an der Straße zum Theater, liefen an einem Mahnmal vorbei, einer auf dem Rücken liegenden Dampflokomotive, rostzerfressen unter einer frischen Schneeschicht. Die Lok war mir schon öfter aufgefallen, doch ich hinterfragte nie ihre Bedeutung. Auf dem Schild davor stand »La Tortuga«, Tata übersetzte es mir mit »die Schildkröte«, erklärte, dass eine auf dem Rücken liegende Schildkröte nicht laufen könne und dass mit dieser Lok vor etwa fünfzig Jahren Menschen transportiert worden waren. Warum das jetzt ein Grund war, sie als Mahnmal aufzustellen, konnte ich mir nicht erklären; das würde für heutige Lokomotiven ja ebenfalls gelten, und dennoch mahnte man nicht mit ihnen. Tata winkte ab und meinte, ich sei noch zu jung für eine Antwort, die selbst er niemals verstehen könne.

»Und warum vor dem Theater?«

»Weil man hier erfühlen, was man nicht verstehen kann.«

Ich hatte zwar keine Lust, ihn zu begleiten, da ich mich immer sehr langweilte und mit der Musik nicht wirklich etwas anzufangen wusste, aber die Aussicht auf eine Pizza im Anschluss an das Konzert überzeugte mich auch dieses Mal.

Es gab bei Pizza Pizza die beste, die man sich nur vorstellen konnte, denn sie nutzten einen Ofen mit einer automatisch durchlaufenden Schiene, sekundengenau eingestellt. Man konnte sogar telefonisch bestellen, aber es war viel schöner, zu beobachten, wie das Meisterwerk vor Ort entstand.

Und so liefen wir mit dem dampfenden Karton vom Parkplatz durch den Schnee auf unser Haus zu, als es im Gebüsch der Nummer 5 miaute. Mit ängstlichen Augen glotzte uns ein kleines verwaistes Wesen an; auch Tata brachte es nicht übers Herz, das Kätzchen womöglich erfrieren zu lassen.

Nachdem ich es mit Ai in unserer Wohnung warmgekuschelt hatte, verschlangen wir die mittlerweile kalte Pizza, das Kätzchen schlürfte Milch, Tata beobachtete es wehmütig. Seine Augen röteten sich, als wir die unabwendbare Frage stellten, vor der er sich sehr zu fürchten schien, denn er schnäuzte seine Nase, nahm uns, strenger als notwendig, jede Hoffnung, das Kätzchen behalten zu dürfen.

»Ich habe eine schwere Allergie gegen Katzenhaare, schon von Geburt an, da gibt es nichts zu diskutieren!«

Am folgenden Nachmittag gaben wir unter tränenreichem Abschied das Kätzchen im Tierheim ab, und als Tata nach dem Essen Mittagsschlaf machte, verzweifelte ich am Esstisch an den Mathehausaufgaben. Mama saß zwar neben mir, hielt die Arme verschränkt, war tief in Gedanken und hörte mir nicht richtig zu, als ich ihr die unlösbar scheinende Aufgabe vorlas. Ai war noch in der Schule, also musste ich die Lösung auf den Abend verschieben; wir würden sowieso gleich losfahren, um sie abzuholen, da Tata sie bei Schnee nicht mit dem Fahrrad fahren lassen wollte.

Bevor ich aber endgültig aufgab und noch einmal zu begreifen versuchte, was von mir verlangt wurde, stand Mama abrupt auf und verschwand in der Gästetoilette. Als sie auch nach mehreren Minuten nicht wiederkam und auf meine Rufe nicht antwortete, schaute ich durchs Schlüsselloch. Sie saß zitternd auf dem Klodeckel, blass wie das Handtuch am Haken, die rechte Hand lag unter ihrer Bluse, die linke hielt sie fest an den Mund gepresst, um einen Weinkrampf zu verheimlichen.

Sie merkte nicht, dass ich die Tür öffnete. Nun verstand ich, was sie mit brechender Stimme flüsterte: »Ich will nicht sterben«, wiederholte sie unzählige Male, ehe sie die geschwollenen Augen öffnete, die Hand runterriss, als ob nichts gewesen sei, aufstand, ohne ein Wort an mir vorbei ins Schlafzimmer lief und die Tür zuzog.

Ich hörte, wie sie Tata zu wecken versuchte, erst flüsternd, dann so laut, dass er aufschreckte.

»Was ist?«

»Betaste mich bitte.«

Als unser Auto stand, sprang ich sofort raus und rannte auf den Haupteingang des Gymnasiums zu; im Wagen war es nicht länger zu ertragen, denn Mama hatte bereits entschieden, was ihre Diagnose sein würde. Ai erschrak, als sie endlich um die Ecke bog und mich erblickte, blass und zittrig.

»Mama hat Krebs, sie wird sterben«, fielen die Worte aus mir heraus. Ai versuchte, mich zu beruhigen, ich solle noch einmal langsam ganz von vorne anfangen. Ich fasste zusammen, dass sie einen Knoten in der Brust ertastet hätte und wir sofort ins Krankenhaus fahren würden. Ai blieb verstörend ruhig, umarmte mich und versprach mir, dass ich mir keine Sorgen machen müsse, alles würde gut werden; doch traute ich mich nicht, ihr ohne weiteres zu glauben, für den Fall, dass sie ihr Wort nicht würde halten können.

Am Abend sollten wir im Kinderzimmer bleiben, während Mama und Tata im Wohnzimmer flüsterten. Hin und wieder aber brach ein Satz aus Mama heraus, den ich durch die angelehnte Tür bis in das Zimmer verstand. Ai hockte abgewandt im Flur und horchte ebenfalls.

Gedanken schlugen mit brutaler Macht in Mamas Bewusstsein ein, zertrümmerten jede filternde Zurückhaltung, jetzt, wo der Arzt bestätigt hatte, dass da etwas sei, auch wenn er hinzufügte, solange die Ergebnisse nicht vorlägen, solle sie auf keinen Fall das Schlimmste befürchten, ganz im Gegenteil. Doch Mamas Horizont ließ sich nicht korrigieren, zu steil war er bereits geneigt. Nachdem sie einen Weinkrampf würgend unterdrückt hatte, wurde es ganz still.

»Was ziehen die Kinder bei meiner Beerdigung an? Sie haben keine schwarzen Klamotten!«

»Schluss jetzt!«, unterbrach Tata harsch. »Wir sind es den Kindern schuldig, uns von jetzt an auf positive Gedanken zu konzentrieren!«

In meiner Hilflosigkeit wusste ich keinen anderen Ausweg zur Unterstützung, als zum Kleiderschrank zu laufen, nach schwarzen Klamotten zu suchen, um Mama wenigstens diese Sorge zu nehmen. Ai trat leise ins Kinderzimmer, fragte, was ich da täte, bemerkte gleich den Stapel mit den wenngleich nicht schwarzen, doch zumindest dunklen Anziehsachen, die ich für uns beide rausgesucht hatte.

»Nuku, Mama hat einen Schock. Es ist besser, wenn du nicht glaubst, was sie da gerade gesagt hat. Es wird alles gut!« Wieder wehrte ich mich gegen Ais Überzeugung, schien mir dieser leere Satz noch aussichtsloser als der vom Nachmittag, wie sollte ich ihr das glauben.

In dieser Nacht krallte mich die Panik fester als die Jahre zuvor, als die dunkle Gestalt in mir noch keinen Namen und die tiefe Angst noch kein Gesicht trug. Und jetzt erkannte ich das Profil meiner Mama darin. Die Nachttischlampe drüben klickte. Nichts hätte ich lieber getan, als sofort zu ihr hinüberzurennen, solange sie noch da war. Ewig lag ich wach, dachte nach und rollte mich von einer Seite auf die andere, im Mondschein zog ich den Schatten meiner Finger über die Figuren an der Wand: Küken, Ente, Maus und Auto. Wenn Mama oder Tata, wenn meine Eltern irgendwann einmal sterben, überlegte ich und spürte dabei eine leise Versöhnung mit dem Vakuum in meinem Kopf, würde ich mir in der Küche einfach das Messer in den Bauch rammen, um mir diese Schmerzen zu ersparen.

Ich schämte mich, dass ich wieder scheitern würde, denn ich wollte nichts mehr als wieder bei ihnen am Bett auftauchen. Doch damit hätte ich sie auch noch mit meinen Ängsten belastet, also blieb ich, bis Ai von meiner Zitteratmung aufwachte und flüsterte, ich solle zu ihr herunterkommen.

Ich nahm nicht einmal den Umweg über die Holzleiter am Bettgestell, sondern schwang mich am Geländer direkt zu ihr herunter, vertraute mich zum ersten Mal einem Menschen überhaupt an, warum ein jeder Abend mich so quälte, wie sehr mich der Kampf gegen das Herübergehen erschöpfte und dass ich fürchtete, ich habe mir die Seele am Leben aufgeschürft; was zuvor vor Scham undenkbar schien, floss nur so aus mir heraus. Verglichen mit der Nachricht an jenem Tag waren meine früheren Ängste fast schon alte Freunde, ich kannte jeden ihrer Winkel; doch nun riss die Fratze des Abgrunds vollends auf. Mama könnte sterben.

Nachdem ich am nächsten Nachmittag allein Geige geübt hatte und zu den dreien ins Wohnzimmer kam, schaute Mama mich mit ernster Miene an. Mir wurde schlecht. Sie sagte: »Wenn du nachts zu uns kommen willst, dann ist das in Ordnung!« Damit hätte ich niemals gerechnet.

Tata ergänzte, bis jetzt hätten sie es so eingeschätzt, dass ein Übernachtungsfreifahrtschein mich womöglich zu sehr verwöhnte – ich sei schließlich ein großer Junge und solle fähig sein, ohne Mama im eigenen Bett zu übernachten –, aber wir müssten nun aufeinander achtgeben, jeder müsse das bekommen, was er brauche, um glücklich und auch wieder ganz gesund werden zu können.

Ai beobachtete sehr genau, wie ich darauf reagierte, dass sie mein ihr Anvertrautes weitergetragen hatte. Bei Tageslicht schämte ich mich noch viel mehr dafür, wischte den Gedanken mit der Hand beiseite, sprach beiläufig: »Ach so, ja, danke«, als würde es mir nichts bedeuten; doch um Tonnen wog mein Herz nun leichter und übertönte das neue, kalte Gefühl, von meiner Schwester verraten worden zu sein.

Mit dieser Freiheit zur Entscheidung schenkten sie mir eine Macht über meine Ängste, da ich nun verstand, dass ich jederzeit willkommen war und mich nicht schuldig fühlen musste, weil ich ihre Nähe brauchte. Ich weiß zwar nicht, was genau Ai mit ihnen besprochen hatte, was für eine Ansage sie ihnen gemacht hatte, doch sie schien die volle Wirkung zu entfalten. Mama wirkte klar und willensstark. »Es wird alles gut«, sagte sie mit entschiedener Stimme, als wir uns zu viert umarmten.

Trotz überstürzter Befürchtungen fand diese dunkle Episode ein gutes Ende, ganz wie Ai es von Anfang an vorausgesehen hatte. Mama schrie mit Tata vor Glück um die Wette, als der Befund aus dem Labor zwei Wochen nach dem Eingriff ankam, das Wort »gutartig« war mit routiniertem Arzthandschwung umkreist. Mama kündigte am selben Tag die Aushilfsstelle in Marl, bewarb sich bei zwei weiteren Orchestern, die ebenfalls Aushilfsstellen ausgeschrieben hatten, wenngleich ohne feste Bindung und die damit einhergehende langfristige Sicherheit; doch alles war ihr lieber, als einen weiteren Tag mit der Schlange und dem Lama zu verbringen.

Mit der neu gewonnenen, positiven Lebensenergie erkämpfte sie sich beide Stellen, pendelte von nun an mal nach Krefeld, mal nach Mönchengladbach, später wurde sie so gern gerufen, dass sie am selben Tag oft an beiden Orten spielen durfte und bald fast mehr Zeit auf Autobahnen als mit der Musik verbrachte. Doch bei der beruflichen Erfüllung, die sie dabei fand, war es jeden Kilometer wert.

Die ein oder andere Sorge konnte ich meinen Eltern aber nicht ersparen, denn ich war und blieb ein äußerst tollpatschiges Kind. Schmerzhaft musste ich den Umgang mit den Gesetzen der Physik erlernen, und je mehr Kraft mein Körper entwickelte, desto schwerer waren die Verletzungen, umständlicherweise zog ich sie mir meist an Sonn- oder Feiertagen zu.

So waren Mama und Tata gezwungen, mich direkt in die Notaufnahme des Marienhospitals zu fahren, wo man mich bald beim Vornamen kannte und mit einer gewissen Belustigung staunte, wie unfassbar viele Unfälle ein Kind erleiden kann.

Anfangs war es ein Riss an der Augenbraue, der genäht werden musste, da ich beim Rennen durch die Wohnung über meine eigenen Füße stolperte und mit dem Kopf gegen die Holzkante der Stuhllehne knallte. Mal wurde mir die Unverzichtbarkeit der Anwendung einer besonderen Technik zum Hochlupfen des Fahrradlenkers bewusst, als ich mir beim Auffahren auf einen Bordstein mit der Klingel das Zahnfleisch bis knapp unter die Nase einriss. Mal fiel ich von der Schaukel und brach mir den kleinen Finger der rechten Hand. Jahre später sprang ich so hoch wie möglich von derselben Schaukel, da mir ein Schulkamerad diese Mutprobe als Voraussetzung zur Aufnahme in die »Jungenbande« vorgab, die ich selbstverständlich bestehen wollte – und es auch tat –, mir jedoch beim Aufprall sowohl die Elle als auch die Speiche des linken Unterarmes doppelt brach, so dass das Mittelstück quer unter der Haut hing. Mein Kamerad rannte gleich zu mir nach Hause in den vierten Stock, um meinen Eltern die schlechte Nachricht zu überbringen, und kaum, dass er »Ich weiß nicht, aber ich glaube, ihm geht's nicht so gut« stottern konnte, rannten sie sofort in ihren Schlappen los und fanden mich auf dem Treppenabsatz im Erdgeschoss vor, bis wohin ich mich vom Spielplatz geschleppt hatte. Kaum hörte ich ihre Stimmen, verlor ich das Bewusstsein, beruhigt, dass ich nun in Sicherheit war.

Als ich aus der Narkose erwachte, hatte ich einen riesigen Gips am linken Arm, der bis zur Schulter reichte.

Völlig benommen wunderte ich mich, was für lange und gebogene Instrumente die Ärzte verwenden mussten, um von oben an der Schulter, zwischen Gips und Oberarm hindurch, die Fraktur am Unterarm zu behandeln. Ich bedankte mich sehr überschwänglich bei ihnen, versicherte, dass es mir »supergut« gehe, ich keine Schmerzen hätte, nur um möglichst schnell wieder nach Hause gehen zu können, denn das unfreiwillige Übernachten im Krankenhaus quälte mich bei weitem mehr als die verleugneten Schmerzen.

In der Grundschule lauerten andere Gefahren, so auch in der Schwimmhalle, wo mir ein anderer Klassenkamerad zeigte, wie formvollendet er einen Seemannsköpper machen konnte. Natürlich hatte auch ich es sofort versucht, jedoch knallte es nach dem Absprung vom Beckenrand sehr laut in meinem Schädel, gefolgt von einem Piepen in den Ohren, ich tauchte auf und schaute direkt in sein entsetztes Gesicht. »Blut«, stammelte dieser, ich schaute an mir herab, das Wasser verfärbte sich rot in einem beeindruckenden Umkreis. Ich hatte tatsächlich mit dem Nasenrücken die einzige Kachel im ganzen Becken erwischt, die leicht uneben aus dem Boden ragte. Egal wie klein die Wahrscheinlichkeit eines Aufeinandertreffens zwischen mir und einer potenziellen Gefahrenquelle – sie war immer noch groß genug, um von mir mitgenommen zu werden.

Als wir bei Freunden Silvester feierten, hielt Ai mir begeistert eine Schildkröte vors Gesicht, die sie aus dem Terrarium der Gastgebertochter genommen hatte. Ich aber erschrak und schrie laut los, auch die Schildkröte erschrak und biss sich mit aller Kieferkraft, die ihre Gattung über zweihundert Millionen Jahre entwickelt hatte, unlösbar an meiner Wange fest. Schließlich erschrak auch Ai, ließ die Schildkröte los, die nun sehr ausdauernd an meinem Gesicht herabbaumelte, bis ein befreundeter Tierarzt am Telefon nach einem Lachanfall die Lösung parat hatte: den Schwanz der Schildkröte mit kaltem Wasser zu beträufeln. Das neue Jahr begrüßte ich mit blutenden Abdrücken kleiner Reptilienzähnchen auf der Wange.

Das folgende Jahr hingegen begann mit weitreichenden Folgen für das Violinspiel. Wieder bei Freunden zu Besuch schenkte mir das Schicksal beim Bleigießen eine fast perfekte Blume, nur ein kleiner Zacken hing störend aus der Blüte raus. Nachdem ich am nächsten Morgen zuhause auf Ais Schreibtisch eine Schere fand, versuchte ich, das störende Element vom Rest zu trennen. Blei schlug Schere, ich schnitt mir die Fingerkuppe des linken Mittelfingers ab, die ich jedoch drei Wochen später unbedingt brauchen würde, um mir und meinen Eltern von der Jury bei »Jugend musiziert« attestieren zu lassen, wie sehr ich mich das letzte Jahr über weitergebildet hatte, also dachte ich mir: Halt die Klappe, es wird schon niemand merken!

Völlig benommen vom Adrenalin versuchte ich die Zeit zurückzudrehen, irgendwie müsste es doch möglich sein! Ich schloss die Augen, stellte mir vor, wie die gesamte Energie des Universums sich vereint, griff nach der geschlossenen Schere mit der Fingerkuppe auf der Klinge, drückte sie gegen die Wunde, atmete tief ein und öffnete die Mechanik gefühlt rückwärts, doch anstatt, dass sich die Kuppe wieder mit dem Finger vereinte, lag sie weiterhin auf dem Metall. Also rannte ich ins Bad, um die Blutung unter dem Wasserhahn zu stillen. Ai kam zurück ins Kinderzimmer, schrie sofort nach unseren Eltern, als sie die abgetrennte Fingerkuppe an der Schere entdeckte, die inmitten einer Blutlache auf dem Schreibtisch lag.

Doktor Wilms versorgte den kleinen Geigenfinger so gut, dass ich drei Wochen später tatsächlich vor der Jury spielen konnte, indem ich, sofern ich mit meinen Eltern an bestimmten Stellen des Musikstückes keinen ausweichenden Fingersatz hatte finden können, den Mittelfinger in einem schiefen Winkel auf die Saite drückte und die Narbe so verschonte.

Als wäre das nicht schon aufregend genug, spielte die Begleiterin am Klavier die Einleitung auch noch fast doppelt so schnell wie abgemacht. Ich blickte erstaunt zu Mama und Tata im Publikum, die abwechselnd entsetzt zwischen mir, der Jury mit ihren neugierig angehobenen Augenbrauen und der bereits schwitzenden Pianistin hin und her schauten. Ich zwinkerte ihnen zu und entschied, meine Begleiterin nicht zu brüskieren, indem ich abbrach, sondern das abenteuerliche Tempo aufzugreifen, wenngleich die Blicke meiner Eltern unmissverständlich sagten: »Tu es nicht!« Mit dem ersten Ton trat etwas ein, was ich nicht erwartet hatte: Kein Anzeichen der Aufregung spiegelte sich in meinem Spiel wider. Die Bogenhand lag ruhig und ohne zu zittern, die Finger bewältigten die schweren Passagen so, als wäre das Musikstück im Grunde für dieses schnelle Tempo komponiert worden. Dieses Mal machte mir das Spielen großes Vergnügen, jedoch lag es weniger am Spielen selbst als an der Herausforderung, eine scheinbar aussichtslose Situation erfolgreich bestehen zu wollen und wohl auch zu können.

Überglücklich vom gelungenen Wertungsspiel saß ich mit Mama und Tata im Saal. Das Ergebnis wurde erst am Abend verkündet, also hörten wir uns den letzten

Teilnehmer meiner Wertungsgruppe an, um das Niveau besser einschätzen zu können. Wir saßen in der letzten Reihe des Publikums, schauten neugierig zum Bewerber, der soeben sein Instrument stimmte und dessen selbstbewusster Auftritt in Anzug, Hemd und sogar Fliege einen gefährlichen Konkurrenten erahnen ließ. Dann kam der Moment der Wahrheit, als sein Pianist die Einleitung beendete. Bei dem ersten schiefen Ton fragte ich mich noch, ob ich mich verhört hatte. Doch der gleiche Ton wurde beim nächsten Lauf wieder falsch getroffen; das konnte kein Zufall sein. Schließlich war nicht mehr zu leugnen, dass das ganze Klangkonstrukt wackelig in sich zusammenzufallen drohte, es klang grotesk falsch, was er sich da zusammenspielte. Ich musste leider lachen, leise zwar, und als Tata merkte, wie mein Brustkorb vibrierte, verselbstständigte sich die unerwünschte Reaktion und griff auch auf ihn über. Mama tadelte uns flüsternd: »Seid mal nicht so arrogant!«, doch es war weder so gemeint, noch konnten wir etwas dagegen tun, denn kaum hatte der eine sich beruhigt, musste der andere schnell sein Gesicht verstecken und umgekehrt. Schließlich rissen wir auch Mama mit hinein.

Nach diesem von der Jury attestierten Erfolg entschieden meine Eltern, dass es an der Zeit sei, mich von jemand anderem unterrichten zu lassen. Aufgrund verschiedener Empfehlungen kontaktierten sie einen ehemaligen Professor aus Rumänien. Anders als bei Ai mussten wir aber nicht zum Unterricht irgendwohin fahren – der ehemalige Professor hatte seine komfortable Stelle in Rumänien nach der Revolution aufgegeben, wanderte nach Deutschland aus und pendelte nun hauptberuflich mit dem Auto durch das Ruhrgebiet zwischen seinen zahlreichen Schülerinnen und Schülern hin und her. Er war sehr renommiert, denn seine Zöglinge ergatterten oft erste Preise bei verschiedensten Wettbewerben, auch international, und das sprach sich herum.

Wenn er am Abend zu ehrgeizig unterrichtete und die vereinbarten zwei Stunden überzog, was nicht selten geschah, so lohnte es sich für ihn nicht mehr, nach Hause zurückzukehren, um die kurze Nacht dort zu verbringen. Also fuhr er direkt an den nächsten Unterrichtsort und übernachtete im Auto vor dem Haus, so auch vor unserem ersten Zusammentreffen.

Überpünktlich um fünf vor zehn Uhr klingelte es. Ich schlürfte schnell die restlichen Haferflocken aus der Schüssel, bevor Mama mich zum Zähneputzen ins Bad schickte. Allzu groß war meine Motivation nicht, mich zu beeilen, denn als ich wieder zurück ins Wohnzimmer kam, unterhielten sich meine Eltern bereits mit dem Professor. Er begrüßte mich auf Rumänisch mit den Worten: »Zehn Uhr bedeutet zehn Uhr, nicht drei nach zehn. Und zwar mit der Geige in der Hand!«

Seine Stimme war heiser. Er zog den Mantel aus, hängte ihn über den Stuhl am Esstisch, sein Pullover war moosgrün, senfgelb und blutrot gemustert, der Zustand der Wolle erinnerte mich an die Klamotten des Nachbarn mit dem scharfkralligen Kater im Erdgeschoss. Ich bekam augenblicklich ein ungutes Gefühl, suchte die Blicke meiner Eltern, doch sie wichen aus. Da ich nicht vorschnell urteilen wollte, versuchte ich zu schlichten, entschuldigte mich und führte ihn ins Kinderzimmer.

Mit seiner Präsenz erreichte auch eine Bugwelle des Geruches seiner Klamotten den Raum. Der Muff ließ mich würgen, es war fürchterlich. Auch meinen Eltern war dieser Geruch nicht verborgen geblieben. Wie sie mir später erklärten, entstand solch ein Geruch, indem Kleidung nicht ausreichend getrocknet wurde, ehe man sie anzog oder in den Schrank legte.

Ich fragte höflich, ob ich das Fenster öffnen dürfe, er heiserte verneinend, seine Erkältung sei noch nicht auskuriert und draußen sei es noch zu kühl, während er die Zimmertür schloss. Ich begann, die Geige auszupacken.

»Ich übernachte im Wagen, und du, du hast noch nicht einmal gestimmt!«, tadelte er mich zum zweiten Mal, noch ehe ich einen einzigen Ton gespielt hatte.

Ich beendete das Stimmen, doch er war nicht zufrieden. Als ich den Vorgang wiederholte, zitterte meine Bogenhand. Fassungslos schaute er mich an, trat näher, fasste mir an die Schulter und drückte sie grob herunter.

»Schul-ter run-ter! Völlig verkrampft! Hajajaj!«

Mit dem »Hajajaj« pustete er in meine Richtung, ich musste sofort mein Gesicht zum geschlossenen Fenster abwenden. Der Professor hatte grässlichen Mundgeruch; Zigarette auf leeren Magen, dazu das Adrenalin flutender Verärgerung, und vermutlich ging es auch unter der einen oder anderen Plombe nicht mit rechten Dingen zu.

Über die nächsten Monate hinweg zerlegte er mein gesamtes Programm, ich spielte keine Stücke mehr, sondern nur noch Übungen, Tonleitern rauf und runter. Meine Technik hätte große Schwächen, also müsse man meine falsch einstudierten Reflexe einreißen und wieder ganz bei null beginnen. Der Samstag, der für jedes Grundschulkind der herbeigesehnte Abschluss einer anstrengenden

Schulwoche war, wurde mir zum schlimmsten Tag der Woche. Von nun an konnte ich sehr gut nachvollziehen, was Ai nach jedem Anruf bei der Professorin die Tränen in die Augen trieb.

Mama hatte in der Zwischenzeit eine neue Stelle bekommen als Aushilfe beim Theater der Stadt Hagen. Dort sollte sie einen erkrankten Kollegen bis zu seiner Genesung ersetzen, und die zog sich immer weiter hin. Obwohl ihr die Fahrerei nicht erspart blieb, hatte Mama jeden Abend, wenn sie heimkam, ein Leuchten in den Augen, das trotz aller Müdigkeit auch Freude erahnen ließ. Sie schwärmte immer mehr von den Kollegen, den entstehenden Freundschaften und dem wachsenden Geborgenheitsgefühl, mit jedem weiteren Monat, den sie dort verbrachte.

Als der erkrankte Kollege ein Jahr später verstarb, sprach sich das gesamte Orchester dafür aus, dass sie beim Probespiel für diese feste Stelle antreten müsse. Mama nahm daraufhin mehrere Stunden bei meinem Professor, bekam von ihm sogar einen Bogen im Wert von fünftausend Mark ausgeliehen, der angeblich im Stande sein sollte, jede Zitterhand zu kompensieren. Mama wollte nicht, sie würde allein schon des Wertes wegen zittern, den wir niemals hätten bezahlen können, sollte dem Bogen etwas zustoßen, doch er bestand darauf.

Am Abend vor Mamas Probespiel telefonierten wir mit Bumami und Horea, sie sprachen ihr Mut zu und wollten für sie beten. Bekäme Mama tatsächlich diese Stelle, dann wären die Sorgen um die immer schärfer drohende Insolvenz von Tatas Orchester nur halb so schwer.

»Es wird alles gut!«, entschied Mama mit jener neuen Entschlossenheit in der Stimme, die mich so sehr in einer schönen Ecke meines Herzens kitzelte. Sodann sprintete ich aufgeregt vom Telefon ins Schlafzimmer, nahm mit fieser Gänsehaut im Nacken Anlauf und bemerkte zu spät, dass ihre Geige und der Bogen noch auf der Matratze lagen. Die Geige konnte ich verschonen, doch der Bogen war dahin. Die Tatsache, dass ich viel weniger Ärger bekam, als ich es für diese Aktion verdient hätte, machte es nur noch schlimmer, auch wenn Mama mich beruhigte und die Schuld ganz auf sich nahm; sie hätte ihr Instrument niemals herumliegen lassen dürfen. Die Hälfte würde bestenfalls die Versicherung übernehmen, meinen Anteil vom Sparbuch mit dem Preisgeld vom letzten »Jugend musiziert« wollten Mama und Tata nicht nehmen, und den Rest mussten wir wie alles andere in kleinen Raten abbezahlen.

Wir fuhren zu viert nach Hagen, um Mama beim Probespiel zu unterstützen; ich war starr vor Angst, auf keinen Fall durfte ich mir einen weiteren Fehltritt erlauben. Vor Mamas erster Runde kam die ganze zweite Violinengruppe in das Aufwärmzimmer, um ihr toi, toi, toi zu wünschen, dabei spuckte jeder ihr dreimal über die Schulter. Ich verstand nicht, was das sollte, doch da Mama dabei lächelte, flüsterte ich Tata zu: »Man kann auch schön spucken!«

Wir umarmten sie ein letztes Mal gemeinsam, dann gingen auch wir hinaus, setzten uns in die Kantine, wo noch eine lustige Truppe aus der Maske zusammensaß und sich energisch darüber unterhielt, wie viele Perücken für die nächste Premiere noch zu knüpfen seien.

Tata kaufte uns Pizzabrötchen mit Kräutercreme und zwei Becher Zuckerlimonade, beides rührten wir nur zur Hälfte an; die Aufregung schlug auch uns auf den Magen. Bald ging die bunte Truppe wieder an die Arbeit, ihr Chef sang seufzend: »Es dreht, es dreht sich weiter, Carousel, Carousel!«, und wir blieben allein im Kantinenraum zurück. Eine freundliche Stimme rief durch den Lautsprecher: »Kandidatin Nummer fünf bitte in den Orchestergraben.«

Das war ihre Nummer, und es war eine gute, schließlich wohnten wir in der 5, das musste eine Glückszahl sein.

Wir hörten durch den Lautsprecher Mamas Schritte, dann stimmte sie ihre Geige. Tata ging an den Drehknopf, drehte ihn maximal auf und schloss die Augen. Und dann spielte Mama, wie wir sie noch niemals hatten spielen hören. Der teure Bogen wäre gar nicht nötig gewesen, denn selbst mit ihrem eigenen war kein Hauch von Aufregung zu spüren.

Als sie ihr Spiel beendete, rannten wir gleich jubelnd an die Tür zum Orchestergraben, Tata sprach: »Es war perfekt, perfekt!« Als Mama endlich blass erschien, konnte sie sich jedoch an nichts erinnern, was soeben stattgefunden hatte; wir küssten sie von allen Seiten. Nach der Abstimmung kam die gesamte Streichergruppe in den Flur, umarmte sie der Reihe nach. Die Entscheidung war einstimmig gefallen – einzig und allein für Mama, die nicht glauben konnte, was sie da erlebte.

Wenige Wochen später begleitete ich Mama ins Theater und besuchte eine Vorstellung des Musicals *Carousel*, das zwischenzeitlich Premiere gefeiert hatte.

Der samtrote Vorhang öffnete sich und gab die Sicht auf das eingefrorene Tableau eines Jahrmarkts frei, dann, zeitgleich mit dem Einsatz der Musik, begannen die Lichter am Karussell zu leuchten, das Drehen des Gefährts setzte ein, und alle Beteiligten auf der Bühne erweckten schlagartig den Eindruck, als sei das Gewusel schon seit Stunden im Gange. Ich achtete auf die Perücken, konnte jedoch keine erkennen, so gut waren sie geknüpft.

Mama spielte im Orchestergraben, ich saß zwischen fremden Erwachsenen im Saal, war der Jüngste und mit meinen acht Jahren auch nicht so schick gekleidet und einparfümiert wie die Pusteblümchen um mich herum, doch trotz aller Unterschiede hatten wir eines gemeinsam: Wir waren gefesselt von der Welt, die sich auf der Bühne auftat, waren berührt von der Musik und der Liebe zwischen den Hauptfiguren Julie und Billy; so charismatisch wie dieser Billy wollte ich, so irgend möglich, bei aller Tollpatschigkeit und meinen großen Zähnen auch einmal werden.

Die Damen um mich herum waren hingerissen von Billys Art, wie er sich bewegte, wie er sprach. Er hatte einen leichten Dialekt, wie ich ihn von den Autofahrten nach Rumänien kannte, wenn wir Österreich durchquerten und uns von den Radiosprechern unterhalten ließen, seine Frisur hatte einen romantischen Schwung, der die Wirkung seiner Worte noch verstärkte. So eine Tolle wollte ich auch haben.

Billy war der Schaffner des titelgebenden Karussells, Julie eine hübsche Dame, deren Welt zuerst auf ebendiesem Karussell, dann in tiefer Verliebtheit zu Billy zu rotieren begann. Der ganze Saal war erschüttert, als Billy später starb und Julie ein Kind von ihm erwartete. Die Geschichte hielt jedoch eine unerwartete Wendung parat, denn er fand sich nach seinem Tod auf der leeren Bühne wieder, in deren Mitte ein riesiger Erdenballon schwebte, umgeben von Finsternis. Von dort aus kehrte Billy im letzten Akt als Geist auf den Jahrmarkt zurück. Anscheinend waren viele Jahre vergangen, denn die Tochter war erwachsen und sah ganz genauso aus wie Julie, als sie sich kennenlernten. Billy versuchte, sie in ein Gespräch zu verwickeln, doch sie weigerte sich, mit dem ihr unbekannten Mann zu sprechen, was Billy wütend machte. Nach einer verstörenden Rangelei, begleitet von einem Raunen im Publikum, schlug er sie mitten ins Gesicht. Die Tochter rannte daraufhin zur gealterten Julie und fragte sie, ob es sein könne, dass man von einem Mann geschlagen wird, es aber gar nicht wehtäte. Julie bejahte, versank in Erinnerungen und begann, gefühlvoll eine Arie über die Liebe zu singen, die Streicher setzten ein, der Chor betrat den Jahrmarkt von der Seitenbühne, das Finale brandete auf, der Vorhang fiel, die Stille blieb.

»Das kann auch nur ein Mann so schreiben«, flüsterte die Dame neben mir in die Dunkelheit hinein und stieß dabei ihren Ehemann an, der unauffällig aufzuwachen versuchte und reflexartig antwortete: »Ja, ja, da hast du recht.«

Aufgeregt hopste ich nach dem nicht enden wollenden Applaus zurück zu Mama in die wuselige Garderobe. Sie deutete stolz auf ihren Schrank, an dem der Orchesterwart endlich ihr Namensschild angebracht hatte. Rodica Tambrea, kunstvoll eingraviert auf einem Messingplättchen. Doch ich war noch völlig in das Gefühl der Vorstellung vertieft, plapperte wie ein Wasserfall, was ich alles auf der Bühne gesehen hatte, wie intensiv ich die Musik erlebte, vor allem das Lied am Ende »You'll never walk alone«, wovon ich unbedingt eine Aufnahme haben wollte, um auch zuhause das Gefühl erstehen zu lassen, das mich noch immer mit fieser Gänsehaut durchflimmerte, dann verstummte ich schlagartig.

Billy, der eben noch tot gewesen war, stand auf einmal in der Garderobe und winkte jemandem hinter mir zu, der winkte zurück. Aber Billy winkte erneut. Meinte er tatsächlich mich? Ich war erstarrt, unfähig, zurückzuwinken, als er mit dem Zeigefinger auf mich deutete und freundlich nickte. Was für eine unfassbare Überlagerung der Dimensionen; ich konnte nicht begreifen, dass jemand, der eben nicht mehr gelebt hatte, jetzt leibhaftig vor mir stand und winkte.

Und da waren sie wieder, die österreichischen Radiostimmen auf der Hälfte unserer vierten Rumänienreise im vollbepackten Auto. Des Öfteren hatte Ai mir auf der Fahrt entnervt das Witzebuch aus der Hand geschlagen, das sie mir zu Weihnachten geschenkt und dies sehr bald bereut hatte.

Meine Haare waren mittlerweile so lang gewachsen wie die von Billy und derart gescheitelt, dass ich die Welt nur noch mit dem rechten Auge erfassen konnte. An der rumänischen Grenze gerieten wir ausnahmsweise an einen freundlichen Beamten. Er verglich uns alle mit den Fotos in den Pässen, steckte sich die Scheine ein und verabschiedete uns mit den Worten: »Zwei hübsche Mädchen haben Sie!« Wir lachten, die anderen mehr als ich.

Es war der erste Sommerurlaub ohne unseren Opa Ticu. Momo und er hatten uns im Herbst zuvor besuchen wollen, doch er erlitt kurz vor ihrer Abreise einen Herzinfarkt auf dem Weg zur Abholung der Reiseerlaubnis. Tatas Trauer war so schlimm, dass er sich verbat, sie überhaupt zu fühlen, doch es war unschwer zu erkennen, wie sehr es ihn schmerzte, seinem Vater niemals gezeigt haben zu können, was er sich in Deutschland aufgebaut hatte, und endlich den Segen für seine Fluchtentscheidung zu bekommen.

Zumindest von Momo konnte er diesen Segen erhalten, denn sie kam ein halbes Jahr später zu uns, um eine dringende Operation durchführen zu lassen, ohne die sie ihr Augenlicht verloren hätte; die guten deutschen Ärzte konnten dies verhindern, doch um den mehrere tausend D-Mark teuren Eingriff anzuzahlen, mussten die Sparbücher aufgelöst werden, die Mama und Tata eigentlich für Ai und mich eingerichtet hatten. Überhaupt unternahmen unsere Eltern alles, um die Familie in der Heimat so gut wie möglich zu unterstützen. Bald waren es nicht mehr nur Kaffeebohnen und Klamotten, die mittlerweile belächelt wurden. Als unserem Onkel das Auto kaputtging, half Tata seinem Bruder dabei, in Deutschland einen guten Gebrauchtwagen aufzutreiben, und beteiligte sich finanziell daran. Der anderen Familienseite gegenüber fühlten sie sich dann verpflichtet, zum Ausgleich Titiam bei dem dringend für die Vorbereitung auf sein Studium benötigten Computer zu unterstützen.

Auch wenn unsere Eltern Geldsorgen hatten, die sie stets vor uns verheimlichten, so war es für sie selbstverständlich; nie hätten sie überschwänglichen Dank erwartet, vielleicht nur insgeheim die Linderung des nie zu heilenden schlechten Gewissens, des Schuldgefühls, gegangen zu sein und dadurch ein besseres Leben führen zu dürfen, als es zuhause möglich gewesen wäre.

Im nächsten Jahr würden uns Bumami und Horea besuchen kommen, um uns bei unserem bevorstehenden Umzug zu unterstützen. Der Plan war, nach dem Abschluss meiner Grundschulzeit nach Hagen zu ziehen, damit Mama nicht mehr jeden Tag vier Stunden im Auto verbringen müsste; Ai würde zeitgleich als Jungstudentin bei ihrer Professorin an der Musikhochschule in Düsseldorf anfangen, und bei Tata war noch ungewiss, wie sehr sich die Lage seines Orchesters verschlechtern würde.

Im Frühling beschrifteten wir ein riesiges Banner mit den Worten »Rettet die Philharmonia Hungarica«, gingen zum Theater, wo sich die Kulturprominenz zur Verleihung des Grimme-Preises versammelt hatte, stellten uns mit den anderen Orchestermitgliedern und ihren Bannern vor die Schildkröte und winkten. Ich war sehr aufgeregt, als zwei Schauspieler an mir vorbeiliefen, die ich immer samstagnachts in einer Comedysendung bewunderte, doch den anderen um mich herum war nicht nach Lachen zumute. So standen wir und hofften, die Aufmerksamkeit auf den Untergang der Philharmonia Hungarica zu lenken, während sich die Preisträger auf die Schultern klopften, ohne besondere Notiz von uns zu nehmen.

Noch lebten wir aber von zwei festen Gehältern, und mit Sorgen übers Geld wollten wir den Urlaub nicht beginnen.

Bei Bumami und Horea angekommen setzte sich die Tradition fort, alle versammelten sich in der kleinen Wohnung, es wurde umarmt, gegessen und getrunken.

Über die Jahre tastete ich mich immer wieder an eine Übernachtung in der Wohnung meiner Tante Lidi heran, doch es wollte mir einfach nicht gelingen. Mal fuhr Lulu mich zurück, mal holten mich Tata oder Horea ab. Alle waren glücklich, als Titiam, der niemals Alkohol trank, endlich seine Führerscheinprüfung bestanden hatte und ab dem Moment für meine Heimbringung zuständig war. Ich schämte mich jedes Mal, es wieder nicht geschafft zu haben, doch Titiam sagte sanft, irgendwann, wenn ich so weit sei, dann würde ich es schon schaffen.

Seit jenem Jahr wohnte er allerdings nicht mehr zuhause, da er in Cluj Informatik studierte. Ai hingegen übernachtete sehr oft bei unserer Cousine Cristina im Zentrum und hatte nie auch nur ansatzweise ein Problem damit.

Nachdem Ina und ich eines Tages im Park die Früchte aus dem Mirabellenbaum vor dem Wohnblock von Bumami und Horea kickten und unzählige davon aßen – die meisten waren noch nicht reif, und die Kerne waren schwer zu schlucken, doch das war uns egal –, machten wir uns am Abend auf den Weg zu einem weiteren Versuch der Übernachtung; ein Jahr älter fühlte ich mich stark genug dafür.

Nachts ging es mir aber ganz und gar nicht gut. Ein tauber Nebel breitete sich im Zentrum meines Körpers aus. Ina, im Nebenbett des Kinderzimmers, war schon lange eingeschlafen, aus dem Wohnzimmer vernahm ich den gedimmten Klang des Fernsehers. Benommen stieg ich aus dem Bett und versuchte, lautlos aus dem Zimmer zu gelangen, lief dem flackernden Licht entgegen, dorthin, wo meine Tante und ihr Mann auf der Couch vor dem Fernseher eingeschlafen waren. Ich traute mich nicht, sie zu wecken, also musste ich irgendwie versuchen, alleine durchzukommen.

Einsam schlich ich zurück ins Kinderzimmer, legte mich auf die klammwarme Stelle, ganz allein mit meinen Gedanken. Sieben, acht Stunden musste ich noch durchhalten, dann wäre ich wieder bei meinen Eltern. Wie viele Sekunden wären das, wie viele Minuten? Sechzig mal sieben. Also erst einmal sechs mal sieben. Ich konnte mir sieben mal sieben besser merken als sechs mal sieben, das waren nämlich neunundvierzig. Minus ein mal sieben, machte zweiundvierzig, dazu eine Null; was für eine komplizierte Rechnung. Warum lässt sich die Zeit nicht ebenso einfach behandeln wie das Geld? Da ergaben dreißig Pfennig, weitere fünfzig Pfennig und noch einmal zwanzig Pfennige genau eine Mark, und nicht etwa eine Mark und vierzig Pfennige. Würde man die Zeit ebenso klar zusammenrechnen können, dann wüsste man viel schneller, wie viel man schon zusammenhat, um die nächstgrößere Einheit zu erreichen.

So muss man aber irgendwann teilen, ob durch sechzig, durch vierundzwanzig, durch zwölf; und hier kam auch noch der Umstand dazu, dass nicht alle Monate die gleiche Anzahl an Tagen haben, durch zweiundfünfzig oder schließlich durch dreihundertfünfundsechzig. Und auch wenn man ab der Jahreseinheit ins logische Zählsystem wechselte, so hinkte die Zeitrechnung dennoch, denn alle vier Jahre hatte man sich auch noch die Stolperfalle mit den Schaltjahren überlegt.

Dies wusste ich, weil Horea in einem solchen Schaltjahr geboren war und mir kürzlich vorgerechnet hatte, in wie vielen Jahren ich ihn überholen würde, weil er seine Lebenszeit mit dem Segen der Wissenschaft durch vier teilen konnte.

Kein Wunder, dass den Menschen die Zeit entglitt, wie die Nachbarin in Marl oft gesagt hatte, nachdem ihr Mann gestorben war: »Ich habe die Zeit verloren.« Und was hieß das genau, er war gestorben?

Meine Gedanken rasten den gefürchteten, fast vergessenen Abhang hinab. Diesem Thema, das mich nun schon länger nicht mehr beschäftigt hatte, wollte ich nicht weiter nachgehen, denn mir wurde schlecht davon, und übel war mir schon genug.

Also stellte ich mir vor, ich läge wenige Kilometer entfernt in der Wohnung meiner Großeltern im Bett, eingelullt von den sanften Stimmen meiner Familie. Vermutlich saßen sie in der Küche, rauchten und erzählten, während ich behütet unter der Decke lag und an den nächsten schönen Tag in dieser Wohnung dachte, die existierte, auch wenn ich mich gerade woanders befand; was für ein unglaublicher Gedanke!

Konnte sich der Ehemann der Nachbarin, von wo auch immer, zu seiner Frau in die Wohnung denken? Oder konnte man sich, wenn man tot war, nirgendwo mehr hindenken, weil das Nichts nichts weniger als eine Abwesenheit von allem Vorstellbaren ist? Mir wurde frierend heiß, Lichtblitze durchzuckten meinen Blick, der an der dunklen Zimmerdecke klebte, wie Fliegen an der Falle.

Die Scheinwerfer eines vorbeifahrenden Wagens auf der Straße verzerrten die Perspektive des Raumes, das Zimmer verzog sich zu einer Fratze und schnalzte schließlich zurück in die alte Form, vorgegeben durch die Straßenlaterne. Mir wurde schwindelig von der Lichtverflüssigung des Zimmers, es kreiste schneller und wilder in meinem Kopf, bis sich schließlich ein wirrer Fiebertraum donnerschwer über meinen Verstand legte und mich erst am nächsten Morgen unter lähmenden Schmerzen aus dem Unterbauch erwachen ließ.

»Du hast es geschafft!«, sang meine Tante erfreut, als sie fröhlich in das Kinderzimmer eintrat. »Es ist herrliches Wetter, ich habe schon mit deinen Eltern gesprochen. Sie kommen euch gleich abholen, um ins Freibad zu fahren!« Meine Cousine erwachte verwirrt, sie hatte die Nacht wie ein Stein durchgeratzt.

Ins Freibad – nichts hätte ich lieber unternommen als das, doch jeder Muskel meines Körpers schmerzte bei der kleinsten Bewegung und zog in den Bauch hinein. Dann bemerkte Lidi meinen Zustand, setzte sich auf die Bettkante und fühlte meine Stirn.

»Wo tut es weh?«

Ich deutete auf die Stelle. Sie dachte nach.

»Wie groß ist der Schmerz in deinem Bauch, passt er in ein Auto, oder eher in einen Schuhkarton?«

Ich wusste, was sie lieber hören wollte, also nannte ich ihr Letzteres.

»Und welche Farbe hat der Schmerz?«

»Dunkellila mit grünen Punkten, aus denen Haare wachsen.«

»Dann wird es schon nicht so schlimm sein!«, sagte sie schmunzelnd, holte ein Medikament gegen das Fieber und die Schmerzen, ich würgte es hinunter und riss mich zusammen. Als meine Eltern ankamen, hatte ich den Schmerz schon fast vergessen, um den schönen neuen Tag nicht zu vermiesen.

Im Freibad ging ich nicht ins Wasser und schleppte mich auch sonst recht matt durch den Tag. Zwar betrachtete Mama mich besorgt, doch Tata wischte ihre Bedenken beiseite, erklärte ihr meinen Zustand mit meiner Frühpubertät, das sei völlig normal und nicht weiter zu beachten. Keine Leckerei, die Tata von der Bude zu unserem Liegeplatz am Becken herantrug, konnte meine Schlappheit vertreiben; auch nicht das Turbo-Kaugummi mit den Autobildern, die ich schon seit Jahren mit meiner Cousine sammelte und mit den Kindern im Park vor dem Haus meiner Großeltern tauschte. Sie hingegen freute sich sehr darüber, die Erwachsenen bedankten sich für den mitgebrachten Kaffee und die servierbereit geöffnete

Zigarettenpackung, die Tata der ganzen Gruppe spendiert hatte.

Abends gingen wir alle zusammen vom Freibad zu Bumami und Horea nach Hause, wir waren zu zehnt, und der gewöhnliche Trubel war groß genug, so dass ich meine wiederaufflammenden Schmerzen gut verheimlichen konnte.

Ich legte mich aufs Bett, während die angetrunkene Heiterkeit um mich herum weiter wild rotierte. Auch Onkel Küken und Tante Hoffnung waren dazugekommen. Ich hörte, wie sie in der Küche gerade den Witz mit dem Huhn erzählte; es war wohl jemand zugegen, der ihn noch nicht kannte. Onkel Küken kam mit erhobenem Schnapsgläschen in das Wohnzimmer herein und führte eine Diskussion vom letzten Zusammentreffen mit meinem Onkel fort, noch ehe sie sich begrüßt hatten. Die Männer tranken alle im Wohnzimmer, die Frauen rauchten in der Küche. Nur Bumami kam hin und wieder zu mir, fragte, ob ich nicht hungrig sei, ich hätte doch viel zu wenig gegessen.

»Willst du eine Pizza?«

Ich nickte. Tata hatte mit halbem Ohr mitgehört, überhaupt suchte er einen Ausweg aus der unfreiwilligen Diskussion mit Onkel Küken und seinem Bruder.

»Brüderchen, holen wir Pizza?«

»Pizza für die ganze Familie!«, lenkte auch mein Onkel dankbar in die Ausfahrt aus dem Gespräch ein, das Onkel Küken mittlerweile auf Altgriechisch zu führen versuchte.

Mit Blaulicht fuhr das betrunkene Brüderpaar ins Zentrum, um die telefonisch vorbestellten Pizzen abzuholen.

Bei ihrer Rückkehr waren meine Schmerzen ins Unerträgliche angewachsen. Horea versuchte noch, mir ein

Stück Salamipizza anzubieten; ich hielt es in der Hand, führte es zum Mund, dann brach ich in Tränen aus. Alle wussten sofort, wenn ich noch nicht einmal Pizza essen konnte, dann war die Lage wirklich ernst.

Wir fuhren ins Krankenhaus. Mama hielt meine Hand. Tata verhandelte im Gang etwas mit einem Mann im Kittel, übergab ihm einen Umschlag, dann wurde ich recht schnell in den Untersuchungsraum gebracht und ausgezogen.

Dreimal wurde mir vom Arzt harsch auf den Bauch gedrückt, ich sollte husten, dann drückte er weitere Male so auf mir herum, als wäre ich ein Teig. Ich schrie auf, er schaute meine Eltern an und teilte ihnen mit, dass er sofort operieren müsse.

Um Himmels willen, das war absolut keine Option, ich fragte Tata flehend nach seiner Mitgliedschaft im ADAC, ob nicht für solche Fälle der Hubschrauber auf der Rückseite des Magazins beworben wurde, der Patienten aus dem Ausland nach Deutschland zurücktransportierte. Ich traute diesem Krankenhaus und den Ärzten nicht, wollte sofort zurück zu Doktor Wilms, bei ihm ging immer alles gut!

Tata unterbrach: »Nuku, das sind die besten Ärzte der Welt. Die müssen mit ihrem Können ausgleichen, was sie an teuren Geräten nicht haben.«

Mein Schicksal war besiegelt, das war es dann für mich, lebt wohl. Im Narkoseraum wurde mir eine Maske über das Gesicht gezogen, es roch nach Abgasen. Mein Bewusstsein stürzte augenblicklich in sich zusammen, an den türkisen Fliesen hinter meinen Eltern glitt es gen Boden, wo es angezählt vom Arzt mit voller Wucht am Nichts zerschellte.

Ich erwachte vom schweren Stöhnen einer Frau in der dunklen Krankenhalle; die Tür stand offen, ein fahler Schein fiel aus dem Flur über die restlichen Betten, in denen weitere Frauen wimmernd lagen. Mit wachsender Verunsicherung versuchte ich mich zu orientieren. Mein Blick wanderte weiter, ich entdeckte meine Mama, sie schlief friedlich auf einem Stuhl, den Oberkörper an mein Bein gelehnt. Die Frau links neben mir stöhnte lauter auf als zuvor, rief schneidend nach der Krankenschwester und weckte den ganzen Saal.

Mama erwachte und traf gleich meinen Blick. Sie strich mir über die Stirn und flüsterte, dass alles gut sei.

»Warum sind hier nur Frauen?«

Die Krankenschwester kam herein und versorgte die Stöhnende routiniert, dann bemerkte sie mich.

»Du bist ja wach!«, sagte sie, trat an mein Bett und ließ uns wissen, dass Tata etwas zu essen und Anziehsachen für Mama vorbeigebracht hatte; erst jetzt wurde ihr bewusst, wie sehr sie in ihrem dünnen Sommerkleid gefroren hatte.

Meine Bettnachbarin beugte sich vor und sagte: »Was für ein hübsches Mädchen! Wie heißt du?«

Erstaunt schaute ich zu Mama. Sie begann, auf Deutsch zu flüstern: »Tata hat dem Chefarzt Geld gegeben, um dich als Mädchen einzuweisen. Nur so kann ich die ganze Nacht bei dir sein!«

Wir schauten uns ernst an, dann mussten wir schmunzeln über das Geheimnis, das wir miteinander teilten. Ich wendete mich wieder der Dame im Nebenbett zu, schüttelte mit Schwung die Strähne aus dem Gesicht und sagte ihr, dass ich Sabin-e sei.

»Kannst du flatulieren?«, fragte mich der Arzt am Morgen. Ich hatte nicht die geringste Ahnung, was er meinte, was ihm mein fragender Blick zu Mama sogleich verriet. Also setzte er neu an: »Kannst du furzen, hast du schon gebläht, es richtig krachen lassen?«

Ich schämte mich für seine Offenheit und wollte das Thema so schnell wie möglich abhaken, auch wenn ich so darüber lachen musste, dass die Narbe schmerzte. Ich wusste nicht, ob er es generell oder jetzt im Speziellen meinte, doch ein »Ja« schien mir die richtige Antwort zu sein, also nickte ich.

Er gab uns daraufhin die Erlaubnis, die mich sofort aus dem Bett aufspringen ließ. Ich wollte hüpfen vor Glück, nach Hause gehen zu dürfen, doch die Nähte über meinem ehemaligen Blinddarm ließen das nicht zu. Sofort wurde ich ermahnt: »Keine schnellen Bewegungen, sonst musst du noch eine Nacht hierbleiben!«

Auf meinen panischen Blick hin schaute mich der Arzt sehr ernsthaft an, zwinkerte mir dann aber doch unmerklich schmunzelnd zu, als er zum Abschied sprach: »Ich glaube, du kannst nach Hause, Mädchen!«

Den nächsten Sommer sollten wir wegen des Umzugs nach Hagen das erste Mal seit langem nicht in Rumänien verbringen, dafür kamen Bumami und Horea zu uns, und wir verbrachten gemeinsam die allerschönste Zeit.

Als Horea mich am ersten Morgen nach ihrer Ankunft zur Schule brachte, parkte meine Klassenlehrerin Frau Finkmann gerade ihren Wagen, als wir am Parkplatz entlang zum Haupteingang spazierten. Frau Finkmann war eine elegant gekleidete Dame um die fünfzig, mit filigraner

Brille und keckem Kurzhaarschnitt. Die restlichen Meter liefen wir zu dritt zur Eingangstür. Ich stellte sie vor, Horea ergänzte gebrochen »Groß-Vater!«, zeigte auf sich, beugte sich vor und gab Frau Finkmann einen angedeuteten Handkuss. Sie staunte sehr über die ungewohnte Etikette und nahm auch noch das Angebot der von ihm aufgehaltenen Tür dankbar an. Horea winkte uns, ich winkte zurück, schaute ihn lange an und freute mich über das Schattenspiel, das die Sonne durch die Blätterkrone auf sein Gesicht zeichnete.

Als er mich wieder abholte, liefen wir den Weg mit den Büschen unter den Bäumen entlang, wo wir auf ein Piepsen aufmerksam wurden. Nach kurzem Suchen fanden wir einen kleinen Spatz im Unterholz, jedoch nicht das Nest, aus dem er gefallen sein musste.

Sofort wickelten wir das kleine Wesen in Horeas Einstecktuch und trugen es nach Hause. Gemeinsam lernten wir, ihn zu füttern, auch das Fliegen brachten wir ihm über die nächsten Wochen bei. Mama und Tata verliebten sich schwer in das kleine Tier und tauften es auf den Namen Papagena. Horea hatte den Namen aufgrund einer Figur aus seiner Lieblingsoper *Die Zauberflöte* von Mozart vorgeschlagen, die er in seiner Jugend im Bukarester Opernhaus hatte anschauen dürfen. Er hatte sich später von seinen Ersparnissen sogar eine Flöte gekauft, die er gelegentlich aus dem Schrank hervorholte und für sich spielte, wenn er allein zuhause war.

Ai hatte Angst vor dem Geflatter, wann immer Papagena sich erhob; bei einem Spaziergang war ihr einmal eine tote Eule auf die Schulter gekracht, seither bekam sie das Quetschgeräusch der Federn nicht mehr aus dem Kopf.

Bumami war es ebenfalls nicht geheuer, wie das Vögelchen durch die Zimmer flog und auf unseren Köpfen landete, bevorzugt im dichten Haar von Horea; Bumami fürchtete sich, wenn der Vogel auf dem Weg dorthin frech auf ihrer Schulter zwischenparkte. Sie lächelte dabei leicht schief, so als würde man sie kitzeln; halb abwehrend, doch zur Hälfte war es irgendwie auch schön.

Am letzten Schultag bekam ich eine orangene Tüte mit Zwieback der Marke Brandt von Frau Finkmann geschenkt. »Der Zwieback kommt aus der Stadt, wo ihr jetzt hinzieht!«, erklärte sie und wünschte alles Gute; auch sollte ich herzliche Grüße an den feinen Herrn Großvater ausrichten.

Nun war die Grundschulzeit endlich geschafft, ich freute mich, jede Minute in den Ferien mit Horea zu verbringen, der mir immer mehr zum besten Freund geworden war.

Nach dem Mittagessen wollte ich mit ihm auf den Sportplatz gehen, um ein wenig zu kicken, denn das hatten wir noch nie gemeinsam getan. Mama erlaubte es unter der Voraussetzung, dass ich gleich danach noch Geige üben würde, morgen sei Samstag; dabei schaute sie verliebt auf Papagena, die auf ihrem Handrücken ruhte und sich genüsslich kraulen ließ. Tata saß ihr gegenüber und wartete ungeduldig, bis er endlich wieder an der Reihe war, Papagena halten zu dürfen.

Nicht einmal in den Ferien hatte ich Ruhe vor dieser Geigenlast, denn im Oktober stand ein Konzert an, bei dem ich, wie alle anderen Bewerber mit fünfundzwanzig Punkten beim regionalen »Jugend musiziert«, als Solist mit dem Gummersbacher Orchester auftreten durfte. Mein

Geigenprofessor suchte ein höllisch schweres Violinkonzert aus, das sowohl mich als auch ihn in den Wahnsinn treiben sollte.

Doch jetzt war erst einmal der kleine Ausflug zum Fußballplatz dran. Horea und ich schlurften den langen Weg über die Eisenbahnbrücke und an einer Gesamtschule entlang, betraten den riesigen Sportplatz. Ich schoss sofort den Ball über den Schotter, rannte wild hinterher und wunderte mich, warum Horea so weit hinter mir zurückblieb.

Als ich zurückschaute, stand er nur da und lachte fassungslos über sich selbst. Erst jetzt war ihm aufgefallen, dass er den ganzen weiten Weg nur in seinen Schlappen ohne Socken hergelaufen war; nach einigen Schüssen mit durch die Luft fliegenden Latschen sahen wir ein, dass an ein seriöses Fußballspiel so nicht zu denken war.

Auch auf dem Heimweg behielt er den Kopf in den Wolken, ich tat es ihm gleich, während wir über die Straße zurück nach Hause liefen, Horea nah am Bordstein, ich an den Häuserwänden entlang. Wir schauten in den Himmel, ließen die Sonnenstrahlen unsere Augen kitzeln, bis es scheppernd krachte. Den Postkasten, der auf meiner Stirnhöhe angeschossen kam, hatten wir beide übersehen und mussten sehr darüber lachen, auch wenn mein Schädel schmerzte.

Als wir in die Glatzer Straße einbogen, verzog sich der Schmerz von der Stirn direkt in meine Brust. Vor der Hausnummer 3 war ein Umzug im Gange, eine Mutter hob soeben einen schweren Karton an, daneben, hilflos, stand ein Mädchen meines Alters.

Mir wurde schwindelig, ich fragte Horea, ob wir uns kurz auf die Bank auf der Wiese gegenüber setzen könnten.

Ihm fiel mein Kreislaufeinbruch nicht auf, denn er eilte gleich zu der Mutter, um ihr mit dem Karton zu helfen. Mit ihr gemeinsam trug er die viel zu schwere Kiste in ihre Wohnung hinauf; das Mädchen blieb zurück, setzte sich auf einen der Kartons und schaute sich, ein wenig traurig, die neue Gegend an. Ich versuchte, so unsichtbar wie möglich zu sein, doch bald trafen mich ihre Wasseraugen. Sie rief meinen Namen und fragte, ob ich es sei. Außerhalb meiner Familie war sie der erste Mensch in Deutschland, der meinen Namen richtig aussprach, nicht mit doppeltem »b«, sondern mit hellem »a« und langem »i«.

Vor Schreck war mir ihr unvergesslicher Name entfallen, doch sie nannte ihn mir mit einer derart unerwarteten Freundlichkeit, dass ich noch viel tiefer erstarrte. Drei Wochen vor unserem Umzug sollte tatsächlich sie zwei Häuser weiter einziehen, das sollte mal einer begreifen. Die alten Wunden waren augenblicklich wieder offen, und die Abrissbirne traf mich mit der ganzen Wucht griechischer Tragödien, von denen Onkel Küken immer schwärmte.

Der letzte Sommer in Marl wurde mir der allerschönste meiner Kindheit. Jede freie Minute verbrachte ich ab diesem Moment an der frischen Luft mit dem Wasseraugenmädchen. Selbst die Stänkerei des Geigenlehrers konnte mir die Vorfreude nicht nehmen, gleich nach dem Getrieze wieder mit ihr in die Welt hinauszurennen.

Horea saß oben auf dem Balkon und genoss mit geschlossenen Augen und der Sonne im Gesicht unsere unbeschwerten Stimmen im Garten. Als wir ein größeres Spiel veranstalteten, wozu wir auch die anderen Nachbarskinder einluden, kam Horea mit Tatas Fotokamera in der Hand dazu. Er bat uns um die Aufstellung zu einem Gruppenbild, denn er spürte, was mir schon sehr bald schmerzlich fehlen würde, das Mädchen mit den Wasseraugen kam an meine Seite. Horea zählte von drei herunter, drückte ab, wiederholte zur Sicherheit, zählte wieder, drei, zwei, eins.

Bevor das Klickgeräusch erklang, fasste sie meinen Kopf, und unversehens lagen ihre Lippen auf den meinen. Sie küsste mich. Ich konnte nichts dagegen tun, doch mein Körper setzte sich unaufhaltsam in Bewegung, mitten in den nächsten Busch hinein. Nach ewigen Sekunden, in denen ich meine Tränen unterdrückt und mich endlich wieder zusammengerissen hatte, kam ich mit Kratzern an Armen und Beinen aus dem Busch hervor, entschuldigte mich bei ihr und bat sie um einen Spaziergang am nächsten Tag, nach Möglichkeit zu zweit.

Am Abend lag ich mit Ai zwischen Bumami und Horea im Gästeklappbett des Wohnzimmers, wir schauten fern, Papagena zog fröhlich ihre Kreise. Mama und Tata hatten eine erste Tour mit Umzugssachen nach Hagen unternommen und dort übernachtet, also musste ich noch nicht, wie gewöhnlich, um zweiundzwanzig Uhr im Bett sein; wichtig war ihnen nur, dass wir daran dachten, die Fenster verschlossen zu halten, um Papagena nicht jetzt schon zu verlieren, denn wir hatten entschieden, sie in einer Woche mit unserem Abschied aus der Wohnung gemeinsam in die Freiheit zu entlassen.

Horea schaute hin und wieder zu mir herüber, ärgerte mich, indem er die Lippen spitzte, wie zum Kuss, und lachte dabei herzlich. Ich lachte mit ihm, doch mein Herz war schwer, ich wusste nicht, wie ich meinem Wasseraugenmädchen die Nachricht überbringen sollte, dass wir in einer Woche wegziehen würden. Ich hatte diesen Gedanken so von mir weggeschoben, dass sich in den letzten beiden Wochen, die sich wie ein ganzes Leben anfühlten, keine Gelegenheit ergab, es ihr mitzuteilen.

Als ich beim gemeinsamen Spaziergang am nächsten Tag unfähig war, auch nur ein Wort zu sagen, selbst, nachdem wir einen weiten Weg schweigend nebeneinander hergegangen waren, fragte sie mich, ob ich eine andere hätte.

Was für ein absurder Gedanke, wie konnte sie das denken. »Es ist noch viel schlimmer«, sagte ich und hängte mich, ganz wie die Lokomotive unter uns, Hals über Kopf an das Geländer. »Dann will ich es gar nicht wissen«, antwortete sie schnell und lief um das Geländer herum, die Rampe hinunter, wo sie über ein Loch ins Dach des umgedrehten Schaffnerhäuschens stieg.

Sofort rief ich ihr zu: »Vorsicht, Tetanus«, sie hörte es jedoch nicht. Ich lief ihr hinterher, robbte zwischen den Stahlträgern unter der Lokomotive hindurch und zog mich durch das eingefräste Loch ebenfalls hinauf, setzte mich neben sie.

Sie nahm die Nachricht gefasst auf, gefasster als ich, der ich hilflos versuchte, dieser schweren Botschaft ein Lächeln aufzudrücken. Nach langer Pause sagte sie, dass sie früher meine Zähne habe sehen können, wenn ich lächelte, und das sei viel schöner gewesen.

Mama und Tata waren am Vortag unseres Abschieds mit dem vollbepackten Auto nach Hagen gefahren, um die letzten Kleinigkeiten in die neue Wohnung zu bringen und dort zu übernachten, ehe am kommenden Mittag das Umzugsunternehmen für die großen Möbel kommen sollte.

Also nutzten wir die Chance und lagen wieder bis spät in die Nacht mit Bumami und Horea auf dem Gästeklappbett des Wohnzimmers, schauten fern, Papagena flog munter umher.

Als unsere Eltern anriefen und fragten, ob ich denn schon schliefe, antwortete Horea etwas unbeholfen mit einem ausweichenden »Hallo? – Da, Hallo?«, wobei er so tat, als sei die Verbindung kurzzeitig unterbrochen. Eine Lüge wäre ihm niemals über die Lippen gekommen, also wählte er den Weg, der am ehesten mit seinem Gewissen zu vereinbaren war, um den Abend mit mir noch ein wenig zu verlängern.

Wir feierten, als er auflegte; die Nacht konnte also noch ewig so weitergehen! Ich schaute auf die Uhr: 22:43. Sofort griff ich nach dem Telefon, wählte, ohne hinzuschauen. »Pizza Pizza, guten Abend!« Ich bestellte zum letzten Mal eine riesige Familienpizza, die beste auf der ganzen Welt, und rannte nach der abgeschlossenen Bestellung in die Küche, um die Limonade aus dem Kühlschrank zu holen. Die Wohnung hallte ungewohnt, alles war bereits in Bananenkartons verpackt, die Möbel leergeräumt, im Flur stand eine einzelne Pflanze mit seltsamen Blüten, die uns die Nachbarin am Nachmittag als Abschiedsgeschenk vorbeigebracht hatte, darunter –

Papagena.

Auf dem Rücken lag sie, schnappte nach Luft, furchtbar zitterte das kleine Vögelchen. Mir schossen Tränen in die Augen.

»Könnt ihr bitte herkommen?«

Sofort standen wir alle um das kleine Wesen herum, ich nahm es in die Hand, und es dauerte nicht lange, bis

Papagena ein letztes Mal die Augen schloss, dann passierte lange nichts. Sie war gestorben. Einen Abend, bevor wir sie gemeinsam in die Freiheit hatten entlassen wollen.

Horea ergriff als Erster das Wort mit ernster Stimme: »Ich muss jetzt das Schwerste von euch verlangen. Es gibt keine andere Möglichkeit, als zu lügen, und ihr müsst mir schwören, dass wir es für uns behalten.« Mama könne er diesen Verlust nicht zumuten, erklärte er; auch seinen Schwiegersohn würde es schwer treffen.

»Als damals eurem Tata seine Katze überfahren wurde«, erinnerte Horea sich – ich hörte wohl nicht recht.

»Tata hatte eine Katze?«

»Ja, er hat es uns erzählt«, bestätigte Horea und merkte erst beim Sprechen, dass er wohl soeben ein Geheimnis preisgegeben hatte, um dessen Bewahrung er vielleicht nie direkt gebeten worden war, was ihm rückblickend aber einleuchtend schien; doch nun war es zu spät.

Tata hatte allen Ernstes eine Katzenhaarallergie erfunden, um uns vor dem Schmerz unabwendbarer Trauer zu bewahren. Wir einigten uns recht schnell, wie wir ihm nun ebenfalls Schmerz ersparen konnten, zogen uns an, kramten eine Taschenlampe aus einer der Kisten und begruben das kleine Vögelchen im Garten vor dem Gebüsch in einer Grube, die wir mit bloßen Händen ausgehoben hatten. Trauriger konnte es nicht werden; ich schaute hoch, bei meinem Mädchen war das Licht leider schon aus; wie gerne hätte ich sie noch einmal gesehen.

Jeder von uns sagte noch ein paar Worte, dann gingen wir wieder hinauf, fingen vor der Haustür noch den Lieferanten mit der Pizza ab, die an diesem letzten Abend keiner von uns anrührte.

»Nu cred, ați lăsat geamul deschis?«, fragte Mama am nächsten Morgen so laut und hallend durch die Wohnung, dass wir alle davon wach wurden. Ai und ich hopsten aus unseren Betten, rannten ins Wohnzimmer und sahen, wie Horea vor dem weit geöffneten Fenster stand, unbeholfen und entschuldigend mit den Armen wedelte; er stammelte, »Es tut mir leid, mir war so warm, ich habe es vergessen«, und fing fast an zu weinen, doch nicht aus Täuschung, sondern aus der ehrlichen Erschütterung, seine Tochter anzulügen.

Bumami konnte es nicht ertragen, ging wortlos in die Küche, zog dreimal das Wort »ach« in sich hinein – vai, vai, vai. Ich übernahm: »Schauen wir doch nach, vielleicht ist sie noch in der Wohnung!« Von Ai kassierte ich einen halbneutralen Blick, die dazu noch leicht den Kopf schüttelte.

»Nicht bewegen!«, flüsterte Tata und lenkte unsere Blicke auf das Geländer des Balkons, »Da ist sie ja!«. Kaum hatte auch Mama als Letzte hingeschaut, erhob sich ein Spatz vom Geländer flirrend in die Luft, bis das fremde Vögelchen auf ewig ganz aus unserem Blick verschwand.

Mama und Tata versicherten mir aus eigener Erfahrung, dass es durchaus möglich sei, eine Beziehung über Briefe auf Entfernung aufrechtzuerhalten; anfangs schrieben das Wasseraugenmädchen und ich uns regelmäßig, dann kamen unsere Antworten immer seltener beieinander an.

Bumami und Horea waren wieder zurück in Rumänien, Ai war aus Hagen mit dem Zug zu ihrer Professorin gefahren, um die letzten Unterrichtsstunden vor ihrer Aufnahmeprüfung zu bekommen; die Haustür schloss sich soeben, als Mama und Tata einkaufen gingen, und ich war auf einmal ganz allein mit dem Professor in der neuen Wohnung.

Eine Schülerin aus Essen, zu der er jedes Mal nach meiner Doppelstunde hingefahren war, hatte den Unterricht bei ihm abgebrochen, und der Geigenlehrer überredete meine Eltern, meine Unterrichtszeit von zwei auf vier Stunden auszuweiten; das schwere Violinkonzert von Max Bruch würde es erfordern, denn bald stand mein Auftritt an.

Dass er unzufrieden mit mir war, war mir nicht neu, doch war seine Ungeduld an diesem Samstag von einer neuen, auf die Spitze getriebenen Unnachgiebigkeit. Gnadenlos tadelte er jeden meiner Missgriffe; im Laufe der dritten Stunde war ich bereits so weichgeklopft, dass ich mich irgendwann traute, die kritisierte Stelle nicht zu wiederholen, sondern einfach weiterzuspielen.

Es knallte gegen meinen Hinterkopf. Ich schaute vom Notenblatt auf in sein Gesicht, die Pupillen waren bis zum Anschlag geweitet, als hätte er den Verstand verloren. Doch anstatt sofort um Verzeihung zu bitten, haute er erneut zu, mit jedem Mal enthemmter als zuvor, vier Mal insgesamt.

Ich hätte erwartet, dass ich anders reagiere. Doch ich wurde still, dachte nach, nahm die Geige und die Bogenhand langsam herunter und formulierte vorsichtig die Worte, dass ich Mitleid mit ihm hätte und ihm den Gefallen tun würde, meinen Eltern nicht zu sagen, was er gerade getan hatte.

»Los, weiter! Was lässt du denn die Geige runter? Weiter ab Vivace, und zwar lebhaft!« Gut möglich, dass ich es nur gedacht und nicht ausgesprochen hatte, doch meine Entscheidung war getroffen. Er schien das ungewohnte Aufbegehren in meinen Augen wahrzunehmen, womöglich wurde ihm bewusst, dass er eine Grenze überschritten hatte, denn er ließ mich ohne eine weitere Unterbrechung das Konzert zu Ende spielen und würgte zum Abschluss unserer Zusammenarbeit sogar noch ein Lob heraus.

»Vergessen wir das mit dem Bogen!«, sprach er meinen Eltern jovial zum Abschied zu, »Jetzt ist nur wichtig, dass der Sohnemann für das Konzert sein Allerbestes gibt; also dann, bis nächsten Samstag!«

Endlich konnte ich das Fenster öffnen, Mama kam herein und fragte, wie es gelaufen sei, doch ich konnte nicht darüber sprechen.

Nachdem ich mir ausführlich überlegt und abgewogen hatte, welcher der beste Weg sei, um die Beendigung der Unterrichte mit ihm einzuleiten, ging ich in dieser Nacht zu meinen Eltern, weckte sie und erzählte ihnen von immer schlimmer werdenden Albträumen, in denen ich seit Wochen Nacht für Nacht von seiner Stimme verfolgt wurde; doch in dieser Nacht sei es so schlimm gewesen wie noch nie, denn er hätte mich im Traum geschlagen, wovon ich soeben erwacht sei. Die Wahrheit konnte ich meinen Eltern nicht unverkleidet überbringen, da ich ihnen keinen Kummer machen wollte, aber auch aus Scham – ich hätte ja im Vorfeld besser üben und uns die Situation ersparen können.

Der Professor war am nächsten Morgen so überrumpelt von dem Anruf meiner Eltern, dass ihm nichts weiter einfiel, als uns alles Gute zu wünschen, auch wenn er abschließend betonte, dass er den Abbruch unserer Verbindung als einen unverzeihlichen Diebstahl meiner Zukunft erachtete.

Mama und Tata organisierten eine Probestunde bei Ais Professorin für den übernächsten Samstag, der frei geworden war, da Ai unterdessen ihre Aufnahmeprüfung bestanden hatte. Wir fuhren die weite Strecke zur Professorin, wo ich nach den ersten Takten schwindelig zusammensackte, sie nach dem Weg zur Toilette fragte und im marmornen Badezimmer verschwand. Meine Arme zitterten in den zu kurz gewordenen Pulliärmeln, als ich den Toilettendeckel anhob. Ich sah noch, wie die Professorin hereinkam, schwer um ihren flauschigen Toilettenvorleger besorgt, alarmiert einatmete, doch da übergab ich mich bereits.

»Die Violine scheint nicht das Richtige für Ihren Sohn zu sein!«, verabschiedete uns die Professorin, während sie den Umschlag mit den Scheinen an sich nahm.

Da Mama und Tata ihre Einschätzung nicht wahrhaben wollten, blieb ihnen nun nichts anderes mehr übrig, als mich wieder selbst zu unterrichten. Beim Konzert hatte ich einen ähnlichen Kreislaufzusammenbruch wie bei der Professorin. Minutenlang stimmte ich die Geige vor dem Orchester und den Augen des Publikums, wusste nicht, ob ich zusammensacken oder durchhalten würde. Schließlich tippte mich der Konzertmeister an, übernahm mein Instrument und stimmte es sekundenschnell; es lohnte sich gar nicht, mich kurz auf einen leeren Platz in der ersten Reihe zu setzen, doch ich konnte nicht anders; mein Kreislauf stand kurz vor dem Zusammenbruch.

An das Konzert selbst erinnerte ich mich hinterher nicht, doch alle schienen zufrieden zu sein; Mama und Tata waren aber so besorgt über meinen erneuten Schwächeanfall, den sie als Lampenfieber deuteten, dass sie in der kommenden Woche einen Termin bei der Kinderchorleiterin Celeste vereinbarten, um mir auf diesem Weg hoffentlich die vermutete Auftrittsangst zu lindern.

Die Chorleitung übernahm Celeste neben ihrer Tätigkeit als Sängerin im Theater, und so lud sie mich ein, während der nächsten Vorstellung von *Carousel* ins Theater zu kommen, wo sie zwischen zwei Auftritten ausprobieren wollte, ob ich für den Chor geeignet wäre.

Mama setzte mich zu Beginn der Vorstellung in die Kantine, wo Celeste mich nach dem ersten Auftritt abholen würde, bestellte mir Pizzabrötchen mit Kräuterbutter und Limonade. Durch die Sprechanlage wurde das dritte und letzte Zeichen vor Vorstellungsbeginn ausgerufen, von der gleichen Stimme, die Mama zu ihrem Probespiel eingerufen hatte.

Die Kantine leerte sich, wurde still und hallig, um wenige Minuten später mit geballter Klangeskraft von der Bühnenübertragung durch den Lautsprecher geflutet zu werden.

Nach dem ersten Akt erschien Celeste in der Kantine. Schon in der Vorstellung war sie mir aufgefallen – sie hatte das gutmütigste Gesicht mit dem breitesten Lächeln von allen Menschen auf der Bühne; auch war sie die voluminöseste von ihnen, drückte mich zur Begrüßung quetschend, mit aller Herzlichkeit, fest an sich und entwaffnete meine Schüchternheit sofort; sie erinnerte mich an die Kindermädchengans der Füchsin aus dem Comicfilm über den Rächerfuchs der Armen aus dem Sherwood Forest, die, ebenfalls voluminös, mit herrlicher Leichtigkeit im Film Federball spielte und mich jedes Mal zum Lachen brachte, wenn sie ihre Kraft nicht kontrollieren konnte und tänzelnd umfiel.

Wir liefen durch einen langen Gang, in dem zahllose Bilder vergangener Inszenierungen an der Wand hingen.

»Ist das Billy?«, fragte ich. Auf mehreren Bildern hatte ich ihn erkannt, trotz unterschiedlicher und lustigster Kostümierung, sie bejahte und sagte mir, dass er sowohl das Herz des Darstellerensembles sei als auch der Publikumsliebling, für den sich nicht wenige Damen im Zuschauerraum ein Theaterabonnement leisteten, um keine seiner Rollen zu verpassen.

Wir liefen über eine Treppe in den dritten Stock zu den Stimmzimmern, sie drehte die Übertragung von der Bühne am Lautsprecher leiser und setzte sich ans Klavier. Die Übungen, die sie mit breitem amerikanischen Akzent von mir verlangte, waren simpel und einfach zu erfüllen, nur an meiner Bauchatmung hätte ich zu arbeiten. Sie erhob sich, stellte sich vor mich hin und verlangte, dreimal einen »Ha!«-Akzent auszustoßen; nach den ersten schlappen Versuchen berührte sie meinen Bauch mit dem Zeigefinger, den ich versuchen sollte wegzudrücken, und wiederholte die Übung.

»Yes!«, sang sie erfreut, »This is deine Stütze!«

»Und was mache ich mit der?«

Sie antwortete nicht, sondern ließ die Wände beben, mit einem hohen Ton samt markerschütterndstem Vibrato, ich kreischte los vor Freude; spürte ihre Stütze bis in die Gänsehaut in meinem Rücken.

Der Lautsprecher klickte, sie unterbrach mit schwungvollem Akzent ihre Darbietung und lauschte nach der Durchsage; die Stimme rief den Chor zum nächsten Auftritt. Da Celeste keine Zeit hatte, mich zurück in die Kantine zu bringen, fragte sie, ob ich mit ihr kommen würde; eine Locke hatte sich aus ihrer Perücke gelöst, sie müsse noch vor dem nächsten Auftritt fixiert werden.

»Honey, what in aller Welt happened?«, fragte Ron, der Maskenchef alarmiert, als wir durch die Tür in die Maske traten. Celeste setzte sich auf seinen Stuhl, ich lief durch die raumgewordene Schatzkiste und bewunderte die Perücken in den Regalen, die mit langen Nadeln auf gesichtslosen Styropor-Köpfen befestigt waren, Haartrachten von Königinnen und Fabelwesen, sogar ein Drachen- sowie ein Totenkopf zum Überstülpen waren darunter. Eine Sprühwolke erreichte meine Nase, ich blickte zu Celeste, die lächelnd, mit geschlossenen Augen von allen Seiten mit Haarspray konserviert wurde. Ron war zufrieden, klatschte in die Hände, »Ready, Darling! Enjoy your performance!«

Ich folgte Celeste aus der Maske durch eine schwere Eisentür zur Seitenbühne, auf der sich meine Augen erst an die Dunkelheit gewöhnen mussten. Ich hörte das Geschehen auf der Bühne, doch ein blickdichter Vorhang trennte mich davon. Wir liefen zu einem Schaltpult, wo ich bei der Frau abgesetzt wurde, deren Stimme ich schon kannte, aber noch nicht das freundliche Gesicht dazu. Sie stellte sich mir mit dem Namen Bettina vor, bot mir einen Sitzplatz an; der Feuerwehrmann sei gerade zum Rauchen gegangen, also könne ich mich auf seinen Stuhl setzen.

Sie war sehr kurz angebunden, sagte, sie müsse sich jetzt konzentrieren, ein schwerer Umbau stünde an, wandte sich dem Pult zu und sprach etwas in ein Mikrofon, was ich nicht verstand, aber erahnen konnte, als ihre Stimme durch eine weitere Stahltür hinter mir verstärkt durch die Gänge schallte. Wenige Sekunden später trat eine Gruppe schwarzgekleideter Männer ein, einer hatte ein Funkgerät und betrachtete den Monitor über Bettina, auf dem die Bühne durch eine Kamera im Zuschauerraum zu sehen war.

Der rote Samtvorhang schloss sich soeben, »Arbeitslicht, schwarzer Hänger und Ballon rauf!«, befahl der mit dem Funkgerät. Der schwarze Vorhang hob sich in den Schnürboden hinauf, ich hatte nun freie Sicht auf die schwebende Erde, deren Nylonseile von meiner Position aus deutlich zu erkennen waren, als sich das atmosphärische Licht der Bühne in die kalte Beleuchtung einer Lagerhalle verwandelte. Von der anderen Seite wurden für den letzten Akt mehrere Jahrmarktbuden sowie das Karussell hereingeschoben; Bettina schrie dem Mann mit Headset zu: »Die Punktzuganlage klemmt wieder!« Dieser reagierte sofort und ordnete an, das Karussell solle noch mit der Einfahrt auf die Bühne warten, rannte nach hinten und half einem Techniker beim manuellen Hochziehen des Erdenballons. Der Schwung des tonnenschweren Karussellgefährts aber konnte nicht rechtzeitig abgebremst werden, und die verschnörkelte Spitze bohrte sich in den Südpol, die Erde zerplatzte vor den entsetzten Augen aller Umbauenden, hing schlaff herunter und verkeilte sich mit den Holzverzierungen am Dach des Fahrgeschäfts.

Ewige Sekunden geschah nichts, keiner wusste, wie diese Katastrophe in der regulären Umbauzeit zu beheben sei. Bettina gab dem Dirigenten durch ein Lichtzeichen zu verstehen, dass er das musikalische Zwischenspiel wiederholen sollte. Zwei Techniker rannten mit einer Klappleiter von der Seitenbühne auf das Karussell zu, merkten aber auf dem Weg dorthin, dass die Leiter nicht hoch genug war, machten kehrt, um eine höhere zu holen. Gewaltsam zogen der Bühnenmeister und zwei weitere Techniker am Seilzug, um die kaputte Erde in den Schnürboden hinaufzuziehen, deren unteres Schlabber-Ende sich zwar von den

Holzverzierungen löste, sich daraufhin aber um eine Glühbirne des Karussells wickelte, diese im erzwungenen Zug strangulierte und zerbrechen ließ; ein greller Funke ließ die Ballonhaut augenblicklich in Feuer aufgehen.

Ich schaute zum Monitor: Friedlich ruhte der rote Samtvorhang zur schwungvollen Musik aus dem Orchestergraben. Ich wandte den Blick wieder vom Monitor ab und schaute auf die Bühne, es brannte lichterloh! Blanke Panik brach aus, doch sie implodierte mit den Flammen, alle waren wie erstarrt. Nur ein Mann handelte, er schwang sich todesmutig und mit wehender Strähne auf das Dach des Karussells – es war Billy selbst! Ohne einen überflüssigen Handgriff löste er den brennenden Ballon vom Rondell, ließ ihn auf den Bühnenboden gleiten. Bettina schnappte sich den Feuerlöscher unter meinem Sitz, rannte auf die Bühne und erstickte die Flammen; Applaus brandete auf, doch dieses Mal kam die Bewunderung allein von den Anwesenden auf der Bühne – das Publikum hatte keinen blassen Schimmer davon, welche Katastrophe soeben abgewendet worden war.

Der Umbau wurde pünktlich zum Ende des zweiten Durchlaufs der Musik abgeschlossen, der rote Samtvorhang öffnete sich, und die Vorstellung wurde fortgesetzt, als sei nichts gewesen. In der Zwischenzeit hatte der Feuerwehrmann seine Zigarettenpause beendet und kam schwer atmend durch die Eisentür, ich stand auf und bot ihm seinen Platz an, er nahm dankend an. Bettina drehte sich zu mir und flüsterte mir ins Ohr: »Erzähl dem Feuerwehrmann mal bitte nichts von dem Vorfall, um ihn nicht zu beunruhigen – er hat es mit dem Herzen.«

Ich zitterte am ganzen Körper, konnte nicht glauben, was ich soeben miterlebt hatte, lief den dunklen

Seitenbühnengang entlang, setzte mich auf den Boden, von wo ich durch den Spalt zweier Buden freie Sicht auf das Gespräch zwischen Billy und seiner Tochter hatte.

Er holte aus, schlug mit sicherem Abstand an ihrem Gesicht vorbei, die Tochter schwang den Kopf zeitgleich zur Seite, das Publikum raunte schockiert – ich hatte den Trick enttarnt! Wie wundervoll sich der Effekt durch sein Handwerk auf die Zuschauer im Saal übertrug, von dort sah es so aus, als ginge sein Schlag voll auf die Zwölf! Dann das Ende, die Musik, Stille, Applaus, Vorhang, Bravorufe. Diese Welt – ich wollte, dass sie meine wird.

Ein Schwall unbeschwerter Freude schlug mir entgegen, als ich am darauffolgenden Donnerstag den Chorsaal des Theaters betrat. Ungefähr dreißig Kinder und Jugendliche rannten, lachten und entledigten sich ihrer überschüssigen Energie.

Celeste rief die rasende Truppe mit voluminösestem Ton so zur Ruhe auf, dass sich keiner mehr traute, auch nur einen weiteren Mucks von sich zu geben. Es war Punkt fünfzehn Uhr, alle stellten sich gemäß ihrer Stimmlage um das Klavier auf, ich suchte mir einen freien Platz und stand unversehens neben einem Jungen mit roten Bäckchen und einem grünen Pullunder über seinem feingebügelten Hemd, der sich mit dem Namen Niki vorstellte.

Das Einsingen begann. Celeste setzte sich ans Klavier, spielte uns vor, welche Melodie wir nachsingen und mit welchen Vokalen wir die Töne formen sollten. Dann wiederholte sie die gleiche Melodie einen Halbton höher, und so immer weiter, bis es den meisten zu hoch wurde und nur die Soprane die Übung zu Ende singen konnten – was mich ein wenig stolz machte, wenngleich vereinzelt gekichert wurde, da ich zum Ende der Übung hin mit meiner Stimme als Letzter genauso hochkam wie das hübsche Mädchen gegenüber.

»T'schuldigts, bitte!«, wehten ein Mann und sein Parfum schwungvoll durch die Tür. Obwohl seine Frisur eine andere war und seine Haut nicht so makellos wie auf der Bühne, erkannte ich ihn doch sofort. Es war der Darsteller des Billy, der im echten Leben Werner hieß.

Ich bekam wieder nicht zusammen, wie jemand, den ich in der Wahrhaftigkeit einer gelebten Rolle kennengelernt und bewundert hatte, nun privat vor mir stand und mich mit Namen begrüßte, ohne dass ich mich vorstellen musste. Er hatte einen Zyklus, den *Liederzirkus* komponiert, den der Kinderchor bereits über mehrere Wochen eingeübt hatte, und ich musste ihren Vorsprung nun vom Blatt einzuholen versuchen.

Nachdem wir die Lieder einmal am Platz durchgesungen hatten, ging es an die szenischen Proben. Ich wurde der Soprangruppe zugeteilt und beobachtete aus der Deckung, welche Vorgänge bereits verabredet worden waren. Der rote Faden durch das Stück war ein kleiner Harlekin, der von Niki dargestellt wurde. Es beeindruckte mich, wie in seinem Spiel der Blick fast traurig wurde, er versank in der Figur, die er mit tiefster Ernsthaftigkeit Gedanken aussprechen ließ, als wäre er gerade darauf gekommen, doch sie standen eins zu eins genauso im Manuskript, jedes einzelne Wort war ganz korrekt an seinem Platz.

Und schon war es vorbei. Ich begriff erst bei der Verabschiedung, dass Niki und zwei weitere Mädchen im Chor Werners Kinder waren, die bei bester Laune auf dem

Parkplatz in die Familienkutsche stiegen, die Ohrwürmer lauthals weitersangen und durch die geöffneten Autofenster über den gesamten Theaterparkplatz zu hören waren, bis sie mit quietschenden Reifen um die Ecke bogen.

Diese Proben wurden mir zur schönsten Zeit einer jeden neuen Woche. Mit dem einstudierten Programm gaben wir über die nächsten Monate Vorstellungen in Krankenhäusern und Altenheimen; die Themen der Lieder begeisterten das nostalgische Publikum, denn die Texte behandelten mit existentiellem Ernst die Probleme Heranwachsender, es wurde gesungen, »Der Mama könnten wir erzählen, was sie ändern muss«, und auch die Papas kamen nicht gut dabei weg; ich verstand zwar nicht, wovon wir sangen; ich hatte keine Probleme solcher Art mit meinen Eltern, doch es war schön zu sehen, wie es dem Publikum gefiel.

Bald darauf begannen die Proben an der italienischen Oper *La Bohème*. Obwohl Niki und ich nicht in gleichen Stimmlagen sangen, hatten wir bei Celeste durchgesetzt, bei den Proben nebeneinander stehen zu dürfen.

Erst nach Wochen des Einstudierens verstand ich, als wir durch eine Eisentür die leere Bühne des Theaters betraten, dass ich tatsächlich auf den Brettern dieses Raumes stehen würde, vor ausverkauftem Saal! Aufgedreht, doch mit weichen Knien rannte ich zur Bühnenrampe, suchte den Sitz, von dem aus ich damals begeistert die Vorstellung verfolgt hatte.

Der Dirigent begrüßte seinen Sohn, einen älteren Jungen aus dem Kinderchor, den ich nicht besonders mochte. Das hübsche Sopranmädchen hatte nur Augen für ihn, was immer stärker an meinen Nerven kratzte, je tiefer ich mich in sie verliebte. Dazu folgten wenige Tage später die Durchläufe in Kostüm und Maske. Wir zogen uns alle gemeinsam im Chorsaal um, wo mir ihr türkiser BH mit pinken Verzierungen vollends den Verstand raubte, und von dem ich meine Augen nicht abwenden konnte. Sie erzählte ihren Freundinnen von der bevorstehenden Veröffentlichung eines Albums ihrer Lieblingssängerin, deren Namen ich mir mit Nikis Kugelschreiber in die Handfläche notierte.

Von meiner erster Theatergage wollte ich ihr dieses Album kaufen, zog nach der Schule los, hob zum ersten Mal etwas von meinem Sparbuch ab und ließ die CD auch noch für zwei D-Mark und neunundvierzig Pfennige in Geschenkpapier einpacken.

Vor der nächsten Vorstellung versammelte sich der Kinder- und Jugendchor wie immer vor dem Künstlereingang. Ich kam mit Mama vom Parkplatz, setzte mich zu Niki auf die Bank. Mama wollte mich zum Abschied auf die Wange küssen, doch ich wehrte ab, denn ich bemerkte aus dem Augenwinkel, dass die wunderschöne Sopranistin endlich eintrudelte.

»Mutter, bitte!«, sagte ich unangenehm berührt, umarmte sie kurz und schob sie beiseite, Mama rollte mit den Augen und ging ins Theater.

Ich brauchte mehrere Anläufe für meine Übergabe, da ich den vorgefertigten Text vergessen hatte, sprach sinngemäß, es wäre mir sehr wichtig, ihr etwas zu geben. Sie nahm das Geschenk an sich, riss das Papier auf, betrachtete kurz die CD, sprach knapp »Danke« und verschwand ohne ein weiteres Wort durch die Tür. Kurz schwiegen Niki und ich, bis wir im Hof allein waren, dann fasste er meinen

Arm und sagte: »Ich weiß nicht, wie ich es sagen soll, aber nimm es bitte nicht persönlich!«

Mir wurde klar, dass ich so stark von meiner Schwärmerei zu dem Mädchen abgelenkt war, dass ich ganz übersehen hatte, wie mein erstes, echtes Freundschaftsband entstanden war.

Über die nächsten zwei Jahre waren Niki und ich unzertrennlich. Oft übernachtete er am Wochenende bei mir, wenn wir am folgenden Abend Vorstellung hatten, wir verbrachten den ganzen Tag gemeinsam in verspielter Vorfreude, wieder auf der Bühne stehen zu dürfen. Wir zockten bis tief in die Nacht ein Autorennspiel an dem Computer, den meine Eltern mir schließlich gekauft hatten, nachdem ich oft geklagt hatte, dass ich der Letzte in meiner Schulklasse war, der noch keinen PC besaß.

Ai hatte am Telefon mit mir geschimpft, als sie davon erfuhr, wie ich unseren Eltern mit solch überzogenen Wünschen das Herz schwer machte, bei all den Sorgen ums Geld. Tatas Orchester in Marl hatte sich aufgelöst, und er war nun darauf angewiesen, als Aushilfskraft zu umliegenden Orchestern gerufen zu werden; doch das waren die anderen Orchestermitglieder auch, und der Markt war sowieso schon überfüllt. Glücklicherweise wurde Mama von ihrer Violingruppe zur Koordinatorin für Aushilfskräfte berufen und konnte dafür sorgen, dass Tata hin und wieder im Hagener Orchester einspringen durfte; wie auch die anderen arbeitslosen Kollegen aus Marl.

Einmal kam ich ins Theater und fand mich unversehens vor dem Lama wieder, das mich verstörend freundlich begrüßte. Ich war stolz auf meine Mutter, wie sie mit spitzem Lächeln vor ihm stand, als er sich bedankte, und ihn mit den Worten beschämte, dass es selbstverständlich sei, sich gegenseitig zu helfen, »Dafür sind Freunde doch da!«.

Dieselbe Genugtuung konnte sie allerdings nicht Tasha gegenüber erlangen, da diese auf einer Urlaubswanderung durch die Tiroler Berge von einer Schlange gebissen worden und daran verstorben war.

Doch nicht nur die Arbeitssituation bereitete meinen Eltern große Sorge. Sie sahen mein Interesse am Violinspiel immer weiter schwinden; mein Vorsprung, um später zu den Besten gehören zu können, schrumpfte weiter, und so suchten sie nach einem Weg, mir dennoch eine Zukunft in der Musik zu verschaffen, selbst wenn es große Kosten verursachte und unser Dispolimit zu der Zeit nicht selten ausgereizt war.

Bratschisten waren sehr gesucht; also bekam ich parallel zum Geigen- auch noch Violaunterricht, doch auch das konnte meine Leidenschaft nicht recht entfachen. Regelmäßig hatte ich die Vorgabe, mir bis zum nächsten Wochenende genau zu überlegen, was ich später werden wolle, damit wir es rechtzeitig in Angriff nehmen konnten.

»Willst du vielleicht Dirigent werden?«, fragten sie mich ungeduldig, als ich mit gesenktem Blick wiederholt keine Antwort auf ihre Frage hatte.

»Vielleicht!« Als Dirigent musste man aber am Klavier ausgebildet sein, um eine Partitur mit allen Stimmen des Orchesters vom Blatt spielen zu können, also bekam ich fortan auch Klavierunterricht an der Musikschule.

Auch Harmonielehre war für diesen Berufswunsch unabdingbar, also buchten sie gleich noch Theoriestunden dazu. Schließlich noch Unterrichtsstunden im Dirigat bei einem Kapellmeister des Theaters, während derer ich den Gang ins Theater nicht wie sonst, wenn ich auf der Bühne stehen durfte, als etwas Erfreuliches empfand.

Jeder Tag der Woche wurde bis zum Rand mit Unterricht angefüllt für eine Zukunft, um die ich nie gebeten hatte. Ich versuchte, die Erwartungen so gut wie möglich zu erfüllen, doch nicht ausufernder als nötig.

In meinem Zimmer stand ein zweigeteilter Notenständer aus Holz mit einem Drehgelenk. Auf der einen Seite lagen die Noten des Stückes, das ich zu üben vorgab, auf der anderen lag eine Computerspielzeitschrift, in der ich träumend las, und mit dem Fuß die Drehung zum Schwindel vollziehen konnte, als Mama oder Tata mein Zimmer betraten, während ich ohne Unterbrechung die immergleichen Takte weiter auf der Geige schrubbte.

»Du betrügst dich nur selbst!«, sagte Tata bitter, als ich einmal nicht schnell genug reagierte. Sein Vorwurf traf mich tief, ich verstand nicht, was er sich von diesem Angriff versprach, da ich – im Gegensatz zu meinen Schulkameraden, die außerhalb der Schule keinerlei Pflichten zu erfüllen hatten – meine ganze freie Zeit opferte, um sie mit meinen Geigenübungen irgendwie zufriedenzustellen.

Zwar hatten wir Mamas festes Gehalt, doch ein eigener Computer blieb ein vermessener Wunsch, bis Tata sich eine Stelle in der ersten Violine in Dortmund erkämpfte und die Sorgen sich langsam wieder in Luft auflösten; die Ratenkäufe konnten weitergehen.

Und so saßen Niki und ich bis spät in die Nacht vor dem Bildschirm. Wir schütteten und schlangen Limonaden, Chips und Weingummi in uns hinein, während wir die

Streckenrekorde brachen. Nachts, nach dem Zähneputzen, wechselten wir uns mit dem Einschlafen ab, während der jeweils andere noch erzählte, was uns im Alter von elf und zwölf Jahren im Leben so beschäftigte; aber eigentlich lachten wir die ganze Zeit, erfreuten uns am Wettkampf um den infantilsten Wortwitzhumor, für den wir zum Leidwesen aller eine ausdauernde Leidenschaft entwickelten – durch allerkleinste Änderungen konnte man aus so gut wie jedem Wort etwas Schweinisches hervorzaubern!

Bald folgte eine Inszenierung von Puccinis *Tosca*, der Geruch von brennendem Weihrauch verwob sich mir untrennbar mit den schönen Erinnerungen auf der Bühne, als wir mit dem Chor an einem Ausschnitt der Kirchenkulisse entlangliefen, dann im Kreis über die hintere Bühne an den Anfangspunkt zurück, um neu durchgemischt wieder den Ausschnitt zu betreten. Für das Publikum entstand der Eindruck, wir wären ein Vielfaches unseres begrenzten Ensembles, was jede Vorstellung aufs Neue mit Szenenbeifall aus dem Publikum belohnt wurde.

Der Regisseur prahlte während der Proben damit, er hätte sich diesen Trick von einem gewissen Göbbels abgeschaut, worauf eine Diskussion im Ensemble entbrannte, ob man derartige Methoden tatsächlich in einer Theaterinszenierung verwenden sollte; der Regisseur stellte die Gegenfrage, ob man dann Wagner, diesen Antisemiten, überhaupt noch spielen dürfe, oder wären seine Opern für sie in Ordnung, weil sie bei ihrer Länge Doppeldienstgehalt beziehen würden?

Einer aus dem Extrachor sagte, dass Kunst das Bestmögliche aus einem jeden Menschen heraushole. Wagner hätte seinen Wahnsinn ins Komponieren gelegt, der damit für andere Stellen möglicherweise verbraucht gewesen wäre; ein anderer stieg ein, man müsse sich nur vorstellen, was geworden wäre, hätte man Hitler nicht an der Kunsthochschule abgewiesen.

»Kunst als Therapie?«, entgegnete der Regisseur, »Und Sie? Was wäre aus Ihnen geworden, wenn Sie nicht beim Theater gelandet wären?« Sie gingen aufeinander los, die Probe wurde aufgrund der erhitzten Atmosphäre unterbrochen, Niki und ich gönnten uns Pizzabrötchen mit Kräuterbutter und Limonade in der Kantine.

Als diese Inszenierung abgespielt war, fand man Niki und mich trotzdem zumeist im Theater vor; wir saßen so gut wie jeden Abend im Zuschauerraum und sahen ausnahmslos jede Vorstellung von *Das Gespenst von Canterville* an, als das Werner, wieder grundverändert, das Publikum in Begeisterungsstürme ausbrechen ließ.

Glücklicherweise stand aber bald schon die nächste große Inszenierung für uns an. Mama bekam leuchtende Augen, als sie im Premierenplan las, dass Mozarts *Zauberflöte* produziert werden sollte, die Lieblingsoper von Horea! Wir hofften, dass die Vorstellungen in dieser Spielzeit so gut besucht sein würden, dass wir die Inszenierung auch in der neuen Saison spielen dürften, dann könnten Bumami und Horea uns nach den Sommerferien noch einmal besuchen kommen, um zu sehen, wie ich einen der drei Knaben spielte; ich war der zweite, Niki der dritte, Judith mit der Zimtstimme spielte Papagena, Werner spielte Papageno.

Die Generalprobe vor der wichtigen Premiere spielten wir aufgrund der enormen Publikumsnachfrage erstmals vor ausverkauftem Saal. Ron, der Maskenchef, widmete uns seine ganze Handwerkskunst, mit einer weißen Fettschminkschicht und filigranen schwarzen Pinselstrichen verwandelte er Niki und mich in kleine Harlekine, die zwischen den Auftritten, trotz anstrengender Gesangspassagen, immer noch genug überschüssige Kraft hatten, um uns im Ballettsaal mit einem Softball die Schminke aus den Gesichtern zu ballern, worauf wir sie vor jedem weiteren Auftritt von Ron wieder korrigieren lassen mussten. »Boys, ihr macht mich wahnsinnig!«, schimpfte er, doch er lächelte dabei. »Böse Buben!», rief er uns hinterher, als wir zu unserem letzten Auftritt hechteten: Papageno traf endlich auf seine große Liebe, Papagena, und wir standen um sie herum. Werner zog eine Schubkarre mit einem riesigen Ei auf die Bühne, in das Niki durch eine schmale Öffnung vom Publikum unbemerkt hineinstieg, während das Liebespaar sang, »Welche Freude wird das sein, wenn die Götter uns bedenken, unserer Liebe Kinder schenken!«

Das Ei öffnete sich und löste sofort klatschende Begeisterung im Publikum aus, was es mir unmöglich machte, die Mundwinkel zu kontrollieren. Auch Niki grinste breit, aber mehr, weil die schöne Papagena ihm dicke Schmatzer auf die Wange drückte; er aus dieser augenhohen Nähe einen tiefen Blick in ihr Dekolleté versenken konnte; was er auch tat, ohne jeden Anflug von Scham. Darüber musste ich nun offen lachen, wie putzig mein kleiner Freund zu glotzen doch im Stande war, benebelt von erwachenden Hormonen.

Die Generalprobe war ein voller, ausgelassener Erfolg, dennoch war vor der Premiere die Aufregung im Ensemble kaum zu ertragen, alle waren konzentriert und schwiegen, während wir auf unsere Anfangspositionen gingen. Das Bühnenbild der Inszenierung bestand aus einem blauen

Zirkuszelt, in dem alle Figuren aus der Zauberflöte erstarrt dastanden, während die Ouvertüre erklang und sich der Vorhang langsam öffnete. Nur Papageno war lebendig, huschte erst zu den drei Damen, berührte nacheinander ihre Hände, sie erwachten, dann zur Königin, zu Sarastro, Monostatos, zu Niki und zuletzt zu mir, der ich unbewegt im Hintergrund auf dem Rand einer Manegenkulisse saß. Niemals war Werner auf der Bühne aus seiner Rolle gefallen, doch machte er für mich eine Ausnahme, als er bemerkte, dass er mir vor der Premiere nicht toi, toi, toi gewünscht hatte. Er drehte dem ausverkauften Zuschauerraum den Rücken zu, kam nah an mein Ohr und flüsterte, »Toi, toi, toi, dieser Moment kommt niemals wieder!«. Niemand im Publikum hatte irgendwas bemerkt, doch für mich bedeutete es die Welt.

In letzter Zeit war es wegen unserer Vorstellungen und Ais Auslastung als Studentin selten vorgekommen, dass wir als Familie Zeit zusammen verbrachten, also besuchte sie uns übers Wochenende, als wir alle frei hatten. Zur Feier des Tages hatte Tata Brote geschmiert, mit denen wir uns vor einen Film aus der Videothek setzten. Auf Tabletts serviert gab es für jeden vier Toastbrote mit viel Butter, zwei davon mit Schinken und Käse, die anderen zwei mit Salami, dazu Gurke ohne dunkelgrünen Rand, genauso klein portioniert wie früher.

Schon länger hatte keiner von uns mehr gesprochen, der Kloß im Hals drückte gegen die Tränennerven, während wir das Finale des Films verfolgten.

Die Wippe des Schicksals hatte sich soeben brutal verkehrt, es vergingen ewige Sekunden, bis ein Knall durch

Julias Schädel und hallend durch die Kirche schoss, die von einem Kerzenmeer erleuchtet war. Die Kamera schwebte über dem Liebespaar, entfernte sich in den Himmel; orchestrale Musik setzte ein.

»Nun gut. Wagner, *Tristan und Isolde*, letzter Akt, Liebestod!«, schnaubte Tata. Er räusperte sich und redete laut und störend zu uns, wie meistens, wenn die Handlung eines Filmes ins Tragische stürzte und er unsere Konzentration vom Bildschirm abzulenken versuchte, damit wir nicht so sehr von den Emotionen mitgerissen wurden wie er. Tata klatschte auf die Oberschenkel, erhob sich schwer aus seiner Position vom Sofa und sammelte unsere Essenstabletts ein, um sie in die Küche zu bringen.

»Wieso macht er den Moment kaputt?«, fragte ich Mama.

»Lass ihn, er meint es gut.«

Am nächsten Abend hörte ich über Kopfhörer den letzten Akt einer Aufnahme von *Tristan und Isolde*, die ich mir aus der Stadtbibliothek ausgeliehen hatte. Es war bereits weit nach Mitternacht, und für die Schule hatte ich am nächsten Morgen sehr früh aufzustehen, doch ich musste unbedingt eine Passage noch einmal hören, die mich fast aus dem Bett geworfen hatte. Der Musik am Ende der CD, die ich aus dem Film wiedererkannte, ging eine Reise voraus, über einen ewig langen Anlauf in einem Akkord gipfelnd, mit dessen Schrei die Welt in sich zusammenfiel. Leider war die CD zu verkratzt, um mit der Spulfunktion an die gewünschte Stelle springen zu können, ohne dass auf dem Display »Error« blinkte. Also musste ich den ganzen Bogen von Anfang an laufen lassen, um den unglaublichen Moment noch einmal zu hören; fragte mich, ob es mir nicht vielleicht gelingen könnte, den Höhepunkt von außen wie von innen abzupassen, drehte die Lautstärke auf und drückte auf »Play«.

»Mild und leise, wie er lächelt.«

Wie konnte ein Klang so traurig und doch hoffnungsvoll wirken? Die Musik glich ganz der Emotion aus meiner Kindheit, als mich im Morgengrauen die Angst verließ. Gefühlswege meiner Gedanken, die ich mich damals in der Dunkelheit nicht traute, bis zu ihrem Ende zu beschreiten, waren durch die Klänge auf einmal hell erleuchtet. Jemand war diesen Weg bereits gegangen und hatte durch seine Kunst einen Trost geschaffen: dass man nicht allein ist, was auch immer kommen mag.

Der Aufbau der Musik riss mich zurück ins Jetzt, nun dauerte es nicht mehr lange, ich musste vorbereitet sein.

»Soll ich atmen? Soll ich lauschen? Soll ich schlürfen, untertauchen? Süß in Düften mich verhauchen? In dem wogenden Schwall. In dem tönenden Schall, in des Welt-Atems wehendem All ertrinken, versinken, unbewusst höchste Lust.«

Verpasst! Der Moment, in dem die Musik aus dem höchsten Punkt möglicher Empfindung in den Abgrund stürzte, zog unerfüllt vorbei. Ich hatte keine andere Wahl, als es noch einmal zu versuchen, doch zumindest hatte ich mir die Stelle nun gemerkt, nämlich mit Isoldes Worten »in des Welt-Atems wehendem All«, genauer, aufs Stichwort »Welt«, drehte die Lautstärke bis zum Anschlag auf und spielte den Titel erneut ab.

Als es mir endlich gelungen war, erfasste nicht wie erwartet schwebende Erfüllung, sondern tiefste Traurigkeit mein Herz. Wie konnte ich seit Jahren Musik zwar spielen, doch nie so empfinden, wie jetzt, als sei die Tür mit einem Mal nicht mehr verschlossen? Nie zuvor hatte ich erahnt, was mir diese Welt der Musik bedeuten konnte, nie einen eigenen Zugang selbstständig entdecken können; stets abgelenkt von dem Glauben, es würde schon genügen, die eingeforderte Disziplin bloß für andere zu erfüllen. Wie kurzsichtig hatte ich mich gegen den Vorwurf gewehrt, ich betrüge nur mich selbst, unfähig, das zu perfektionierende Handwerk als unabdingbare Voraussetzung für meine Zukunft im Zuhause der Musik anzusehen. Und nun war ich zu alt, zu lange nachlässig gewesen, um mich als Erwachsener an jener Spitze behaupten zu können, an der meine Eltern mich so gerne als Musiker gesehen hätten. Wie naiv hatte ich mich darauf verlassen, dass meine Kindheit ewig währen würde. Und nun war es zu spät.

Einige Monate später rief Ai an. Wir zwängten uns zu dritt um den Hörer, um jedes Wort ihres Berichts über den Verlauf des internationalen Wettbewerbs in Belgrad zu hören. Sie hatte die Aufmerksamkeit des Direktors der Philharmonie in Târgu Mureș auf sich ziehen können, der während des Preisträgerkonzerts im Publikum gesessen hatte. Danach sei er zu ihr gekommen und habe sich vergewissert, ob sie tatsächlich zu der Familie gehöre, wie ihn der Nachname vermuten ließ. Ai erzählte, dass er sie eingeladen hatte, das Eröffnungskonzert der neuen Saison mit der Philharmonie zu spielen. Unsere Eltern schrien vor Freude, was für eine Pointe des Schicksals! Die eigene Tochter kehrt an den Ursprungsort zurück, als Solistin, vor dem ehemaligen Orchester! Und dann auch noch mit Tatas Lieblingskomposition, dem Violinkonzert von Mendelssohn!

Die ganze Nacht konnten sie nicht schlafen, stellten sich vor, wie dieser Tag verlaufen, wer alles im Publikum sitzen, wer von den alten Kollegen noch spielen würde, wer wäre alles anwesend, wenn dieser Kreis sich so erfüllend schlösse?

Der nächste Urlaub in Rumänien stand ganz im Zeichen der Vorbereitungen für das Eröffnungskonzert der Saison 1998/1999 im Kulturpalast. Tata hatte vor der Abfahrt eine Videokamera gekauft, die er mir anvertraute, um das Konzert aufzunehmen – falls durch eine unvorhergesehene Störung seine Aufzeichnung nicht gelingen sollte.

Mehrere Stunden vor dem Konzert war er bereits in den Kulturpalast gegangen, hatte vor lauter Aufregung den ganzen Tag nichts essen können. Dementsprechend war er unterzuckert und fahrig. Unzählige Male kontrollierte er die Verlängerungskabel zur Stromzufuhr für beide Kameras, die er bedacht im Publikum aufstellte, um die bestmögliche Sicht auf die Bühne zu haben. Ich wurde erneut genauestens eingewiesen, welche Knöpfe ich zu drücken hatte und in welcher Reihenfolge. Erst musste ich den seitlichen Schalter umlegen, um die Kamera einzuschalten, dann kontrollieren, dass ein weiterer Schalter nicht auf »Wiedergabe« eingerastet war, sondern auf »Aufnahme«, und dann gab es nur noch einen weiteren Knopf, den ich zu drücken hatte, um die Aufzeichnung zu beginnen. Dabei sollte ich darauf achten, ob im Sucher oben rechts der rote Kreis blinkte und die Zeitanzeige lief.

Ich war sehr aufgeregt, da ich sein Vertrauen auf keinen Fall enttäuschen wollte, nicht zuletzt, weil Horea mir am Vortag ernst zugesprochen hatte, als ich mich darüber lustig machte, wie wichtig diese Aufnahmen für Tata waren.

Ich hatte die Augen verdreht, als er mir im Wohnzimmer die Schritte erklärt hatte, und gebellt: »Ich weiß, Tata, ich bin nicht dumm!«

»Gut, dann beweise es mir«, raunte er zurück, packte verärgert die Kamera in die Tasche und ging aus dem Zimmer.

Horea hatte die Szene vom Bett aus beobachtet. Ich spürte, dass ich mich rechtfertigen musste, dass dieser Scheiß mit der ewigen Aufnehmerei nerve. »Komm mal her!« Horea legte den Arm um meine Schultern und sprach bedacht in sanftem Ton, mit langen Pausen. »Als dein Tata geflohen ist, um dir und deiner Schwester ein besseres Leben zu ermöglichen, hat er einen höheren Preis bezahlt, als es dir im Moment bewusst ist. Er hat dadurch wertvolle Momente eurer Kindheit verpasst. Es ist nicht angemessen, dich darüber lustig zu machen, dass er jetzt alles festhalten will, um es sich wieder und wieder anschauen zu können, wenn ihr irgendwann einmal aus dem Haus seid.«

Seine Worte brannten, ich versuchte abzulenken, küsste Horea auf die Wange, als Zeichen, dass ich es verstanden hatte; es piekte stark. Ich fragte: »Wollen wir uns rasieren gehen?« Er lächelte unmerklich. »Du hast doch gar keinen Bart!«

»Irgendwann werde ich aber einen haben, dann weiß ich wenigstens, wie der wegzumachen ist!«

Ai übte wie seit Wochen die ganze Zeit im kleinen Zimmer die Passagen ihres Violinkonzerts, während Horea und ich uns im Bad daneben flüsternd rasierten; in der Küche filmte Tata die Konzertankündigungen in den lokalen Zeitungen ab, die sich in ihrem Stolz einig waren, wenngleich aus unterschiedlichen Betrachtungswinkeln.

Die ungarischen Blätter kündigten die Heimkehr der ungarischen Tochter dieser Stadt an, die rumänischen die der rumänischen, auch schickten uns entfernte Verwandte aus den deutschstämmigen Gebieten einen Artikel zu, in dem Ai als deutsche Virtuosin angekündigt wurde.

Nun füllte sich der Saal, und alle waren gekommen, keinen Eintrag ihres Telefonbuchs hatte Bumami ausgelassen. Sie war beim Coiffeur gewesen, Horea hatte sich in seinen schönsten Sava-Farben gekleidet, Tante Hoffnung wackelte mit Onkel Küken erhobenen Hauptes, voller Stolz am Gehstock in den ausverkauften Saal, Konzertkritiker, sogar ein Fernsehteam des lokalen Senders waren anwesend. Als alle Platz genommen hatten, wurde das Licht heruntergedimmt, und das Orchester trat herein, ich startete die Aufnahme. »Nuku!«, hörte ich es laut von rechts flüstern, Tata schaute mich fragend mit erhobenem Daumen an, ich zwinkerte ihm zu und hob meinen Daumen ebenfalls, er nickte, holte tief Luft und griff nach Mamas Hand.

Das Orchester erhob sich, Applaus, Ai schwebte mit anmutiger Ernsthaftigkeit von der Seite auf die Bühne, den Blick konzentriert, würdevoll und feierlich, hungrig vom Fernweh auf die bevorstehende Reise. Sie hob nach kurzer Einleitung des Orchesters ihren Bogen an, berührte die Saite. Mein Herz wummerte wild und setzte aus, als ihr erster Ton erklang.

Ai, meine große Schwester, losgelöst von allem Irdischen, spielte die musikalischen Gedanken auf solch hingebungsvolle, wahrhaftige Art, als hätte sie diese Musik soeben erfunden. Sie riss das Orchester und den Dirigenten mit, gab allein vor, in welchem mörderischen Tempo der Tanz auf der Klinge zu verlaufen hatte, in einer nie gehörten, leidenschaftlichen Schlacht allerhöchster Perfektion. Sie war zuhause angekommen, im Herzen. Das kleine Mädchen, das mir damals im Zug den Latzmann zurechtgezuppelt hatte, stand nun auf der Bühne, schmetterlingsgleich entwachsen, sie flog. Die Brust zog sich mir zusammen, als ich Ai über die sekundengewordene Länge des Konzerts betrachtete und mir endgültig eingestehen musste, dass ich unseren Eltern mit Musik niemals diese Freude würde bereiten können, wie Ai sie ihnen soeben schenkte; ohne Bitterkeit, sondern fast erleichtert und sehr stolz, dass meine Schwester es geschafft hatte. Ich schaute nach rechts. Tata saß mit offenem Mund da, er hatte keine Kontrolle mehr über seine Atmung und seine Tränen; auch Mama weinte mit ihm, tief bewegt über den Abschluss eines schweren Weges, der sich in diesem Augenblick mit tausendfacher Fülle eingelöst hatte, während der für unsere Wahrnehmung tosendste Applaus entjubelte, den dieser Saal in seiner Geschichte je verhallen ließ.

Eigentlich hatten wir geplant, dass Bumami und Horea uns nach dem Sommer in Deutschland besuchen würden, um eine Vorstellung der *Zauberflöte* zu erleben, doch ein Unfall hatte diese Reise vorerst unmöglich gemacht. Auf Horeas letzter Zugfahrt zum Amtsbezirk, um die Angelegenheit unserer enteigneten Wohnung endlich abzuschließen, war er beim Ausstieg umgeknickt und hatte sich ein Bein gebrochen, kurz nach unserer Abreise aus Târgu Mureș. Doch selbst wenn sie gekommen wären, hätten sie leider nicht mich auf der Bühne gesehen.

Im Herbst war es mir noch gelungen, bei einigen Vorstellungen zu kaschieren, dass ich die Kontrolle über meine Stimme verlor, irgendwann aber rief mich Celeste zu sich und teilte mir mit großer Traurigkeit mit, dass ich aufgrund meines Stimmbruchs umbesetzt werden müsse, es könne nicht weiter hinausgezögert werden.

Seitdem saß ich während der Vorstellungen patzig im Zuschauerraum, während Niki tapfer unsere Stellung hielt, so auch am Silvesterabend, bei der vor-vorletzten Vorstellung der *Zauberflöte*. Niki hatte mich gefragt, ob ich nicht Lust hätte, den Silvesterabend mit seiner Familie zu verbringen. Eines der sieben Kinderbetten in ihrem Haus war frei geworden, seitdem Nikis älterer Bruder kurz zuvor zum Studieren weggezogen war. So bot sich zum ersten Mal die Gelegenheit, bei ihm zu übernachten. Zweimal rief ich vom Festnetztelefon zuhause an, das erste Mal um dreiundzwanzig Uhr, um meinen Eltern aufgrund der Zeitverschiebung zur rumänischen Mitternacht ein frohes neues Jahr zu wünschen, das zweite Mal zur deutschen.

Zu den Neujahrswünschen hatte ich noch eine wundervolle Neuigkeit zu berichten. Werner hatte mich gefragt, ob ich in einem Jugendtheater, das er im neuen Jahr gründen wollte, Teil des Schauspielensembles werden wolle. Er überlegte, mit dem Märchen *Rotkäppchen* zu eröffnen; Niki sei der Jäger, und ein Wolf, der fehle ihm noch. Tata konnte meine Begeisterung am Telefon nur halb teilen, sah er doch meine musikalische Karriere immer weiter schwinden; aber er akzeptierte meine Zusage und fragte mich nur noch, ob er mich nicht abholen solle? Er hätte nichts getrunken, um fahrbereit zu sein.

»Ach quatsch, nein, nein!«, schmetterte ich ab, und er, ein wenig traurig, legte den Hörer auf, öffnete eine gute Flasche Rotwein, stieß mit Mama an, und sie setzten sich gemeinsam vor den Fernseher, auf dem *Dinner for One* lief, über den Ai und ich uns als Kinder immer schiefgekichert hatten.

Am Horizont kratzte das Licht des Jahres 1999 seit einigen Minuten an der Dunkelheit, die Vögel waren zittergelb erwacht. Niki lag unten im Hochbett seines kleinen Zimmers und erzählte, ich oben hörte ihm halb zu, war aber mehr in Gedanken versunken. Dieser Neuanfang fühlte sich wie ein Abschied von etwas an, das ich noch nicht benennen konnte, obwohl, oder gerade weil sich alles unbeschwertvollkommen anfühlte.

»Kann ich dir etwas Peinliches erzählen?«

Niki dachte kurz nach. Seine Stille klang nach wilder Vorfreude auf eine Wortwitzpointe. »Peinlicher als das mit Tristan und ›sie wollte‹?«

Ich suchte lange nach Worten, wie ich mein Geheimnis ausdrücken könnte, denn das wollte ich unbedingt. Da bemerkte ich, wie das ganze Doppelbettgestell erst unterdrückt, dann stärker werdend bebte.

»Ernsthaft? Ich erzähle dir nie wieder was.«

Nun atmete Niki laut kichernd aus, seine Stimme pfiff gebrochen.

»Oje, das klingt aber auch nicht gut!«, bemerkte ich.

»So ist das Leben, es kommt, wie es kommt. Apropos kommen: Was wolltest du mir sagen?«

»Vergiss es.«

»Nein, sag!«

»Egal.«

»Gute Nacht.«

»Gute Nacht.«

Nach langer Stille sagte ich ihm schließlich doch, dass ich noch nie freiwillig woanders übernachtet hatte, und dankte ihm dafür, dass ich mich in dieser Nacht, mit seiner Hilfe, nicht einen Augenblick nach Hause gesehnt hatte. Doch Niki antwortete nicht; es schnarchte leicht von unten. Mein bester Freund war bereits eingeschlafen.

Es war die letzte Stunde am vierten Januarfreitag des Jahres 1999, und auch unser Englischlehrer Herr Mehl hatte, wie so oft, keine Lust auf regulären Unterricht. Zwar hakte er den Lehrplan auf äußerst effiziente Weise ab, doch in der zweiten unserer Doppelstunden fragte er uns oft, was uns im Leben momentan beschäftigte. Meistens ließ meine Klasse keine Gelegenheit aus, die Lehrkräfte in den Wahnsinn zu treiben. Bei Herrn Mehl hingegen spürten wir, wie sehr er sich für uns und unsere Entwicklung interessierte; auch, weil wir von seinen Gedanken, an denen er uns teilhaben ließ, weit mehr profitierten als vom kalten Wissen über binomische Formeln oder der Definition eines ACI.

An jenem Freitag drifteten wir zu scheinbar belangloseren Themen ab. Herr Mehl sinnierte lange über die Jahreszahl, die er ins Klassenbuch eintrug, erzählte uns von Befürchtungen, dass alle Computer zum Wechsel ins neue Jahrtausend die Welt in den Abgrund reißen würden, da alle Betriebssysteme, um wertvollen Speicherplatz zu sparen, bloß mit den letzten beiden Ziffern der Jahresangabe programmiert worden waren. Auf 99 folgte die 00, doch welchen Jahrhunderts? Die Börsen wappneten sich bereits, möglicherweise in die Vergangenheit zurückkatapultiert zu werden, und niemand konnte voraussehen, was es letztendlich für Folgen haben würde.

Bald gelangten wir zum Thema Schaltjahr, und Herr Mehl nannte uns eine Methode, wie es einfach zu berechnen sei. Ich zückte gleich den Taschenrechner, gab das Geburtsjahr Horeas ein, teilte 1922 durch vier und war erstaunt, als es nicht glatt aufging. Horea hatte sich geirrt; ich würde ihn an Jahren niemals überholen können, denn er war gar nicht in einem Schaltjahr geboren worden! Ich hingegen schon, 1984 war glatt durch vier teilbar, jedoch nicht durch hundert, somit war es genau andersrum, als er es mir damals gesagt hatte. Niemals könnte ich sein Alter erreichen, es sei denn, ich würde älter als dreihundertacht.

Ich freute mich darauf, es Horea zu erzählen, auch wenn ich keine Reaktion erwarten durfte. Er hatte nur noch schweigen können, seit sein Kehlkopf angegriffen worden war. Irgendetwas war nach seinem Beinbruch aus dem Knochen in die Blutbahn gelangt und hatte sich schnell ausgebreitet; ich weigerte mich aber zu verstehen, was genau das war und was es zu bedeuten hatte.

Am Abend saß ich in der letzten Vorstellung der *Zauberflöte*, und dieses Mal saß auch Niki neben mir. Um ein Haar hätte wenigstens er diese letzte Vorstellung noch singen können, doch er wurde ebenfalls umbesetzt. So saßen wir nun da, beäugten eifersüchtig und missgünstig die Kinder, die an unserer Stelle auf der Bühne stehen durften, quittierten kopfschüttelnd jeden ihrer Fehltritte.

Zwar besuchten wir noch kurz die Abschiedsfeier für die Inszenierung im Foyer, doch waren wir so mies gelaunt, dass wir uns recht schnell verabschiedeten, hoffentlich auf bald, und ich fuhr mit Mama nach Hause. Mir fiel ein, dass ich vor der Vorstellung nicht mehr bei Horea angerufen hatte. Nun war es zu spät, denn aufgrund der Zeitverschiebung war es in Rumänien bereits kurz vor Mitternacht. Mama aber beruhigte mich, dass alles gut sei, sie hätte noch am Nachmittag mit Bumami gesprochen.

Unter Isoldes Liebestod kroch der Klingelschrei unseres Telefons in die flutende Stille, ich schob die Kopfhörer beiseite, hörte Mamas »Da?«, dann lange, lange nichts.

Horea war gestorben.

Was ich ihm nun nie mehr würde sagen können, versuchte ich in dieser Nacht in einem Brief niederzuschreiben, den ich vor der Beerdigung durch den Schlitz in seinen geschlossenen Sarg einwerfen wollte, so zumindest stellte ich es mir vor. Ich wusste nicht, in welchem Zustand sich seine Seele nun befand, falls es nach dem Tod überhaupt ein Etwas geben sollte, und wenn ja, ob er sich an das Gewesene würde erinnern können, in diesem noch so jungen Zustand unvorstellbarer Art.

Also schrieb ich die Sätze aus, seitenlang, so dass er unsere gemeinsamen Erinnerungen selbst dann noch hätte nachvollziehen können, wenn er zum ersten Mal davon gehört hätte. Ich schrieb, dass ich mich für ihn freute, weil er nun bei seiner Mama, seinem Tata sei, die er so vermisst hatte; schrieb von den Schaltjahren und seiner falschen Überzeugung; vom legendären Fußballspiel in Badelatschen; wie er nach meinem ersten Kuss die Lippen gespitzt hatte, um mich zu ärgern; von meiner Vorfreude, mich bald endlich zu rasieren, so wie er es mir beigebracht hatte, und schwor, dass niemals irgendwer von unserem Pakt nach dem Unfalltod Papagenas erfahren würde, stolz, wie unerhört wir den Tod gemeinsam ausgehebelt hatten.

Ich wollte den Brief nicht allzu ernst beenden, dies hätte er so nicht gewollt, also erzählte ich ihm noch den Witz von Tante Hoffnung, der uns alle immer lächelnd in den Wahnsinn trieb, und erfand zig absurde Antworten auf die Frage, was die Henne mit Hut auf dem Zaun zum Polizisten denn nun sagte, immer unterteilt von einem »Nein«, nicht jedoch nach dem letzten Satz, mit dem ich meine letzten Zeilen an ihn schloss. Te iubesc – ich liebe dich.

Ich faltete den Brief, legte ein gemeinsames Foto dazu und verschloss den Umschlag, den ich während der gesamten Autofahrt nach Rumänien fest in der Hand hielt.

Im Morgengrauen erreichten wir Târgu Mureş. Wir betraten schweigend das Zimmer, in dem er nun nicht mehr mit übergeschlagenen Beinen saß, sein Platz am Fenster blieb unbesetzt, die aufgehende Sonne ließ durch die entblätterten Äste hindurch die schwebenden Staubkörnchen in Brand aufgehen. Lidi erzählte uns, wie es passiert war, wie er die Augen aufgeschlagen hatte, als sie zur guten Nacht das Licht ausmachen wollte, wie er sie anschaute, als sei es zum guten Morgen, und auf den Kleiderschrank deutete, bevor er zum letzten Mal ausatmete.

Bei der Aufbahrung konnte ich nicht hinschauen, denn ich erkannte meinen Horea nicht mehr, und diesen neuen Anblick wollte ich nicht in mich hineinlassen. Wie grausam der Sarg offen stand; warum machte man das, wem war dadurch geholfen? In meiner Vorstellung war sein Körper mit dem Tod einfach verschwunden, dieser grausame Beweis vor meinen Augen widerte mich an, es schauderte mich vor diesem Horror, und dazu wehte noch der ehemals geliebte Weihrauchduft durch die Leichenhalle, unter mir wackelte der Boden aufgrund der neuen Unordnung einstürzender Assoziationen.

Ich griff nach Mamas Hand und bat sie, Horea den Brief in die Hand zu legen, denn ich konnte keinen einzigen Schritt in seine Richtung tun. Betäubt vom Einfluss schwerer Beruhigungsmittel missverstand sie mich, öffnete den Brief und begann vor allen Anwesenden, meine geheimen Gedanken an Horea laut vorzulesen. Die Stimme versagte mir, mein »Nein, bitte nicht« drang nicht aus dem Hals, mein Körper setzte sich unaufhaltsam in Bewegung, zog mich aus der Leichenhalle auf den Friedhof, wo ich mich hinter einem hohen Steingrab versteckte.

Nach ewigen Minuten fand Ai mich endlich. »Nuku? Bist du in Ordnung?«

Ich flüsterte, dass niemand außer Horea meine Worte hätte hören dürfen. Ai tröstete mich, meine Zeilen seien sehr schön, auch für die Anwesenden, und dass es schade gewesen wäre, wenn sie die Geschichten nicht gehört hätten, auch wenn alle sie bereits kannten.

»Nur das mit Papagena hättest du dir sparen können.« In der Annahme, dass niemand sonst als Horea diesen Brief lesen würde hatte ich völlig verdrängt, dass ich auch die Geschichte von Papagena in Gänze aufgeschrieben hatte. Augenblicklich schossen mir die aufgestauten Tränen in die Augen, zum ersten Mal seit dem Einschlag der Todesnachricht; ich hatte unbeabsichtigt mein Wort gebrochen und dazu Mama wie auch Tata dadurch noch viel, viel trauriger gemacht.

Als Ai mich in tiefster Umarmung endlich beruhigen konnte, sagte sie, der Witz von Tante Hoffnung hätte es wieder rausgerissen, und wir mussten beide so lachen, dass sich unser Rotz vermischte und lange, ekelige Fäden zog, die auf unseren Trauerklamotten trockneten wie Kreide auf nasser Tafel.

Wir liefen zurück und trafen auf eine riesige, nicht enden wollende Menschenmenge vor der Kapelle. Sie alle waren wegen Horea hergekommen, über zweihundert Menschen. Doch im Gegensatz zu unserer Familie trug keiner von ihnen Schwarz. Sie alle waren in den Farben meines Großvaters gekleidet, erwiesen ihm auf seine Art die letzte Ehre. Er war so vielen Wegbegleitern tief bedeutsam; jeder Einzelne von ihnen trug einen ganzen Koffer voll Erinnerungen an meinen Opa mit sich, und sie alle hatten schwer zu schleppen – mochten die Erinnerungen auch federleicht sein; in der Masse wogen sie so schwer wie Blei, jetzt, wo keine weiteren mehr folgen würden.

Bei der Trauerfeier im Restaurant am Friedhof kamen lauter fremde Menschen auf Ai und mich zu, sagten, wie glücklich und gesegnet wir uns schätzen könnten, die Enkelkinder dieses großen Mannes zu sein.

In der Dämmerung saßen wir im Wohnzimmer, schweigend und frierend. Der Tisch blieb ungedeckt. Die Welt hatte ihren Klang verloren, die Stille lag in Scherben, zerschellt am heiseren »Vai, vai, vai«. Bumami hatte ihre Stimme zerstört, als sie sich zwei Tage zuvor zum ersten Mal allein in der Wohnung wiedergefunden hatte, nachdem Horeas Leichnam abgeholt worden war. Die Nachbarn berichteten von einem Schrei, der durch das ganze Viertel gedrungen war, minutenlang, dann war es plötzlich still gewesen, die Saiten waren gerissen.

Und jetzt saß sie da, meine kleine Bumami, mit blau angelaufenen Lippen, ihr Blick in einen tiefen Abgrund gestürzt. »Ach, ach, ach!«, wiederholte sie tonlos im Strudel ihrer scheiternden Versuche, die Zeit zurückzudrehen.

Lidi erinnerte sich an den Schrank, auf den Horea gedeutet hatte, bevor er starb. Sie öffnete die knarzende Tür, suchte nach diesem »Etwas«, das er gemeint haben könnte, welches ihm so viel bedeutet hatte, dass er ihm die letzten Augenblicke seines Lebens gewidmet hatte. Ein Mosaik aus seinen Farben ergoss sich durch das Zimmer, als wir die Kleidung ausräumten, schließlich der Kalender mit der Gravur 1990 aus der oberen Ablage herunterfiel, jeden Tag des Jahres bis zur letzten Seite mit der Zeichnung seiner Handschrift ausgefüllt, überschrieben mit den Worten:

Memoiren, Horea Sava.

II.

Die Erinnerungen, welche ich mir heute vorgenommen habe, zu Papier zu bringen, zumindest soweit sie mir nach einundvierzig Jahren im Gedächtnis geblieben sind, betrachten eine weniger angenehme Episode meines Lebens; ich kann sogar sagen, es ist eine von tausenden und abertausenden dramatischer Episoden, die unser Volk zu ertragen hatte, während einer der erschütterndsten Perioden nach dem Zweiten Weltkrieg, als eine Folge der Errichtung des kommunistischen Regimes in unserem Land.

Diesen Vorsatz habe ich in der Hoffnung gefasst, dass wir gemeinsam mit all jenen, die diese Ereignisse überlebt haben, durch unsere Enthüllungen zu einer besseren Wahrnehmung der Verbrechen dieses Regimes beitragen können, das mit der »eisernen Faust von Wyschinski« und den russischen Panzern all jenen aufgezwungen wurde, die sich auf die eine oder andere Weise diesen unserem Wesen so fremden Konzepten widersetzt haben.

Fünfundvierzig Jahre lang haben sie die Unschuld und das Gewissen unserer Nation beschmutzt, unsere reinsten Kinder verdorben, uns gegeneinander aufgehetzt und das Land in ein gewaltiges Lager und eine riesige Kette feiger Denunzianten verwandelt, die, um jede Gegenbewegung zu unterbinden, im Austausch für ein paar schmutzige Silbergroschen nicht nur

Kollegen oder Freunde verkauften, sondern manchmal sogar ihre eigenen Geschwister oder Eltern.

Weit davon entfernt, die Torturen zu begreifen, denen tausende von Landsleuten ausgeliefert waren, die den Henkern des Regimes zum Opfer fielen und nun in Gräbern liegen, deren Lage bis heute niemandem bekannt ist, stellen die Enthüllungen, die ich hier zu machen versuche, nur einen blassen Ausschnitt der ungeheuren Monstrositäten dar, die insbesondere in der ersten Hälfte der Herrschaft dieses Regimes an den würdigsten Nachkommen unserer Nation begangen wurden.

Auch wenn ich persönlich weniger gelitten habe als andere: Obwohl ich mehrfach misshandelt und einen Großteil meiner Haft unter unmenschlichen Bedingungen ertragen musste, so haben doch die Demütigungen und das Stigma des ehemaligen politischen Gefangenen, das ich vier Jahrzehnte mit Würde zu tragen wusste, die tiefsten Spuren hinterlassen. Dazu erdreisteten sie sich auch noch, mir nach meiner Entlassung mehrmals vorzuschlagen, ein »Informant« zu werden, was ich ablehnte und mir in der Folge weitere Unannehmlichkeiten bei der Arbeit einbrachte, wie ich am Ende meiner Geschichte ausführen werde.

Ich möchte nun versuchen, die Tatsachen für sich selbst sprechen zu lassen und die Ereignisse und Schicksale derer, die mir damals nahestanden, parallel zu schildern, so dass Sie beim Lesen dieser Zeilen so viel wie möglich über die Tragödie jener Zeit erfahren können.

Auch möchte ich, dass meine Enkel davon erfahren, wenn sie das Alter des Verstehens erreicht haben, damit sie sich im Leben vor allem hüten, was ihre Würde verletzen könnte, und vor allem, um in ihnen den Hass gegen den Kommunismus zu kultivieren, auch wenn er dann schon lange verschwunden sein sollte.

Alles begann am Nachmittag des 6. April 1949, einem herrlichen Tag zu Beginn des Frühlings nach einem harten und trostlosen Winter, an dem ich das Bedürfnis verspürte, während der Mittagspause einen Spaziergang zu unternehmen, bevor ich wieder zur Arbeit ging. Damals ahnte ich noch nicht, dass dieser wunderbare Tag der Anfang eines langen Leidensweges sein würde, der erst nach fast drei Jahren enden und mein ganzes Leben radikal verändern sollte.

Ich wohnte bei meinem guten Freund Nelu Gabriş und war erst vor einigen Monaten in der Stadt Blaj angekommen, nachdem ich von der Nationalbank Bukarest versetzt worden war, um die Bezirksbank nach der Einführung des kommunistischen Regimes ein Jahr zuvor zu reorganisieren. Diese Reorganisation erforderte die Einführung neuer Abrechnungsinstrumente und Arbeitssysteme, die für die neu errichteten, sozialistischen Strukturen benötigt wurden. Es war sehr arbeitsintensiv und verlangte, dass wir jeden Tag bis spät in die Nacht in der Bank sein mussten. Am quälendsten daran war die politische Lektion, mit der wir jeden Morgen beginnen mussten, nämlich das Studium des »Kurzen Kurses« über die Geschichte der Kommunistischen Partei Russlands, das mir nicht nur sehr mühsam, sondern auch von jedem Sinn befreit erschien. So arbeitete ich Tag für Tag, bis ich am Nachmittag des 6. April nach dem erholsamen Spaziergang positiv gestimmt das Bankgebäude betrat. Um 17:05 Uhr erhielt ich einen Anruf: »Hier ist Hauptmann Triponescu von der Securitate, ich bitte Sie, unverzüglich bei uns zu erscheinen!«

Ich konnte mir nicht vorstellen, was der Chef der Securitate mit mir zu besprechen hatte.

Das Hauptquartier befand sich nicht einmal zweihundert Meter von der Bank entfernt, in den ehemaligen Gemeindehäusern der griechisch-katholischen Kirche. Mein großes Pech bestand darin, dass ich ziemlich dünn angezogen war, was mir noch am selben Abend bewusst wurde. Nur wenige Stunden zuvor hatte ich, vom schönen Wetter an diesem Tag ermuntert, meine dicke Winterkleidung gegen die des Frühlings eingetauscht, aus dem schönsten assortiert, was meine Garderobe zu bieten hatte: ein weißes Hemd aus Baumwolle, ein Homespun-Jackett, das damals in Mode war, eine sportliche Krawatte mit in Karos angeordneten Farben unserer Flagge und einen eisengrauen Mantel mit leicht abfallenden Schultern, den ich bisher nur wenige Male im Herbst getragen hatte. In dieser Bukarester Erscheinung, die zu jener Zeit in der Provinz, als der Lenin-Hut an der Tagesordnung und der Klassenkampf scharf war, recht trotzig wirkte, trat ich vor den Chef der Securitate.

Wenn ich nur geahnt hätte, dass mir diese Kleidung von diesem Tag an sowohl als Decke als auch als Kissen dienen würde – ich wäre nach Hause gerannt, um mir wieder meine Winterkleidung anzuziehen. So hätte ich die Kälte leichter ertragen, vor allem nachts, da es zu dieser Jahreszeit noch sehr kühl wurde. Ich habe mir deswegen immer Vorwürfe gemacht. Dabei bin ich mir sicher, dass ich bereits zu diesem Zeitpunkt von mindestens einem Sicherheitsbeamten beobachtet wurde, um zu sehen, wie ich auf den Anruf reagiere, und der mich einer versuchten Flucht hätte beschuldigen können, was meine Situation noch viel schlimmer gemacht hätte.

Als ich am Tor der Securitate ankam, hielt mich der Wachmann fast drei Stunden lang fest, anstatt mich zum Kommandanten zu bringen, der mich eigentlich gerufen hatte. Er zwang mich, mit dem Gesicht zu einer sehr hohen Mauer zu stehen, so dass ich nicht sehen konnte, was im Hof hinter mir vor sich ging.

Vergeblich ersuchte ich ihn, den Kommandanten darum zu bitten, mich bald zu empfangen, da ich in der Bank viel zu tun hatte. Er antwortete unverblümt und ironisch: »Und was wäre, wenn du bis zum Morgen hierbleiben müsstest?«

Nervös antwortete ich: »Ich habe nichts getan, wofür ich festgehalten werden kann.«

Davon war ich überzeugt, denn ich fühlte mich nicht schuldig. Es war sinnlos, auch das zweite und dritte Mal darauf zu bestehen, dem Kommandanten auszurichten, dass ich am nächsten Tag wiederkommen könnte, sollte er keine Zeit für mich haben, denn jedes Mal ermahnte mich der Wachmann ohne jede Scham, meinen Kopf nicht von der Wand abzuwenden. Ich bin sicher, dass er diesen Befehl vom Kommandanten selbst erhalten hatte, sonst hätte sich ein einfacher Wächter, der bloß das Tor zu bewachen hatte, nicht erlauben können, mich auf diese Weise zu behandeln.

Es war schon lange dunkel, als ich dem Kommandanten vorgeführt wurde. Triponescu war ein schlanker Mann um die dreißig mit straffer Haut über einem eingefallenen Gesicht, seine tadellos geschnittene Uniform verlieh ihm eine souveräne Ausstrahlung. Er bot mir einen Platz in dem Sessel vor seinem Schreibtisch an. Ich vermutete nichts Schlimmes, zumal er anfangs in ruhigem Ton mit mir sprach. Ich saß bequem mit übereinandergeschlagenen Beinen, was meine übliche Körperhaltung war, während der

Hauptmann in Papieren blätterte und mir mitteilte, dass die Securitate eine Beschwerde gegen mich von Herrn Comşa, dem Direktor des Kinderheims für griechische Kinder, erhalten hatte. Ich wurde beschuldigt, das Regime zu verhöhnen, weil ich angeblich gesagt hatte, dass die Dinge in unserem Land nicht schlechter laufen könnten und wir uns anstatt um unsere eigenen Schwierigkeiten eher um die Kinder anderer Länder kümmern würden.

Es ist wahr, dass ich in der Bank einmal eine Diskussion mit Comşa über die griechischen Kinder hatte, doch die fand statt, bevor die Kinder angekommen waren. Auslöser war die Bitte von Direktor Comşa, dass wir am Ende der Vormittagsschicht bei der Bank um vierzehn Uhr bei der Verlegung des Holzbodens im Heim helfen sollten, was von den örtlichen Behörden angeordnet worden war. Ich erwiderte: »Warum wir, die wir jeden Tag bis spät in den Abend hinein arbeiten mit nur wenigen Stunden Pause?« Da von den griechischen Kindern im Heim noch nichts zu sehen war, entspricht es der Wahrheit, dass ich unterstellte, dass die Regierung sich nicht für das tragische Schicksal der meisten unserer Waisenkinder oder für die Erleichterung des Lebens derjenigen interessierte, die ohne Mittel lebten. Ich selbst war Halbwaise und von klein auf mit Armut konfrontiert gewesen, sehr empfindlich litt ich unter diesen Entbehrungen – Mama war verwitwet mit drei Kindern im Alter von zwei, sieben und acht Jahren.

Vergeblich versuchte ich, dem Kommandanten zu erklären, dass ich nichts gegen diese Kinder hatte, sondern ich mich nur über das Desinteresse des Staates am Schicksal unserer eigenen Waisenkinder ärgerte, die dort zumindest vorrübergehend sehr gut hingepasst hätten. Der Kommandant, dieser feine

Mann, den ich noch wenige Minuten zuvor bewundert hatte, stand nun wütend auf, rief: »Gott verdamme dich, du Bandit«, drückte einen Knopf und ordnete bei Erscheinen eines Unteroffiziers meine sofortige Verhaftung an.

In mir brach alles zusammen. Das ist nicht möglich! Sie hatten nicht das geringste Recht, mich aufgrund einer einfachen Beschwerde zu verhaften.

Nach der Übergabe an Feldwebel Cojoc folgte die Durchsuchung, bei der laut Festnahmeprotokoll folgende Gegenstände bei mir gefunden wurden: ein Füllfederhalter der Marke Kaweco, sehr teuer, mit Goldfeder, den ich seitdem nicht mehr gesehen habe; verschiedene Notizbücher mit Aufzeichnungen, eine Krawatte und drei Lei. Meine Schnürsenkel und den Gürtel konfiszierten sie ebenfalls, um sich eventuelle Überraschungen zu ersparen.

Nach der Unterzeichnung des mündlichen Protokolls, welches aufgrund einer Unachtsamkeit des Feldwebels mit meinen Sachen zusammengelegt wurde und sich heute noch in meinem Besitz befindet, wurde ich aufgefordert, ihm den Rücken zuzuwenden, und vernahm ein metallisches Klicken. Es waren die Handschellen, mit denen er mir die Hände im Rücken fesselte und mich dann einem Wachmann übergab. Der Wachmann, ein harmlos wirkender Mann, brachte mich auf den Hof, schaute mich an und sagte: »Und was mache ich jetzt mit dir? Wo soll ich dich hinlegen? Hier?«, mit dem Finger zeigend, »Oder dort?«, in eine andere Richtung deutend. Was »hier« konkret bedeutete: ein schmaler Gang, der die beiden Gebäude des Sicherheitsdienstes trennte, das Hauptgebäude, in dem die Ermittlungen stattfanden, von einem anderen Gebäude. Er diente auch als Durchgang in den zweiten Innenhof auf der Rückseite. Der ganze Gang war mit

Ziegeln bedeckt und vor Regen geschützt, der Boden jedoch war nackte Erde.

Es war bereits nach einundzwanzig Uhr, und mich erfasste die Kälte. Die Bedingungen unterschieden sich nicht im Geringsten von denen in einem Tierheim für streunende Hunde. Obwohl ich erst siebenundzwanzig Jahre alt war, wurde mir bewusst, dass dies ein ziemliches Gesundheitsrisiko darstellte, also bat ich ihn, mir die zweite Lösung zu zeigen, woraufhin er mich zu einem Kleiderschrank führte. Es war ein stabiler Schrank, der erst vor kurzem aus dicken Brettern gebaut worden war, und ich dachte mir, dass ich darin wenigstens vor der Kälte geschützt sein würde. Aber als mir der Gestank entgegenstieß, sagte ich dem Wachmann enttäuscht, dass ich mich für seinen ersten Vorschlag entscheiden würde.

So verbrachte ich die erste Nacht: in meinen besten Kleidern, hingeworfen wie ein Tier; der Kälte, dem Staub und dem ständigen Luftzug im Gang ausgesetzt, der nur zur Hälfte mit ein paar Brettern an den Enden ausgekleidet war, ohne Tür in beide Richtungen.

Nach einer Nacht voller Unruhe trat im Morgengrauen der Fahrer der Securitate durch den Gang in das Gebäude und verhöhnte die Gefangenen, darunter einige »Jehovisten« mit schriller Stimme: »Haba, haba, möge euch die Mutter Gottes ficken!« Diese Szene sollte sich von nun an jeden Morgen wiederholen.

Gegen sechs Uhr morgens begann zum Dienstantritt das Gewusel, und die hartgesottensten der Wachen, die sicher nicht einmal wussten, wer ich war oder warum ich dort war, beschimpften oder bespuckten mich verächtlich.

Unter diesen erniedrigenden Bedingungen hielten sie mich von Mittwoch bis Samstagabend fest, die ganze Zeit mit den Handschellen im Rücken, die sie nur lösten, wenn ich zur Verrichtung meiner intimen Bedürfnisse begleitet wurde. Während dieser ganzen Zeit bekam ich nicht einen einzigen Tropfen Wasser.

Die zweite Nacht verbrachte ich auf die gleiche Weise wie die erste, ebenfalls am Boden.

In der dritten Nacht wurden noch einige Schüler der sechsten Klasse des Wirtschaftsgymnasiums dazugeworfen, die soeben vom Unteroffizier Cisteianu verprügelt worden waren. Ihre Hände waren von den Schlägen aufgesprungen, einer von ihnen hatte eine Wunde am Ohr. An zwei der Namen kann ich mich bis heute noch erinnern, obwohl ich sie seit einundvierzig Jahren nicht mehr gesehen habe: Glasu und Livescu.

Nachdem die Securisten verschwunden waren, legten wir uns auf den Boden und versuchten, im Rücken des anderen zu schlafen. Derjenige hinter mir bat mich, ihm zu erlauben, seine aufgesprungenen Hände in meinen Mantel zu stecken, um sie vor der Kälte der Nacht zu bewahren. Beide waren sogar noch dünner bekleidet als ich, da sie einige Wochen zuvor direkt aus den Klassenzimmern mitgenommen worden waren, einige von ihnen nur in ihren Schuluniformen. Tatsächlich wurden anfangs alle Klassen VI – VIII, also Schüler, die nicht älter als dreizehn bis fünfzehn Jahre alt waren, gleich mit ihren Lehrern zu Ermittlungszwecken mitgenommen.

Professor Mihălţeanu Viorel, ein guter Freund von mir, wurde bereits wenige Wochen vor mir, Mitte März, in den dunklen Keller geworfen und mehrmals vom obersten Prügelsecuristen Cisteianu malträtiert. Im Prozess, der einige Monate später vor dem Militärgericht in Sibiu stattfand, wurde er schließlich freigesprochen. Nach seiner Entlassung verließ er seine Dienststelle für immer und stieg in der Filiale der Nationalbank in Târgu Mureş auf.

Von seinen Schülern wurden schließlich acht Kinder festgenommen, weil sie beschuldigt wurden, Verbindungen zu einem Mitglied einer antikommunistischen Organisation in Constanța zu haben und an einem Treffen eines »Legionärsnestes« in Cărbunești, in der Nähe von Blaj, teilgenommen zu haben. Monatelang waren sie der härtesten Behandlung durch Unteroffizier Cisteianu ausgeliefert, der direkt mit den Ermittlungen betraut war.

Adrian Munteanu, ein ehemaliger Inspektor der Nationalbank aus Târgu Mureș und späterer Direktor des Sovata-Resorts, der zu den unmittelbar nach der Aussortierung freigelassenen Schülern gehörte, erzählte mir neulich, dass auch sie nicht Cisteianu entkamen. Er schlug sie in den wenigen Tagen zu Brei, worauf sie inhaftiert und in einer Art überdachten Hütte in der Kälte der Märznächte festgehalten wurden.

Nach drei Tagen, hungernd, frierend und ermattet von der Schlaflosigkeit, wurde ich in einen recht großen Raum gebracht. Als ich ihn betrat, fühlte ich mich so schwach, dass mich einer der Wärter beim Hinsetzen stützen musste. In diesem Moment trat Unteroffizier Cisteianu an mich heran, und als er meinen Zustand sah, sprach er einen von den anderen Wärtern mit Worten an, die ich nie vergessen werde: »Hol ihm eine Brotkruste und ...«, sein Kopf war zwar in meine Richtung gewandt, seine Augen zielten jedoch auf den anderen, »... wenn du ein braver Junge bist, machen wir dir auch zwei weiche Eier!« Verbittert erkannte ich die Ironie in seinen Worten.

Um mich herum waren nur Uniformen. Kommandant Triponescu forderte mich auf, über das zu sprechen, was mir aus der Auseinandersetzung über die griechischen Kinder in Erinnerung geblieben war, unterbrach mich aber gleich scharf, als ich zu einer

Antwort ansetzte: »Lass das mal! Erzähl uns lieber von Ştefan Popa!«

Vollkommen überrascht erkannte ich erst jetzt den wahren Grund meiner Verhaftung. Ştefan Popa war einer meiner ehemaligen Klassenkameraden aus dem Titu-Maiorescu-Gymnasium in Aiud, mit dem ich bis 1938 die Schule besuchte. Ich wechselte anschließend auf das Aurel Vlaicu in Orăştie und er auf ein Gymnasium in Cluj. Ştefan Popa war der Sohn eines Priesters. Dieser Pope hatte während der österreichisch-ungarischen Besatzung sehr gelitten und war wegen eines Gebrechens in jungen Jahren in den Ruhestand versetzt worden. Von seiner kleinen Rente hatte er vier Kinder zu ernähren. Ich erinnere mich, dass Ştefan Popa irgendwann nur noch ein und dasselbe Hemd trug, das vollkommen zerschlissen war. Während des Zweiten Weltkriegs kämpfte er als Unterleutnant des Jägerbataillons für die Verteidigung von Aiud und schlug die Front zurück. In der Zwischenzeit ging ich nach Bukarest.

1948 traf ich Ştefan Popa wieder, als ich zur Bank in Blaj versetzt wurde, wo mich mein ehemaliger Schulkamerad und Freund aus Kindertagen fortan jedes Mal besuchte, wenn er ins wenige Kilometer entfernte Aiud kam und ich zufällig zuhause war. Derweil war er zu einem der führenden Mitglieder der Nationalen Antikommunistischen Widerstandsgruppe »Muntele Mare«, »Großer Berg«, geworden, die von Major Nicolae Dabija angeführt wurde.

An dem Prozess gegen diese Widerstandsgruppe waren hunderte von Menschen beteiligt – Soldaten, Studenten, Intellektuelle und eine sehr große Gruppe von Bauern. Für sieben von ihnen endete er mit dem Todesurteil: Major Dabija, der Student Titus Onea aus Cluj, Gheorghe Opriţa aus Balomir, Silvestru Boldea aus Alba, Scridon Ion aus Benic, Traian Mihălţan aus Teiuş und Augustin Raţiu aus Sărmăşel. Das Urteil wurde am 28. Oktober 1949 um fünf Uhr morgens in Sibiu vollstreckt. Die Hinrichtung wurde durch sieben Sterbeurkunden bestätigt, die im Rathaus ausgestellt wurden.

Die Anklage, die später im Prozess gegen mich erhoben wurde, lautete, dass ich durch meine Verbindungen zu Ştefan Popa zugunsten der Widerstandsgruppe tätig geworden sei.

Er war für sie zu einem der Haupttäter geworden, nachdem er unabsichtlich in ein schwerwiegendes Ereignis hineingeraten war: Am Abend des 2. Februar 1949 sollte Ştefan Popa in der Gemeinde Teiuş in eine Falle gelockt werden. Verraten hatte ihn ein Mann namens Oniga – ursprünglich Mitglied der Widerstandsgruppe, später Agent der Securitate. Auf halber Strecke zwischen Bahnhof und Zentrum von Teiuş unterhielt sich Oniga auf der Hauptstraße mit Ştefan Popa, als ein Securitate-Auto mit Fernlicht auftauchte und drei Securisten ihn umzingelten. Zwei versuchten, seine Hände zu fesseln, und der dritte schlug ihm mit dem Griff seiner Pistole hart auf den Kopf. Wie durch ein Wunder gelang es ihm, sich zu befreien, wobei er durch eine Kugel leicht am Arm verletzt wurde. Mit der Waffe von einem der Securisten schoss Popa seinerseits einem von ihnen mitten ins Gesicht – Feldwebel Staicu –, der wiederum nach seiner Genesung später die Ermittlungen gegen mich bei der Securitate in Alba leiten sollte.

Oniga war auch der Schuft, der das Versteck der Widerstandsgruppe verriet. Als die Gruppe davon erfuhr, war sie gezwungen, ihr Versteck zu wechseln. Nach ihrem nächtlichen Marsch gelang es der Securitate jedoch, sie aufgrund der frischen Abdrücke im Neuschnee in einem Stall in der Nähe von Piatra Caprei ausfindig zu machen. Bei den dortigen Kämpfen wurde auch mein ehemaliger Schulkamerad Ştefan Popa erschossen.

Einzelheiten über das unglückliche Ereignis in Teiuş erfuhr ich nach meiner Verhaftung im Keller der Securitate in Alba aus dem Mund des Arbeiters Petru Halalai, der Ştefan Popas Schusswunde verbunden hatte. Im Gefängnis von Alba hörte ich später von einem anderen Kollegen, Puşcaş Ştefan, dass Oniga der Spitzel war. Ştefan Popa kam nur wenige Tage nach dem Vorfall in Teiuş zu ihm und sagte, dass er Oniga suche, um sich zu rächen. Doch dazu sollte es nicht kommen, denn er fiel kurz darauf im Kampf mit der Securitate.

Ich selbst habe einen klaren Beweis für die Geschehnisse, da die Securitate in meine Anklageschrift Folgendes geschrieben hat: »... hatte direkte Verbindungen zu Ştefan Popa, der bei der Aktion der Securitate in Piatra Caprei ums Leben kam.«

Auch wenn die Feststellungen im Fall von Ştefan Popa der Realität entsprachen, so war die weitere Anschuldigung, dass ich auch mit einem Schneider Tiutiu und seiner Ehefrau in Verbindung stand, von dessen Namen oder Existenz ich bis zu ihrer Liquidierung durch die Securitate am Vortag des Teiuş-Vorfalls keine Kenntnis hatte, eine dreiste Lüge. Sie wollten mich damit so tief wie möglich in einen Prozess verwickeln, in dem meine einzige erwiesene Schuld aus ihrer Sicht darin bestand, dass ich Beziehungen zu einem ehemaligen Klassenkameraden unterhalten hatte, während er von der Securitate verfolgt wurde.

Ohnehin hatte sein Tod die Ermittlungen gegen mich erheblich verzögert, da er als Einziger über die Umstände unserer Beziehung hätte berichten können.

Erst also mit der Erwähnung von Ștefan Popa durch Kommandant Triponescu wurde mir der wahre Grund meiner Festnahme bewusst und auch, warum man mich so hart behandelte: um mich vom wahren Grund meiner Verhaftung abzulenken und das Verhör in einem Moment maximaler Erschöpfung stattfinden zu lassen.

Auf die Fragen, die mir damals gestellt wurden, zum Beispiel wo die Organisation ihr Waffendepot hatte, wo sich ihr Hauptquartier befand, wie der Apparat um Ștefan Popa aussah, antwortete ich, dass ich von all dem nichts wisse, weil es zwischen uns nur kollegiale Beziehungen gab.

Aus Enttäuschung folgten Beleidigungen und die Bezeichnung »Krimineller«, woraufhin ich Cisteianu an die Hand gegeben wurde, dem widerlichen Mann mit furchteinflößenden Zügen und heulender Stimme, von dem es hieß, er sei mal Legionär gewesen.

Unzufrieden mit dem bisherigen Verlauf zwang Cisteianu mich nun, zwei Elektrostäbe in die Hand zu nehmen, die mit einem Transformator verbunden waren. Ein Stromschlag durchbohrte mich, voller Angst schlug ich um mich und konnte mich so von den Drähten befreien. In dem Moment schlug der Unteroffizier mit einem Gummiknüppel auf mich ein, woraufhin er mir einen weiteren Elektroschock versetzte. Nach dieser nennen wir es »kurzen Untersuchung« wurde ich in einen Schuppen geworfen. Müde, unterkühlt und zittrig von den Stromschlägen fiel ich erschöpft zu Boden, wo ich am nächsten Morgen zu meiner großen Verwunderung zwischen Autoteilen erwachte.

Von hier aus wurde ich in einen Keller verlegt, der sich gegenüber dem Wachhaus befand und in dem wir die ganze Zeit unter Verschluss gehalten wurden, außer zu den Mahlzeiten, die wir auf den Stufen einnahmen. Der Keller war stockdunkel, an sonnigen Tagen drang bloß ein ausgefranster Lichtstrahl durch das mit Brettern vernagelte Luftgitter. Der Boden war feucht. Zu unserem Glück gab es auf der rechten Seite des Kellers eine Pritsche, auf der wir den ganzen Tag in der klammen Dunkelheit liegen konnten. Die ganze Zelle war etwa zweieinhalb Meter lang, wir wurden hier zu acht festgehalten, darunter: ein Rechtsanwalt aus Blaj namens Faina, mein Freund Professor Mihălţeanu vom örtlichen Wirtschaftsgymnasium, ein Schäfer namens Ion, der erzählte, wie ihm bei einer der Befragungen von der Sekretärin der Securitate, der Frau von Leutnant Chiriţă, mit einem kleinen Hammer auf die empfindlichsten Stellen des Mannes geschlagen worden war.

Ion wollte eine Freundin treffen, die in der Küche des Instituts arbeitete. Er rief von einem öffentlichen Telefon an, und um ihre Chefin davon zu überzeugen, sie herauszulassen, gab er sich geradewegs als Offizier der Securitate aus. Der unglückliche Zufall wollte es, dass sich ein echter Securist in unmittelbarer Nähe befand und ihn auf der Stelle verhaftete. Für diese Geschichte hat der Schäfer ungefähr zwei Wochen gebüßt.

Unter uns war auch ein Student der juristischen Fakultät in Cluj, Pilu Caloianu. Ich werde nie vergessen, welch schreckliche Angst ihn jedes Mal ergriff, wenn er die Stimme Cisteianus in der Nähe des Arrestortes vernahm. Während einer der Befragungen war Pilu gefesselt und brutal geschlagen worden. Voller Wut hatte Cisteianu wahllos auf ihn eingetreten, wodurch er jedes Mal vor Furcht erstarrte, es noch einmal durchleben zu müssen.

Mit uns zusammen war auch ein Junge mit dunkel leuchtenden Augen namens Mailatescu, der zu dem Zeitpunkt nicht älter als sechzehn Jahre alt gewesen sein konnte, der Sohn eines Kneipenwirtes aus Blaj. Der Junge wollte mit dem Verkauf einiger Dinge, die ihm seine Eltern hinterlassen hatten, Geld verdienen. Um sich wichtig zu machen, behauptete er, er sei der Leiter einer Organisation, und als solcher wurde er auch behandelt, nachdem er bei der Securitate gemeldet wurde. In Panik erfand Mailatescu schließlich Namen von imaginären Personen, mit denen er in Verbindung gestanden haben wollte. Er erklärte, dass er irgendwo auf dem Zăreș-Hügel in der Nähe der Mureș-Brücke Waffen versteckt habe, was er dann aber nicht beweisen konnte. Ich war Augenzeuge und schaute durch die Bretterlücken auf den Hof, als die Securisten eines Abends den Wagen vorbereiteten, einige Utensilien einluden, darunter eine Schaufel und einen Spaten, und Mailatescu in den Wagen führten. Das arme Kind, all die Ängste, die es durchmachen musste. Ich werde nie den Schrecken in seinem Blick vergessen, als er uns nach seiner Rückkehr erzählte, wie er zum »Zăreș« gebracht wurde, um die Waffen auszugraben, die nicht existierten, woraufhin er gezwungen wurde, sein eigenes Grab zu schaufeln. Um sich zu retten, erfand er weitere Fantasien. Natürlich erkannten wir mit unserem reiferen Urteilsvermögen, dass sie ungeachtet der Situation nicht die Absicht hatten, den Jungen zu liquidieren, sondern in ihrer Bestialität mit der Naivität des Kindes spielten.

Ein anderes Mal stellten sie ihn an die Wand, um mit einem Jagdluftgewehr auf ihn zu schießen. Doch sie zielten falsch und verwundeten ihn am Hals. Dass dieses Mal etwas Besonderes passiert war, merkte man sogar an der Unruhe auf dem Gang. Die Wunde schockierte selbst die Securisten, da es eigentlich bloß ihre Absicht war, den Jungen zu erschrecken. Es ist schade, aber ich weiß nicht viel über das weitere

Schicksal des kleinen Jungen, außer dass ich ihn, wenn auch viel reifer, als Kellner im Bahnhofsrestaurant in Războieni an seinen funkelnden schwarzen Augen wiedererkannte.

Ebenfalls unter uns war auch Herr Pintea, mit etwa fünfundvierzig Jahren der Älteste von uns, ein großer, knochiger Mann aus Târnăveni, der beschloss, dass er mindestens zwei Bücher schreiben würde, wenn er freigelassen werden sollte: *Schließ die Tür von außen!* und *Ich habe Hunger!*, um den schlimmen Mangel festzuhalten, den wir dort erlebten. Er übernahm die Funktion als »Chef des Löffels« und war somit für die Aufteilung des Essens verantwortlich.

Bei der Securitate in Blaj wurde nur eine einzige Mahlzeit am Tag serviert, und zwar genau um zwölf Uhr mittags. Diese bestand aus einem gestreckten Eintopf aus Kartoffeln, in Wasser gekocht, ohne Fett und mit nur einer Scheibe Brot, von der ich nicht weiß, ob sie überhaupt hundert Gramm wog. Die Suppe wurde für uns alle in einer einzigen Schüssel gebracht, jeder von uns bekam einen eigenen Löffel. Da Kartoffelscheiben sehr knapp waren, bestimmte Herr Pintea, wann wir nur von der Flüssigkeit nehmen durften und wann auch eine Kartoffelscheibe dazu. Ich werde nie das düstere Bild vergessen, das sich mir bot, als wir für intime Bedürfnisse hinausgeführt wurden, einige der Verhafteten vor mir waren so schwach, dass sie sich nur an die Wand gelehnt aufrecht halten konnten.

Dieses gnadenlose Ernährungsprogramm wurde nach den Osterfeiertagen etwas abgemildert, zunächst durch Innereien wie Lunge und Milz in der Suppe und später auch durch einen morgendlichen Tee und Abendbrot.

Ich erinnere mich, wie an einem sehr regnerischen Nachmittag einer der Wächter namens Horja kam, um uns nacheinander für unsere Bedürfnisse herauszuholen. Mich hielt er bis zuletzt zurück. Er hatte etwas im Sinn, aber was genau, verstand ich nicht. Nachdem er alle abgefertigt hatte, brachte er mich zur Toilette und holte unter seinem weiten Regenmantel ein großes Butterbrot mit Salami, ein Stück Käse, Schokolade und eine Tüte mit gefüllten Bonbons hervor. Diese Leckereien kamen von meinem guten Freund Nelu Gabriş, bei dem ich bis zu meiner Verhaftung in Blaj lebte, und wurden vom seelenvollen Horja unter großer Gefahr eingeschmuggelt. Obwohl er mir die übliche Zeit zur Verfügung stellte, die einem Toilettengang angemessen war, schaffte ich es nicht, den Käse und die Süßigkeiten aufzuessen. Also versteckte ich sie in der Innentasche meines Mantels, der mir nachts als Kopfkissen diente. Am Morgen hatte der Mantel einen Fettfleck, obwohl ich alles fest mit Papier eingewickelt hatte. Bei meinem ersten Gang am nächsten Morgen verschlang ich die Reste dann so schnell ich konnte.

Über unseren Köpfen waren die Büros, wir hörten den ganzen Tag ein ständiges Treiben. Bis in den späten Abend gab es Schläge, die Schreie der Opfer drangen bis zu uns durch. Die Schläger, angeführt von Unteroffizier Cisteianu zusammen mit Feldwebel Avram und Feldwebel Corlea, misshandelten die Menschen auf brutalste Weise. Diese Sadisten hatten nur ein einziges Vergnügen, nämlich Leiden zu verursachen. Ihre Befragungen begannen für gewöhnlich in ruhigem Ton, im weiteren Verlauf wurden die Schläger zu wahren Bestien, während die hilflosen Opfer ihrer Macht über Leben und Tod ausgeliefert waren. Selbst in Momenten der Entspannung verspürten sie dieses sadistische Verlangen, welches bestenfalls mit unserer Demütigung endete.

Eines Tages setzten sie einen älteren Jesuiten in den Pavillon im Hof der Securitate. Cisteianu, der an diesem angenehmen Morgen sehr gut gelaunt war, stellte sich einen kleinen Arbeitstisch mit Akten vor das Wachhaus. Kaum hatte er sich niedergelassen, forderte er den alten Mann auf, ihm eines »ihrer« religiösen Lieder vorzusingen. Der alte Mann verschluckte sich dabei in seiner Not, doch der Securist zwang ihn, das Lied fortzusetzen, bis seine Stimme ganz versagte. Er hielt erschöpft inne, Cisteianu drehte sich zu ihm um und keifte ihn an, weiterzusingen. Als er zum zweiten Mal unterbrach, nahm die Bestie ihre Pistole vom Tisch und richtete sie auf den Unglücklichen, er werde sie abfeuern, sollte der Alte nicht weitermachen. Sie können sich vorstellen, was in der Seele des alten Mannes vorgegangen sein musste, während er verzweifelt versuchte, seine Stimme wiederzuerlangen. All dies geschah unter meinen heimlichen Blicken durch den Bretterspalt im Kellergitter, das nur ein paar Meter von ihnen entfernt war. Während Cisteianu den alten Mann quälte, ging er ruhig seiner Arbeit nach, begleitet von der gequälten Melodie jenes Liedes. Oft summe ich es noch heute, wenn ich meinen Freunden von dieser Episode erzähle, auch wenn ich mich an die genauen Worte leider nicht mehr erinnern kann.

Ein weiteres sadistisches Spiel des Ermittlers war es, uns unter freiem Himmel zu baden, nicht nur, um uns zu demütigen, sondern um unseren ohnehin schon prekären Gesundheitszustand weiter zu gefährden. Eines Abends Ende April wurden wir gezwungen, uns nackt auszuziehen. So jagte er uns durch den Hof, richtete einen dicken Schlauch auf uns und peitschte uns mit dem Druck dieses kalten Wassers aus, so dass wir wie kleine Teufel im Fegefeuer auf und ab hüpften, während er sich mächtig amüsierte. Zum Abschluss stellte er uns in einer Reihe auf und zielte mit dem Wasserstrahl in unsere Gesichter. So nass mussten wir unsere Kleidung wieder anziehen und wurden zurück in den feuchten Keller gebracht.

Bei einer Begebenheit im Mai, als es wärmer war, wählten sie eine andere Art, um uns zu baden. Zwar ohne gesundheitliches Risiko, aber so ekelhaft und entwürdigend wie möglich: Wir wurden gezwungen, zu zweit in eine gewöhnliche Metallwanne zu steigen, während uns der gleiche Wärter bewachte, der mir in der ersten Nacht die zwei misslichen Optionen zur Übernachtung angeboten hatte. Ich musste mit Herrn Pintea als Drittes einsteigen, in dasselbe Badewasser der vorherigen Durchgänge.

Kurz darauf wurde ich aus dem Keller in eine ehemalige Küche rechts im zweiten Hof verlegt, wo ich mich im Tageslicht wie neugeboren fühlte. Obwohl wir auch hier sehr gedrängt und selbstverständlich ohne Decken lebten, war ich froh, dass wir einen gepolsterten Boden hatten, auch wenn wir ebenerdig lagen.

Hier verbrachte ich ein paar Wochen, als irgendwann Kommandant Triponescu auftauchte und fragte: »Wer von euch ist Horea Sava?« Es war zwei Monate her, dass ich ihn gesehen hatte. Ich stand sofort auf.

Als er mich sah, rief er aus: »Niii ... Fick deinen Gott, du bist aber bärtig!« Er befahl dem Wachmann, sofort den Friseur zu holen, und sie stellten einen Stuhl für mich im Hof auf, um mich schön zu machen. Offenbar sollte ich gleich an einen anderen Ort gebracht werden, denn im Hof wurde ein Wagen für die Abfahrt vorbereitet.

Mein Prozess wurde durch die Securitate in der Bezirkshauptstadt Alba-Iulia durchgeführt, die mit Sicherheit auch meine Verhaftung angeordnet hatte.

In Blaj wurde ich nur einmal befragt, musste aber dortbleiben, da in Alba alle Keller überfüllt waren, weil allein hunderte von Menschen in die Organisation »Großer Berg« verwickelt waren.

Als ich in den Wagen stieg, fesselte mir der Wachmann die Hände auf dem Rücken, doch der Hauptmann ordnete an, sie vor dem Körper zu fesseln. Hauptmann Triponescu saß auf dem Beifahrersitz mit einem Jagdgewehr, ich hockte hinter ihm, neben mir der begleitende Unteroffizier. Um keine Aufmerksamkeit zu erregen, wurde das Auto bis zur Ausfahrt aus Blaj mit einer Plane abgedeckt. Als wir vor einer Apotheke hielten, wurde ich wundersamerweise von einer Kundin der Bank erkannt, die meinen Kollegen später davon erzählte. Heute lebt sie in Târgu Mureş, vor ein paar Monaten traf ich sie zufällig, da beschrieb sie mir diesen Moment, den ich vergessen hatte.

Außerhalb der Stadt wurde die Plane abgenommen, und ich konnte die frische Luft dieses schönen Junitages genießen. Nachdem der Hauptmann zur Jagd ausgestiegen war, bot mir der Fahrer sogar eine Zigarette an.

Im Hof der Securitate in Alba angekommen, wurden wir auf den Stufen von einem Major begrüßt, der, wie sich später herausstellte, Chefermittler Staicu war, der Kontaktmann Cisteianus aus Blaj, der in Teiuş an der Gefangennahme von Ştefan Popa beteiligt gewesen, und der erst kurz vorher nach seiner Verwundung aus dem Krankenhaus zurückgekehrt war. Ich erinnere mich nur daran, dass er mich direkt in den Arrest geführt hat, in einen großen Keller, der in mehrere Käfige unterteilt war. Nebenan lag die Zelle der Frauen, in der auch meine Mutter einige Monate zuvor eingesperrt gewesen war.

Die Securitate in Alba hatte meine Mutter mit der Begründung festgenommen, dass meine Treffen mit

Ştefan Popa im Haus meiner Eltern in Aiud stattgefunden hatten. Nach einer Woche bei der Securitate wurde sie ins Gefängnis gebracht und nach neun Monaten schwerer Haft, am 8. Dezember 1949, vor dem Militärgericht in Sibiu zu zwei Jahren Zuchthaus mit »Aussetzung der Vollstreckung der Strafe« verurteilt. Abgesehen von den übertriebenen Schlussfolgerungen der Securitate gab es jedoch keine Beweise, da sie die Anschuldigungen selbst nach mehrmaliger Misshandlung mit aller Kraft zurückwies. Schon das Urteil »mit Aussetzung der Vollstreckung der Strafe« bezeugt dies, wie auch die Tatsache, dass eine Formulierung gefunden werden musste, um ihre mehr als neunmonatige Inhaftierung ohne Haftbefehl zu rechtfertigen.

Bei der Securitate in Alba war ich mit etwa zehn anderen Gefangenen inhaftiert, die alle der Gruppe »Großer Berg« angehörten, einige Bauern, darunter der Bruder des Schneiders Tiutiu, der Anfang Februar 1949 zusammen mit seiner Frau erschossen wurde, der Student Matei Corvin, der Arbeiter Petru Halalai, von dem ich die ganze Tragödie von Teiuş erfuhr, sowie Oberst Moraru, ein ehemaliger Klassenkamerad meines Onkels, der sich vor seiner Verhaftung lange Zeit in einem Schweinestall in der Nähe seines Hauses versteckt hielt.

Am Tag meiner Ankunft war ein Hauptmann namens Popa von der Securitate in Sibiu anwesend, der ursprünglich aus Apoldul de Jos stammte, dem Dorf meiner Mutter. Er verlangte, mich noch am gleichen Nachmittag zu sehen. In seinem Büro sah er mich lange an und fragte nach meinem Alter, meiner Ausbildung, meinem Beruf, ohne mir auch nur die geringste Frage nach meiner Verhaftung zu stellen. Bevor er mich wegschickte, sprach er: »Und? Was soll ich mit euch machen? Wir suchten ihn«, er meinte Ştefan Popa, »und ihr habt ihn beschützt, ihm Unterschlupf gewährt, ihr habt euch selbst ins Unglück gestürzt, du und deine Mutter.«

Meine Anhörung an demselben Nachmittag erwartete ich mit großer Besorgnis, denn ich hatte die schreckliche Befürchtung, dass ich Staicu in die Hände fallen würde, dem wohl brutalsten Schläger der Securitate in Alba. So kam es auch, aber überraschenderweise hat er mich nicht angefasst. Diese erste Begegnung hatte nicht einmal den Charakter einer richtigen Befragung. Die einzige Information, die sie über uns hatten, war, dass mein ehemaliger Klassenkamerad, den auch die Nachbarn gut kannten, oft in unserem Haus gesehen worden war, was wir jedoch nie bestritten hatten. Zu unserem Glück war Ştefan Popa aber nicht mehr zu unserem Haus gekommen, als er merkte, dass er in die Enge getrieben werden könnte. Hätte die Securitate ihn bei uns zuhause gefunden, wären die Konsequenzen für uns um ein Vielfaches schlimmer gewesen.

Aus Unzufriedenheit über meine Aussage, dass meine Beziehungen zu Ştefan Popa rein kollegial waren, drohte Staicu mir mit Worten, als wären sie Messer, die er mir ins Herz rammte: »Gut! Dann lassen wir jetzt auch deinen Bruder aus Bukarest herbringen.« Angesichts der Tatsache, dass mein Bruder in Bukarest studierte und nicht einmal zuhause war, als Ştefan Popa uns besuchte, wäre keine größere Erpressung denkbar gewesen. Wäre er tatsächlich verhaftet worden, hätte das seine Exmatrikulation aus dem vorletzten Jahr seines Studiums am Polytechnikum in Bukarest bedeutet, mit allen Konsequenzen, die eine Verhaftung mit sich gebracht hätte; ungeachtet seiner absoluten Unschuld.

Anstatt in die Kellerzelle zurück wurde ich in eine enge Vorratskammer gebracht. Es gab dort nur ein solides Regalgestell mit drei Pritschen, das fortan als Bett für Matei Corvin, den Arbeiter Halalai und mich diente.

Hunderte von Personen, die im Fall »Großer Berg« verhaftet wurden, waren zu diesem Zeitpunkt bereits befragt worden, aber niemand hatte etwas ausgesagt, womit ich in Verbindung hätte gebracht werden können, und der Einzige, der in meinem Fall hätte Klarheit schaffen können – Ştefan Popa –, war zu diesem Zeitpunkt bereits tot.

Aus diesem Grund fragte der Ermittler jedes Mal, wenn er die Tür der Vorratskammer öffnete: »Nun, Sava, hast du dich entschieden, zu reden?« Woraufhin ich entgegnete: »Herr Major, ich habe Ihnen alles gesagt, was ich weiß!«

»Die Fotze deiner Mutter hast du, du hast gesagt, was du wolltest! Und ich verwöhne dich hier so lange mit Essen und Schlaf«, antwortete er gelangweilt und verschwand. Diese Szene wiederholte sich jedes Mal mit genau denselben Worten.

Kurz darauf verlegte die Securitate ihr Hauptquartier und brachte mich in einer ebenerdigen Holzkammer unter. Durch einen Spalt in den Fensterbrettern konnte ich den Hof gut überblicken.

Ein Wachmann nahm die Jüngeren von uns mit in den Innenhof, um verschiedene Arbeiten im neuen Gebäude zu erledigen. Sie gaben mir eine Bürste und Eimer zur Reinigung eines der Zimmer, und trotz aller Empörung über die auferlegte Arbeit war ich doch froh, dass ich mich nach mehr als drei Monaten im Keller endlich bewegen und saubere Luft atmen konnte.

Ich war auch froh, an jenem Morgen zu bemerken, wie einer der Securisten ein kleines Päckchen mit Essen in einen Mülleimer neben dem Schrank warf. Von diesem Moment an hatte ich vor, es mir zu schnappen, wenn ich für meine natürlichen Bedürfnisse herausgeholt wurde. Ich nutzte die Unachtsamkeit des Securisten bei der nächsten Gelegenheit, steckte mir das Päckchen eilig in die Tasche, und kaum an der Toilette angekommen aß ich es mit großer Gier. Es waren ein paar große Salamistücke, welche den Securisten offenbar verdorben erschienen, doch mir hatten sie gut geschmeckt; ich hatte weder das Gefühl, dass sie schlecht waren, noch passierte etwas mit mir, nachdem ich sie gegessen hatte.

Kaum hatte ich mit meinen zwei linken Händen mit der Arbeit begonnen, da wurde ich von einem Hausmeister, der manchmal Befragungen durchführte, in ein Büro gebracht, wo mich Unterleutnant Szebeszy in Uniform erwartete. Er fragte: »Erkennst du mich?« Während ich noch überlegte, wem ich da gegenübersaß, versetzte er mir blitzschnell einen Schlag mit dem Handrücken ins Gesicht. Sobald ich zur Besinnung kam, war es, als hätte Gott meinen Verstand geöffnet.

»Ja, ich erkenne Sie! Sie kamen im Winter in Zivilkleidung zu unserem Haus in Aiud und suchten ein Zimmer zur Miete!«

»Ja! Fick dich, du verdammter Bandit«, sagte er, »ich habe mein Leben riskiert, als ich zu euch gekommen bin, denn wenn Ştefan Popa dort versteckt gewesen wäre, hätte er mich erschossen!« Erst da begriff ich, dass uns die Securitate bereits seit jenem Moment beobachtet hatte.

An einem Samstag im Januar 1949 waren zwei Zivilisten zu uns gekommen, die sich als neu eingetroffene Beamte des Volksrates in Aiud vorstellten. Sie wurden vom Rathaus zu uns geschickt, da wir angeblich ein Zimmer zu vermieten hätten. Einer von ihnen trug eine Lenin-Mütze. Ich ließ die beiden freimütig ins Haus, damit sie sich selbst davon überzeugen konnten, dass es sich um eine Verwechslung handelte, und führte sie durch die bescheidenen zwei Zimmer mit Küche und Speisekammer, in der meine Mutter wohnte sowie mein Bruder und ich, wenn wir zu Besuch kamen. Danach schlug ich vor, zum Rathaus zu gehen, um das Missverständnis aufzuklären.

Auf dem Weg dorthin trafen wir auf zwei weitere, mir unbekannte Zivilisten, von denen einer eine Lederjacke trug. Erst nach meiner Verhaftung wurde mir bewusst, dass es sich um Hauptmann Popa und um Major Staicu in Lederjacke handelte.

Staicu fragte den Mann mit der Lenin-Mütze: »Zu welcher Adresse seid ihr gegangen?«

»Nun, zur Strada Lemnelor Nummer 24.«

»Ich habe euch doch zu Nummer 22 geschickt!«, antwortete Staicu. So ließ ich die vier dort zurück, erleichtert, dass es sich wohl tatsächlich um eine Verwechslung gehandelt hatte. Natürlich hatte ich sie damals in eine kompromittierende Situation gebracht, da sie eigentlich versucht hatten, Ştefan Popa abzufangen, der jedoch seit dem 1. Dezember nicht mehr zu uns gekommen war. Nicht auszudenken, was passiert wäre, wenn sie ihn zufällig in unserem Haus gefunden hätten, da ich mir sicher bin, dass beide Securisten die ganze Hausführung über den Finger am Abzug hatten.

Erst bei dem fiesen Schlag von Unterleutnant Szebeszy kam mir das Gesicht des Zivilisten mit der Lenin-Mütze wieder in den Sinn.

»Aber ich habe Sie doch durch das ganze Haus geführt, und niemand war da.« Das erzürnte ihn von Neuem. Nach einem weiteren kräftigen Schlag schrie er mich an und drängte mich in den Nebenraum, wo er mich mit einem Holzknüppel bewaffnet anbrüllte, mich zu bücken. Nachdem ich mich zuerst in eine für ihn unbequeme Position begeben hatte, schrie er erneut und richtete mich mit einer brutalen Bewegung neu aus, bis ihm meine Haltung komfortabler schien. Dann begann er, mein Gesäß mit aller Grausamkeit zu schlagen. Nachdem er seinen Durst gestillt hatte, brüllte er: »Und jetzt, marsch zurück an die Arbeit!«

Obwohl ich so schwer misshandelt wurde, quälte mich in diesen Momenten weniger der körperliche Schmerz als vielmehr die Demütigung, schlimmer behandelt zu werden als der letzte Verbrecher.

Noch bevor ich die Bürste wieder in die Hand nehmen konnte, wurde ich in meiner Einsamkeit plötzlich von einem Schluchzen ergriffen, gleich einem Kind, das zu ersticken droht. Als die Erschütterung verebbt war, fühlte ich eine unbeschreibliche Erleichterung. Keine andere Demütigung, die mir bis zu meiner Entlassung zugefügt wurde, hatte auch nur im Geringsten etwas in mir ausgelöst; im Gegenzug konnte ich mich eines erneuten Ausbruchs nicht erwehren, wann immer ich an diesen Augenblick zurückdachte.

Auf die Prügel folgte am Abend Schüttelfrost, und die Schmerzen im Gesäß ließen mich in dieser Nacht nur auf dem Bauch schlafen.

Genau eine Woche später wurde ich erneut zu demselben Ermittler gerufen. Das Szenario wiederholte sich, er führte den gleichen Grund an, wie viel Risiko er eingegangen sei, indem er unser Haus betrat. Dieses Mal entfesselte er eine wahre Bestie, während ich die Wut seiner Schläge zu ertragen hatte, wehrlos, da mich jeder Widerstand das Leben hätte kosten können. Die erneuten Schläge auf die immergleiche Stelle fühlten sich an, als würde Glas zerbrechen. Dem Schüttelfrost folgte am nächsten Tag schweres Fieber, und jede Bewegung, ob mit dem kleinen Finger oder auch nur ein Blinzeln, fuhr wie ein Schnitt durch meinen ganzen Körper.

Kurze Zeit später wurde ich von Major Staicu zum Verhör vorgeladen, von dem er sich erhoffte, mir endlich ein Geständnis abzupressen, dass auch ich ein Mitglied der Organisation »Großer Berg« war.

Eine dritte Tracht Prügel hätte ich zu diesem Zeitpunkt nicht ertragen, und zu meiner Rettung wählte er eine andere Methode, wenngleich nicht minder hart. Er entschied sich dafür, mich elektrischem Strom auszusetzen. Im Gegensatz zu der Erfahrung in Blaj, wo es mir gelungen war, mich von den Kabeln zu befreien, schnürte Major Staicu die Elektroden an meinen kleinen Fingern fest. Da ich ihm in meiner jugendlichen Erscheinung recht belastbar erschien, stellte er das Foltergerät auf die stärkste Stufe ein. Die Kraft des Stroms warf mich sofort zu Boden, ich begann, vor Angst zu kreischen. Um meine Schreie zu unterdrücken, wurde mir sofort eine Gasmaske übergezogen und die Folter auf die gleiche Weise fortgeführt. Zwischen zwei Stromschlägen wurde ich an eine andere Person übergeben, die mir mit einem Gummiknüppel auf die Handflächen schlug, während Staicu aus dem Zimmer ging, um sich ein wenig zu erholen.

Er trat seelenruhig wieder ein und trug nun höhnisch einen Rosenkranz um den Hals, mit dem er während der Befragung spielte, den er mit Sicherheit einem der Gläubigen abgenommen hatte. Jedoch wurde er im weiteren Verlauf immer nervöser, als meine Antworten ihn nicht befriedigten. Diesen Vorgang der Selbstentflammung habe ich bei allen Vernehmungsbeamten beobachtet, die sich ab einem gewissen Punkt in Bestien verwandelten, die dazu fähig waren, die Opfer mit ihren Stiefeln zu zerquetschen.

In Alba erzählte mir ein Kollege, Duca Ioan, von einer weiteren Foltermethode, mit der die Securitate an ihm experimentiert hatte: Er wurde unter einem Reservoir gekreuzigt, aus dem ständig ein Tropfen Wasser rann. Ich weiß nicht, wie lange er gezwungen war, darunter zu stehen, aber ich erinnere mich sehr deutlich an seine Schilderungen, dass er ab einem gewissen Moment jeden einzelnen Tropfen auf seinen Kopf empfand, als würde ein Stachel sein Gehirn durchbohren. Ich habe dieses so einfache wie höllische Instrument selbst gesehen, es stand in der Nähe des Kellers im ersten Securitate-Hauptquartier, jedoch wurde die Foltermethode sofort wieder abgeschafft, vermutlich wegen der grausamen Konsequenzen, die eine solche Erfahrung nach sich zog.

Fast vier Monate waren inzwischen vergangen. Die Glücklichsten, also diejenigen, denen die Securitate ein Vergehen nachweisen konnte, wurden ins Zuchthaus verlegt, wo sie zumindest von Misshandlungen verschont blieben.

Als hätte der Ermittler Staicu die Anschuldigung vergessen, ich sei Mitglied der Organisation, forderte er mich nun auf, von den politischen Gesprächen zu erzählen, die ich mit Ştefan Popa führte, und ob er bei uns übernachtet oder ich ihm auf andere Weise geholfen hatte.

Der Verhörton war hart und bedrohlich, so dass mir sofort klar wurde, dass ich noch viel mehr leiden würde als beim letzten Mal, sollte ich nicht einigermaßen geschickt und überzeugend vorgehen.

Also gab ich zu, dass ich während meiner Zeit in Blaj Ştefan Popa dreimal in größeren Abständen an freien Tagen traf, wenn ich meine Mama in Aiud besuchte. Insbesondere hätten wir über unser früheres Leben als ehemalige Klassenkameraden gesprochen. Unter großem Druck musste ich zugeben, dass Popa mir bei unserer letzten Zusammenkunft mitteilte, dass er von zuhause weggelaufen war. Er hätte den Beginn des Krieges zwischen den Russen und den Amerikanern kaum erwarten können, weil er zu einem grundlegenden Regimewechsel geführt hätte. All das ergänzte ich nur, weil ich nicht mehr die Kraft hatte, mich dem Willen Staicus zu widersetzen. Der Ankläger, der immer noch den Rosenkranz trug, diktierte meine gesamte Aussage und zwang mich, zuzugeben, dass ich wusste, dass Ştefan Popa von den Behörden verfolgt wurde und ich das bis zu meiner Verhaftung verschwiegen hatte.

Auf die Frage, wie ich reagierte, als Ştefan Popa mir von seinen Erwartungen zum Krieg erzählte, zeigte ich auf, dass die Amerikaner damit ihre Märkte in Europa zu erweitern versuchten. Ich hatte diese Formulierung zu meinen Gunsten gewählt, um deutlich zu machen, dass ich aufgrund meiner Ausbildung als Ökonom den Konflikt nur aus einem wirtschaftlichen Blickwinkel betrachtete.

Was ich jedoch nicht zugeben wollte, war, dass Ştefan Popa jemals bei uns übernachtet hatte. Das machte Staicu so wütend, dass er aufhörte, die Erklärung zu tippen, mir ebenso schnell wie Szebeszy heftig ins Gesicht schlug und mich zurück in den Arrest schickte.

Mit dieser für die Securitate unvollständigen Aussage wurde ich in das Gefängnis von Alba überführt.

Dort wurde ich zusammen mit Matei Corvin und Petru Halalai aus der Isolationshaft in die Zelle 35 gebracht, zusammen mit dreiundzwanzig Mönchen aus Deda Bistra, die derselben Widerstandsgruppe angehörten. Nach vier Monaten Arrest, in denen ich nicht eine einzige Nacht in einem Bett schlafen durfte, musste ich also auch weiterhin unmenschliche Ruhebedingungen in der Hitze des Sommers aushalten: Da die Zelle für so viele Menschen zu klein war, konnten wir nur Platz am Boden finden und schliefen im Gestank der dreiundzwanzig Sandalenpaare und des Fäkalienpapiers, das die Mönche nachts reichlich benutzten. Ihre Verpflegung war besser, zudem durften sie Pakete von zuhause empfangen und sich zu zweit ein Bett teilen, weil sie für ihren Prozess in Sibiu so gestärkt wie möglich erscheinen sollten.

Unsere rechteckige Zelle befand sich im dritten, obersten Stockwerk des Gefängnisses an der Ecke des Gebäudes. Die Fenster waren so hoch angebracht, dass wir nicht hinausschauen konnten. In unserer Not aber nutzten wir die Momente, in denen der Wärter nicht auf unserem Gang war, bewegten ein Bettgestell bis direkt unter das Fenster und kletterten an den eisernen Pfosten hoch. Das ermöglichte uns einen herrlichen Blick auf das Haupttor der Festung von Alba-Iulia und die breite gepflasterte Gasse in etwa fünfhundert Metern Entfernung, die zum zweiten Tor führte, hinter dem die vergitterten Zellen von Horea, Cloşca und Crişan, den Anführern des siebenbürgischen Aufstands von 1784, lagen.

So viele Kindheitserinnerungen weckte dieser Anblick: Mit fünfzehn Jahren wohnte ich 1937 als Schüler aus Aiud der Enthüllung des Obelisken vor den Zellen unserer Märtyrer in Anwesenheit von König Karl II. bei, wobei ich nur wenige Schritte vom ihm entfernt stand.

Von einem Taschentuch verdeckt konnte ich durch die Gitterstäbe des Fensters beobachten, was auf dem vorderen, der Straße zugewandten Gefängnishof geschah, zu dem nur Frauen Zutritt hatten. Unter den zum Hofgang hinausgeführten Frauen erkannte ich plötzlich meine Mama. Während meiner etwa einmonatigen Haftzeit in dieser Zelle sah ich sie nur zweimal, ich hatte jedoch nicht den Mut, nach ihr zu rufen. Zum einen wegen der Entfernung, zum anderen, um niemanden von uns zu gefährden, da die Strafe immer kollektiv ausfiel, sollte jemand eine solche Tat melden. Meine Mama war sehr schwach und verzweifelt, zumal sie nicht selten aus Protest ihre Nahrung verweigerte, was ich bis Anfang Dezember 1949, als sie nach Sibiu verlegt wurde, in Erfahrung bringen konnte.

Durch die Hilfe des Sanitätsoffiziers Buţă gelang es mir schließlich, für einen Monat in der Krankenstation des Gefängnisses untergebracht zu werden. Dies geschah auf Bitten meines lungenkranken Klassenkameraden Nelu Duca aus dem damaligen Gymnasium in Aiud. Er wurde aufgrund seiner religiösen Einstellung verfolgt, hatte von meiner Inhaftierung gehört und Buţă gebeten, mich irgendwie in seine Obhut zu nehmen. Als einer von drei Zivilisten, noch dazu sehr groß, war ich neben den dreiundzwanzig Mönchen leicht zu identifizieren.

Zudem sah ich wirklich schlecht aus, war zwar nicht krank, doch ich fühlte mich sehr schwach. Bei einer Visite in unserer Zelle 35 ordnete der Pfleger an, dass wir uns in zwei Reihen vor dem älteren jüdischen Arzt und dem Sanitätsoffizier Buţă aufstellen sollten. Der Pfleger fragte uns nach unserem Gesundheitszustand und uns drei Neuankömmlinge nach unseren Namen, dann forderte er mich mit Zustimmung des Arztes auf, vorzutreten. So gelangte ich auf die Krankenstation in ein langersehntes Bett, direkt neben das meines ehemaligen Klassenkameraden.

Vor mir lag ein ehemaliger Offizier, Petreanu, der nur wenige Jahre zuvor als Leutnant im Apuseni-Gebirge gegen die Faschistenhorden gekämpft hatte, ein Träger hoher militärischer Orden. Er hatte sich mit acht anderen gleichaltrigen Freunden zu der sogenannten »Fröhlichen Bande« zusammengeschlossen, die aus ihrer trotzigen Haltung gegenüber dem Regime entstanden war, was die Aufmerksamkeit der »ewigen Verteidiger« auf sich zog, die sie schließlich einsperrten.

In den wenigen Wochen auf der Krankenstation vergaß ich fast den Albtraum der Monate bei der Securitate.

Zwar war das Essen dasselbe, aber dazu gab es morgens und abends ein Glas Milch. Da es sich um ein Untersuchungsgefängnis handelte, hatte ich auch Anspruch auf ein monatliches Lebensmittelpaket mit einem Gewicht von bis zu fünf Kilo, das ich in Abwesenheit meiner inhaftierten Mutter von einem Onkel aus Alba erhielt.

Die Wächter misshandelten uns dort nie ohne Grund, zumal unter den Wächtern auch ein Mann war, der mit drei Bauern im politischen Arrest verbrüdert war.

Ich hatte die Drohung der Securitate, meine Ermittlungen im Untersuchungsgefängnis fortzusetzen, schon fast vergessen, als eines Morgens ein Securist auf der Krankenstation erschien und mich mitnahm, ohne die Erlaubnis des Arztes einzuholen. Ich leugnete auch bei dieser Gelegenheit alles, was mich politisch hätte belasten können, auch, dass Ştefan Popa bei uns geschlafen hatte, und wies darauf hin, dass er bei seinen Eltern in der nur zehn Kilometer von Aiud entfernten Gemeinde Decea lebte.

Daraufhin wurde ich von Staicu sofort in die »schwarze Zelle« geschickt, wo man mich so lange festhalten wollte, bis ich von mir aus um ein Geständnis betteln würde. Die Kammer war ungefähr zwei mal zwei Meter groß und hatte einen Holzfußboden.

Es handelte sich um einen leeren Raum, in den weder Licht drang noch Essen gebracht wurde. Sobald die massive Eisentür ins Schloss fiel, befand ich mich in absoluter Dunkelheit.

Ich war zwei Tage lang allein, als sich die Eisentür mit schwerem Knarzen wieder öffnete und neben mir ein Mensch auftauchte, den ich in der kurzen Zeit, in der die Tür einen Spalt offen stand, als einen dünnen, drahtigen Mann erkennen konnte, der einen strengen Geruch verströmte. Er stöhnte so schwer, dass ich es nicht wagte, ihn anzusprechen. Gleich darauf öffnete die Tür sich erneut, ein Wächter wandte sich in spöttischem Ton an ihn: »Willkommen, Herr Major!« Woraufhin der Wächter dem Mann mit bestialischer Härte auf die Brust schlug und ohne ein weiteres Wort verschwand. Nach fünfzehn Minuten kam ein zweiter Wärter herein, dann ein dritter, jeder von ihnen sagte das Gleiche und schlug den Mann, einer in den Plexus, der andere in den Nacken. Ich beobachtete all das aus der hintersten Ecke der Zelle.

Zum Abschluss erschien ein vierter Wächter, doch bevor er sich mit dem Neuankömmling befasste, beobachtete er mich und fragte: »Was machst du denn hier?« Ich erklärte, dass ich mich in einem Ermittlungsverfahren der Securitate befände. Er musterte mich aufmerksam und fragte nach meinem Namen. Er sprach: »Mensch, weißt du, dass ich deine Familie kenne? Ich kenne deine Mutter, und deinen Onkel kenne ich auch!« Letzterer hatte vor seiner Pensionierung hohe Positionen bei der Präfektur in Alba inne. »Willst du eine Zigarette?«

Ich bedankte mich und sagte, dass ich die Securitate fürchte. Trotz meiner Ablehnung besorgte er eine Zigarette aus der Abteilung und zündete sie mir sogar an, ungeachtet meiner Furcht. Nachdem er mit mir fertig war, wandte er sich mit denselben Worten an den Neuankömmling: »Willkommen, Major! Wie haben Sie sich entschieden?«

Das Gesicht und die Stimme des Wachmanns hatten sich verändert, und als ich begriff, welche Brutalität folgen würde, flehte ich ihn an: »Herr Wächter, ich würde Sie bitten, wenn es möglich wäre, ihn nicht mehr zu schlagen.« Ohne ein Wort ging er hinaus, und solange ich dort war, betrat kein anderer Wachmann diesen Raum.

Der rätselhafte Major hieß mit richtigem Namen Raţiu und stammte aus einer ehrenwerten Familie aus Teiuş. Er war zu einem hartgesottenen schwarzen Schaf der Familie geworden und zu einer einjährigen Haftstrafe in Alba verurteilt worden. Nach sechs Monaten versetzte man ihn zur Arbeit auf der Gefängnisfarm am Ufer des Mureş, wo es ihm gelang, unbemerkt zu entkommen.

Kaum freigekommen setzte er seine Betrügereien fort, indem er sich als Sicherheitsbeamter Major Pătrânjenaru ausgab. Unter diesem Namen erpresste er die Familien der politischen Gefangenen und versprach ihnen, dass er mittels seines Einflusses – im Austausch für tausende von Lei – ihre Freilassung arrangieren könnte.

Die letzte Familie, die er zu erpressen versuchte, waren die Mărgineanus aus Obreja, die Familie meiner zukünftigen Frau Mărioara. Er versprach Mărioara, ihrer Schwester Nela, ihrer Mutter und Großmutter, dass er gegen viertausend Lei das Oberhaupt der Familie und Bürgermeister der Stadt, Petru Mărgineanu, der seit dem 1. März im Gefängnis saß, nach Hause bringen würde.

Die Großmutter war eine sehr energische Frau und warf den Betrüger Major Pătrânjenaru einfach hinaus, als sie an seinem Gesicht erkannte, dass er kein ehrlicher Mann war.

Am nächsten Morgen ging der falsche Major nach einer durchzechten Nacht zum Rathaus, nahm sich eine Kutsche samt Fuhrmann, setzte – in Abwesenheit der Mutter und der Großmutter – Mărioara und Nela hinein und befahl dem Kutscher, sie nach Teiuş zu bringen. In Obreja sah jedoch ein gutherziger Notar die ängstlichen Mädchen sowie den Strick, mit dem sie gefesselt waren, und beschloss, ihnen nach Teiuş zu folgen. Unterwegs hielten sie im Dorf Mihalţ, wo der Notar zum Hörer griff und dem dortigen Postmeister mitteilte, dass die Töchter von Petru Mărgineanu, dem Bürgermeister von Obreja, von einem gewissen Major der Securitate verhaftet worden waren und bald dort eintreffen würden.

Der Gauner setzte seinen Weg indessen fort, schlief dabei fest ein und wachte erst überrascht auf, als die Kutsche vor der Miliz hielt. Er versuchte noch zu fliehen, aber der Kutscher Valer, ein Einheimischer aus Obreja, packte ihn am Hals. Ein aufmerksamer Wachmann lief auf ihn zu und rief erstaunt aus: »Donnerwetter, Raţiule, wir suchen dich seit drei Monaten, und du kommst von selbst zu uns!« Natürlich wurde er daraufhin verhaftet und von Posten zu Posten geprügelt, bis er Alba-Iulia erreichte, wo er zu mir in die »schwarze Zelle« geworfen wurde. Welch Ironie des Schicksals, dass ich ausgerechnet diesen Mann vor dem Zorn der Wachen bewahrt hatte.

Ohne dass ich darum gebeten hatte, wurde ich an diesem Abend von der Securitate aus der »schwarzen Zelle« abgeführt und einem neuen Ermittler übergeben. Zu meiner großen Überraschung zeigte er sehr viel Verständnis für meine Situation. Ich kann nicht sagen, ob sie mir wirklich einen humanen Mann geschickt hatten oder ob er bloß mein Vertrauen gewinnen sollte. Im Gegensatz zu allen anderen hat er viel mehr den emotionalen als politischen Aspekt meiner Beziehung zu Ştefan Popa untersucht. Ich bezweifle nicht, dass auch er genaue Anweisungen erhalten hatte, was er aus mir herausholen sollte. Warum aber bestanden sie so sehr darauf, aus meinem Mund zu hören, dass Ştefan Popa bei uns übernachtet hatte? Dabei hatten sie doch bereits Beweise dafür, dass ich eine Verbindung zu einem Mitglied des Widerstands hatte. Das alleine reichte damals schon aus, um vor Gericht gestellt zu werden – ob schuldig oder nicht, das spielte keine Rolle.

Aus Angst, meine eigene Mutter in Schwierigkeiten zu bringen, hatte ich bis dato geschwiegen, schließlich hatte ich keine Ahnung, was sie ausgesagt hatte. Nach meiner letzten Erfahrung wurde mir jedoch bewusst, dass die Securitate unendlich viele Methoden zur Hand hatte, um mich zum Reden zu zwingen. Während der zwei Tage, die ich in der »schwarzen Zelle« verbrachte, hinterfragte ich alles, mir kam sogar der Gedanke, die ganze Tortur ein für alle Mal zu beenden. Ich musste jedoch unbedingt einen Weg finden, meine Mutter aus allem herauszuhalten. Nach langem Beten und Grübeln half mir Gott, die ideale Formulierung zu finden.

Als ich also ohne Handschellen vor meinem neuen Ermittler stand, erklärte ich aus Angst davor, dass ich wieder an Staicu übergeben werden könnte: Ştefan Popa habe tatsächlich bei uns geschlafen, aber nur ein einziges Mal. Nach einem gemeinsam verbrachten Nachmittag sei er abends zum Bahnhof gegangen, um nach Hause zu fahren, sei aber später zurückgekommen mit der Begründung, er habe den letzten Zug verpasst. Also hätte ich keine andere Wahl gehabt, als ihn auf der Liege in der Küche unterzubringen. Am Morgen habe er uns früh verlassen, ohne dass meine Mutter, die am Abend schon früh im Schlafzimmer zu Bett gegangen war, davon etwas mitbekommen hätte. Der Ermittler akzeptierte diese Version ohne Einwände.

Wenige Tage später folgte die Konfrontation mit meiner Mutter, die aus dem Gefängnis geholt wurde und im Hof nervös auf und ab ging.

Als ich sie unter Anwesenheit des Ermittlers ansprach, benutzte ich unseren Spitznamen für Ştefan Popa: »Mama, Ihr wisst es nicht, aber eines Nachts schlief Nuţu bei uns. Ihr wart schon im Bett, als er vom Bahnhof zurückkam und behauptete, er habe den Zug verpasst. Ich habe ihn auf der Liege in der Küche schlafen lassen. Am Morgen ist er früh gegangen, noch bevor Ihr aufgestanden seid.« Meine Mutter musterte mich, schimpfte mit den Augen und antwortete mit aller Bitterkeit: »Nun, wenn mein Junge das sagt, dann wird es so gewesen sein.«

Daraufhin brachten mich die Ermittler an einen anderen Ort und bedrängten meine Mama mit weiteren Aussagen eines Priesters namens Dăianu, einem Verwandten von uns. Um sich selbst zu entlasten, hatte er behauptet, dass er Ştefan Popa in unserem Haus kennengelernt habe. In Wirklichkeit kannten sie sich jedoch schon seit Jahren und arbeiteten in landwirtschaftlichen Angelegenheiten zusammen. Mama wusste das und weigerte sich, seine Falschaussage zu bestätigen. Staicu schlug sie daraufhin so hart, dass sie sich bei dem Sturz den Schädel brach.

Erst nachdem meine Erklärung fertiggestellt war, wurde mir klar, dass die Securitate für die Anklage beim Militärgericht tatsächlich einen Beweis haben wollte, dass ich in irgendeiner Weise ein Mitglied der regimefeindlichen Organisation unterstützt hatte.

Um mich weiter unter Druck zu setzen, vermerkte die Securitate in meiner Gerichtsakte, ich sei »dickköpfig, uneinsichtig, nicht dazu bereit, irgendetwas zuzugeben, zu Terrorakten fähig«.

Meine Lehrer hatten 1940 am Ende des Gymnasiums meinem Zeugnis ein psychologisches Gutachten beigelegt, das meine wichtigsten Charakter- und Verhaltensmerkmale bewertete, interpretiert aus Dutzenden von psychologischen Tests, die alle Klassenkameraden vor dem Abschluss zu absolvieren hatten. Mir wurden folgende Eigenschaften attestiert: »Sozial interessiert und sensibel. Würdiger, ruhiger und sehr disziplinierter Charakter.«

Es ist wahr, dass ich mich bei meiner Aussage stur, ja sogar dickköpfig verhalten habe, aber ich tat dies in Momenten der Verzweiflung, als ich mich mit aller Kraft zu verteidigen versuchte angesichts der Verzerrungen, in die man mich verwickeln wollte.

Sie unterstellten mir somit eine subversive Aktivität, während meine Akte, die als »Beweis« ausschließlich meine Aussage enthielt, höchstens folgende Vergehen hätte ergeben können: »Verschleierung« oder »Begünstigung von Verbrechen«. Da die Securitate nirgendwo die Verfolgung von Ștefan Popa öffentlich gemacht hatte, hätte ich dies nicht einmal wissen können, selbst wenn ich gewollt hätte.

Nach meiner Aussage wurde ich von der Krankenstation in die Zelle 33 verlegt, wo ich viele Bekannte aus Aiud antraf: unter anderem den ehemaligen Bürgermeister Doktor Albini, Oberst Victor Moraru, den Fußballspieler Mulea, den Stadtsekretär Aron Spaniol, Romul Pop, Vasile Sârbu sowie zwei meiner ehemaligen Klassenkameraden, Radu Dumitru sowie Laurean Secinca. Jeder von uns hatte sein eigenes Bett; während meines Aufenthalts dort fehlte es mir nur an der Freiheit selbst. Tagsüber wurde ich in keiner Weise eingeschränkt, man zwang uns beispielsweise nicht, ständig zu stehen. Es machte uns nicht einmal etwas aus, wenn der diensthabende Wärter die Luke in der Tür öffnete, um zu beobachten, was in der Zelle vor sich ging. Auch das Essen war zufriedenstellend. Da unsere Verhandlung näher rückte, bekamen wir bessere Verpflegung, um vor Gericht so »erholt« wie möglich zu erscheinen.

Wir hatten sogar einen gut gelaunten Barbier aus Oltea, der wegen Mordes nach bürgerlichem Recht im Gefängnis saß, auf dessen Rasierzeug stand: »Nuță T. Grigore, verurteilt zu 20 Jahren Zwangsarbeit«. Da er von Beruf eigentlich Metzger war, kamen wir, wenn er uns rasierte, nicht ein einziges Mal ohne Schnittwunden davon, vor allem in den Mundwinkeln. In seinen fröhlicheren Momenten erzählte er uns, dass er es kaum erwarten könne, freizukommen, um auch den Rest der Familie seines Opfers »schneiden« zu können.

Andererseits wurden wir sehr streng kontrolliert, damit kein Papier und auch keine Zeitung in die Zelle gelangen konnte. Manchmal aber gelang es uns doch, das Wachpersonal zu überlisten und einen Teil der Zeitungen zu behalten, in den die verschickten Lebensmittel eingewickelt waren. Die von zuhause ausgewählten Seiten mit den aktuellen politischen Ereignissen lasen wir abends nach dem Aufruf zur Nachtruhe mit großer Neugier.

Unsere Hoffnungen wurden durch Nachrichten und oft auch durch Aussagen von Strafgefangenen genährt. Jede noch so kleine Notiz aus dem politischen Leben war für uns ein Geschenk des Himmels, vor allem für diejenigen, die härtere Verurteilungen zu befürchten hatten und psychisch schwerer belastet waren.

Bedrückender waren die späten Abendstunden, in denen wir uns in Momenten der Besinnung, jeder für sich, unserer grausamen Realität bewusst wurden. Mit der Ankunft des Morgens verschwanden jedoch all diese depressiven Gedanken, und wir passten uns erneut dem »Normalzustand« an, ohne den die Tage nicht zu ertragen gewesen wären.

In Alba versorgte uns der Ingenieur Tavi Mărginean am meisten mit Neuigkeiten. Er war ein Mitglied der Organisation »Fröhliche Bande«, zu der auch zwei junge Reserveoffiziere zählten, Bubu Breda und Petreanu Mitică, Helden der Ostfront; der Rechtsanwalt Herlea, der durch seinen angeborenen Humor jeden traurigen Gedanken um sich herum zu zerstreuen im Stande war, mein ehemaliger Klassenkamerad Radu Dumitru, Baicu, Gilu Breda, das russische Mädchen Katia und der Buchhändlerjunge Solomon Binu aus Alba. Durch die Misshandlungen bei seiner letzten Befragung wurde Letzterer bis zur Unkenntlichkeit entstellt und in den Frauenkeller geworfen, wo er schweißgebadet und in Halluzinationen versunken nach seiner Mutter rief, während er langsam, langsam starb. Im Moment seines Todes gelang es den Insassinnen, ein Streichholz anzuzünden, das sie durch die Gitterstäbe von den Männern aus der angrenzenden Zelle erhalten hatten. Dies geschah unter den entsetzten Augen meiner Mama; sie selbst war es, die im Moment seines Todes das brennende Streichholz in ihren Händen hielt.

Das einzige Fehlverhalten dieser jungen Leute bestand darin, dass sie sich oft zu einem Glas Wein getroffen hatten, was die »ewigen Beschützer der proletarischen Moral« gestört zu haben schien. Als sie ihrer Freundin Katia zum Geburtstag einen Blumenstrauß mit einem Glückwunschschreiben schickten, welches sie mit »Die fröhliche Bande« unterzeichneten, wurden sie von der Securitate in Alba aufgegriffen. Unter Druck und Schlägen sagten sie schließlich aus, dass sie direkte Verbindungen zu General Sănătescu hätten – der jedoch bereits 1947 gestorben war. Auf diese Weise wollten sie die Securitate bei dem Prozess bloßstellen. Als die Ermittler das jedoch durchschauten, wurden die jungen Leute gezwungen, ihre Aussagen zu ändern. Der Prozess glich damit eher einer Parodie, da der Richter ihnen in Ermangelung kompromittierender Beweise nur triviale Fragen stellte konnte, wie: »Wo haben Sie sich früher getroffen? Welche Getränke bevorzugten Sie? Wenn Sie anstoßen, haben Sie dann ein Kennwort?« Schließlich wurde jeder von ihnen zu je einem Jahr Gefängnis verurteilt, allein, um die neun Monate Untersuchungshaft zu rechtfertigen.

Bis zum 27. Januar 1950 blieb ich im Gefängnis von Alba, dann wurde ein Transporter voller Häftlinge ins Gefängnis von Sibiu gebracht, wo ich vor dem Militärgericht erscheinen sollte.

Als ich spät am Abend in Sibiu ankam, wurde ich in eine sehr große Zelle mit etwa hundert Häftlingen gebracht. Dort gab es Etagenbetten, die in zwei Reihen quer im Raum mit einem Durchgang in der Mitte angeordnet waren. Beim Eintreten blickten mich Dutzende Köpfe neugierig an, viele mit selbstgestrickten Mützen in leuchtenden Farben auf dem Kopf. Plötzlich herrschte absolute Stille. Von irgendwo oben ertönte eine sonore Stimme: »Komm schon her zu meinem Schwanz.«

Ich wusste weder, was ich denken noch was ich tun sollte. In der Mitte des Ganges stand ich auf der Suche nach einem freien Platz, alle anderen waren schon in ihren Betten, weil ich nach Beginn der Nachtruhe angekommen war. Schließlich wurde mir von einem etwa gleichaltrigen Mann namens Cerghizan geholfen, der mich zu einem freien Bett direkt neben ihm im hinteren Teil des Raums führte.

Während der wenigen Tage, die ich dort verbrachte, lernte ich eine andere Welt hinter Gittern kennen, nämlich die der »gewöhnlichen« Häftlinge: unbeschwert und fröhlich, abends wurde sogar gesungen. Die Inhaftierten genossen eine Art »Halbfreiheit«, waren in ihren Zellen eher zu Gast, da sie morgens zur Arbeit gebracht wurden und erst abends zurückkehrten, mit einer erheblichen Verkürzung der Haftdauer im Verhältnis zur Arbeitszeit. Ganz zu schweigen von der Gewissheit, dass sie am Ende der Strafe davon ausgehen konnten, ohne die geringste Verzögerung entlassen zu werden.

Auch an Lebensmitteln mangelte es ihnen nicht, da sie überwiegend auf dem Bau arbeiteten, wo sie Kontakt zu zivilen Angestellten hatten, die sie mit Lebensmitteln versorgten.

Die meisten von uns politischen Gefangenen hingegen wurden monatelang in den Kellern der Securitate unter viehischen Bedingungen festgehalten. Wir lebten in der ständigen Angst, jederzeit abgeholt und misshandelt werden zu können, ohne das Recht, uns vor der Justiz zu verteidigen. Nach der Verurteilung dominierte uns die Sorge, wann und ob wir je wieder entkommen würden, da nach dem Ende der eigentlichen Strafe eine sogenannte »Administrativstrafe« begann, die willkürlich zwischen einem und acht Jahren dauern konnte – ohne dass wir je erfuhren, warum und für wie lang. Auf diese Weise verstanden es die Kommunisten, die Gesetze des Landes – die auch von ihnen gemacht wurden – gegenüber ihren Oppositionellen zu »respektieren«.

Die Kommunisten, die während des vorausgegangenen Regimes der sogenannten »bürgerlichen Großgrundbesitzer« verhaftet worden waren, durften hingegen ihre eigene Bibliothek im Gefängnis haben, ganz zu schweigen von den Verpflegungs- und Ruhebedingungen. Ana Pauker, eine spätere hohe Parteifunktionärin und Außenministerin, trank beispielsweise ihren Morgenkaffee – hört, hört! Kaffee im Gefängnis! – nicht alleine, sondern gemeinsam mit den »Genossinnen« aus den Nachbarzellen.

Wenn ich sehe, wie vorsichtig, ja sogar »wohlwollend« die Prozesse heutzutage verhandelt werden, und zwar nicht die der einfachen Leute, sondern die der Unheilsbringer, die uns jahrzehntelang unterdrückt haben, erfüllt mich das mit Empörung:

Bei der Aufarbeitung nach der Revolution von 1989 gilt das besonders für das »Prinzchen« – diesen Spitznamen hatte die Bevölkerung Nicu gegeben, dem jüngsten Sohn des Diktators Nicolae Ceaușescu, der als aussichtsreichster Nachfolger seines Vaters gehandelt wurde und hohe politische Ämter innehatte. Im Prozess schuf die Toleranz des Richters eine Atmosphäre, in der nicht nur die Verteidigung, sondern auch die Ankläger, die ebenfalls sorgfältig ausgesucht worden waren, die Wahrnehmung des Angeklagten umzukehren vermochten. Das »Prinzchen« hatte sich durch seine häufigen Interventionen, bevorzugt in Momenten, in denen er eigentlich nicht zu Wort kommen durfte, als Retter aufgespielt. Die Zeugen der Anklage verwandelten sich zu Verteidigern, und die eigentliche Verteidigerin, Paula Iacob aus der Elite der

Bukarester Anwaltschaft, schmeichelte dem Gericht auf unangemessenste Weise und brachte alle Arten von raffinierten Beweisen vor, um ihren Klienten freisprechen zu lassen. Sie rechtfertigte ihre unverschämten Methoden damit, dass der Fall ihres Klienten die Bewährungsprobe ihrer Karriere sei. Damit beleidigte sie die vielen unschuldigen Helden, die während der Revolution ihr Blut geopfert hatten.

Als »Prinzchen« beschuldigt wurde, die Niederschlagung der Revolution 1989 in Sibiu mit dem Befehl »Schießt ohne Warnung!« angeordnet zu haben, versuchte Paula Iacob mit einer der perversesten Interpretationen, das Gericht davon zu überzeugen, dass sich die Anordnung nicht auf die Demonstranten bezog. Stattdessen hätte sie in dem Fall gegolten, hätten ausländische Kräfte unser Land angegriffen, sprich im Falle eines Kriegszustandes – wo, in Sibiu!?

Während des kommunistischen Regimes hielten sie uns Gefangene in größter Isolation, nicht einmal die Familien konnten etwas über uns herausfinden, um für die Verteidigung vor Gericht zu sorgen. Abgesehen davon bezweifle ich, dass damals ein außenstehender Anwalt den Mut gehabt hätte, eine politische Angelegenheit zu verteidigen. Uns blieb für die Verteidigung nur die Möglichkeit, einen »Pflichtverteidiger« aus den Getreuen der Kommunisten zu akzeptieren. Ihre Aufgabe bestand jedoch allein darin, dafür zu sorgen, dass man vor Gericht die Aussage aus der Befragung der Securitate aufrechterhielt, von der bekannt war, unter welchen Bedingungen sie einem abgerungen worden war.

Mein Verteidiger wurde erst am Vorabend des Prozesses zu mir geschickt; mir stand eine zehnminütige Beratung durch die »Türklappe« zu, getrennt durch Gitterstäbe. Dabei versuchte er, mich zu überreden, die vor der Securitate gemachte Aussage vor Gericht anzuerkennen, die mir nach acht Monaten im Gefängnis von Alba abgepresst worden war. Mein angeblicher Strafverteidiger behauptete, dass ich nur so »Milde« vom Gericht erwarten könne, als ob meine Strafe nicht bereits vorab entschieden gewesen wäre.

Exakt so kam es auch. Die Gruppe, der ich angehörte, bestand aus fünfzehn Angeklagten, die am 31. Januar 1950 vor Gericht standen. Sie umfasste die Personen, die als weniger involviert galten, keine politische Vorgeschichte hatten und nicht an den Aktionen der Widerstandsgruppe »Großer Berg« beteiligt waren.

Die Securitate aber übte auch in diesem Fall großen Druck auf das Gericht aus, damit unsere Gruppe hart bestraft würde. Mitten in der Verhandlung erkrankte der Richter plötzlich und wurde mit Hilfe seiner Beistände aus dem Gerichtssaal gebracht. Nach meiner Entlassung erfuhr ich von meinem Onkel, Justin Sava, der sich durch Beziehungen in den Prozess eingeschlichen hatte, dass der Richter die von der Securitate verhängten Strafen im Verhältnis zu unserer angeblichen Schuld als überproportional hoch angesehen hatte. Er wurde sofort von einem Militärrichter abgelöst, und wir wurden ausnahmslos zu zwei Jahren Gefängnis und jeweils einem Jahr Zivilverbot verurteilt. Die Strafe fiel für uns alle gleich und in jedem Fall viel milder aus, als wenn der erste Richter unseren Prozess fortgesetzt und die von der Securitate diktierten Strafen hätte anwenden müssen.

Zu dieser Zeit wurde das Gesetz einfach mit Füßen getreten. Es bedurfte nur der kleinsten böswilligen Information, um von der Securitate aufgegriffen zu werden. Die Zahl der Denunzianten nahm zu, und wenn man nicht zu ihnen gehörte oder ein möglicher

Gegner war – nach dem Motto: »Wer nicht für uns ist, ist gegen uns« –, und sei es nur durch soziale, intellektuelle, bäuerliche oder eine andere Zugehörigkeit, konnte man Opfer persönlicher Rache mit exzessiv hohen Strafen werden.

Allein in der Zeit der Kollektivierung wurden hunderttausende von Bauern, die sich dieser Vorgehensweise widersetzten, zusammengetrieben und ohne Gerichtsverfahren in Gefängnisse geworfen oder deportiert. Welche Verbrechen wurden wohl auf nationaler Ebene begangen?

Klagen aller Art und aller politischer oder kultischer Schattierungen überrollten das Land. Es gab kaum eine Familie, die nicht auf die eine oder andere Weise trauerte. Und als wären meine Leiden und die meiner Mama noch nicht genug gewesen, wurde 1958 auch mein jüngerer Bruder Dorin verhaftet, einfach weil sein Name im Zuge einer Durchleuchtung im Adressbuch seines ehemaligen Universitätskollegen, Ingenieur Mihai Grama, gefunden wurde.

Ingenieur Grama, den ich aus der Studienzeit kannte, ein harter, antikommunistischer Moldawier, hatte auf dem Universitätsplatz eine Kundgebung für den friedlichen Sturz des kommunistischen Regimes organisiert. Er wurde dafür zu »lebenslanger Zwangsarbeit« verurteilt, dann aber 1964 freigelassen, als Gheorghe Gheorghiu-Dej das Dekret zur Freilassung aller politischen Gefangenen erließ.

In diesem vielbeachteten Prozess wurde mein Bruder zunächst für sechs Monate verurteilt und nach sechs Monaten Haft in Bukarest entlassen. Da dieses Dekret ihm das Recht gegeben hätte, Entschädigung und seine Wiedereinstellung auf seinem früheren Posten einzufordern – der zwischenzeitlich besetzt worden war –, legte die Staatsanwaltschaft Berufung ein, woraufhin Dorin nun zu einem ganzen Jahr verurteilt wurde und einige Monate später zur Verbüßung des Rests seiner sechsmonatigen Haftstrafe wieder inhaftiert wurde.

Zur Berufung war mein Bruder ohne Anwalt erschienen und hatte auf überzeugende Weise selbst seine Unschuld beteuert. Da der Richter jedoch nicht den Mut hatte, sich der Staatsanwaltschaft zu widersetzen, gab er auf schmutzige Art und Weise nach und brachte zwar seine Verurteilung, nicht aber seine sofortige Verhaftung vor Gericht. Einige Monate später kam ein Milizionär mit dem Befehl, meinen Bruder zu verhaften, und brachte ihn mit der Straßenbahn zum Gefängnis.

Aus den späteren Erzählungen meines Bruders erfuhr ich, dass das Militärgericht am Tag des Prozesses zunächst von Waffen bedrängt wurde. Ingenieur Grama sei in einem nicht wiederzuerkennenden Zustand vorgeführt worden, ein echtes Wrack, das die Fragen des Richters kaum mit »Ja« oder »Nein« beantworten konnte. Er rettete sich schließlich vor der Todesstrafe, indem er auf die Frage, wie er den Sturz des Regimes habe herbeiführen wollen, mit Gewalt oder mit welchen Mitteln, antwortete, er habe es »ohne Gewalt« gewollt. An dem Prozess waren nur Intellektuelle beteiligt, fast ausschließlich Ingenieure, und das zu einer Zeit, in der das Land unter einem akuten Mangel an Bauingenieuren litt. Dies führte auch dazu, dass das Gericht die übrigen Angeklagten zu deutlich geringeren Strafen verurteilte – bis zu zehn Jahren – als in anderen, ähnlichen Prozessen üblich.

Meine Gerichtsverhandlung im Januar 1950 wurde hingegen noch an ebenjenem Morgen beendet, ohne dass Zeugen gehört wurden, weder für die Anklage noch für unsere Verteidigung.

Hier ist die Verlesung meiner Aussage vor Gericht (Register 100, Band II), mit meinen Antworten auf die Fragen des Richters:

»Hat Ştefan Popa Sie besucht und wo?«
»Ştefan Popa kam dreimal zum Haus meiner Mama.«
»Woher kannten Sie ihn?«
»Ich kenne ihn, weil wir sechs Jahre lang Schulkameraden waren.«
»Wann hat er Sie zum ersten Mal besucht?«
»Er kam einmal, als ich Urlaub hatte.«
»Was hat er bei dieser Gelegenheit zu Ihnen gesagt?«
»Ich wusste nicht, dass er verfolgt wurde, dass er einer subversiven Organisation angehörte, er hat mir davon nie etwas erzählt.«
»Sie haben sich nicht gefragt, warum er so oft nach Aiud kam?«
»Ich glaube, er hatte eine sentimentale Bindung an Aiud.«
»Hat er Ihnen nicht gesagt, dass er verfolgt wird?«
»Er sagte mir, er sei von zuhause weggelaufen, aber ich habe ihn nicht gefragt, warum.«
»Sie haben ihn nie gefragt, warum er weggelaufen ist und wen er fürchtete?«
»Beim dritten Mal kam er zu mir und erzählte, dass er von den Behörden verfolgt wird.«

An dieser Stelle hatte ich scharf interveniert und den Richter gebeten, die Verlesung meiner Aussagen – oder eher des Diktats der Securitate – zu unterbrechen, da ich nie gesagt hatte, dass er »von den Behörden verfolgt wird«, sondern dass er »von zuhause weggelaufen ist«, worauf der Richter der Schreibkraft Folgendes diktierte:

»Ich korrigiere, er sagte nicht, dass er von den Behörden verfolgt wurde, sondern dass er von zuhause weggelaufen war. Ich habe nicht darauf bestanden zu fragen, warum er von zuhause weggelaufen war.«

Der Richter berücksichtigte nur die Aussage, die ich der Securitate gegenüber gemacht hatte, nicht aber diejenige vor Gericht. Als ich nach dem Verhör an meinem »Verteidiger« vorbeiging, sagte er mir: »Habe ich Sie nicht gewarnt, dass der Richter Ihnen nicht glauben wird?« Worauf ich mit den Achseln zuckte: »Wenn er mir glaubt, gut, wenn nicht, kümmert es mich wenig!« Am Ende befand mich die Justiz also für schuldig der »Verbrechen der Verschwörung gegen die soziale Ordnung« nach Artikel 209, Absatz 4 des Strafgesetzbuches. Ich wurde zur Mindeststrafe von zwei Jahren verurteilt, wobei mir weitreichende mildernde Umstände zugestanden wurden, da ich keine politischen Vorstrafen hatte.

Nach meiner Rückkehr vom Prozess wurde ich mit den politischen Häftlingen und meinem ehemaligen Klassenkameraden Laurean Secinca, Doktor Albini aus Aiud, Vasile Sîrbu aus Cluj, Pater Oţoi und den übrigen in eine neue Zelle im Gefängnis von Alba verlegt.

Der Raum war klein, doppelt so lang wie breit, ohne Betten. Nicht einmal Pritschen standen auf dem Bretterboden. Es gab einzig eine Blechbüchse und einen Ofen, der abends – mitten im Winter, Anfang Februar – kaum flackerte. Nachts konnten wir gerade so die Beine bewegen, wenn wir wie Sardinen auf den Dielen lagen. In Absprache mit den anderen nahm ich den von ihnen am wenigsten begehrten Platz ganz hinten unter dem Fenster ein. Er war am weitesten vom Ofen entfernt, der direkt rechts von der Eingangstür stand, doch so bekam ich viel frische Luft. Im Gegenzug musste ich mehr Kälte ertragen als die anderen. Wo auch immer ich während meiner Haftzeit hinmusste, war meine erste Bemühung, unabhängig von den Bedingungen oder der Jahreszeit, so nah wie möglich an einem Fenster oder an einer anderen Öffnung zu sitzen. Ich war der Überzeugung, dass ich auf diese Weise leichter widerstehen und so meine Gesundheit besser bewahren könnte.

Eines Abends kam es zu einem regelrechten Aufstand gegen mich, als ich die abgestandene Luft der etwa fünfundzwanzig in der Zelle zusammengepferchten Menschen auffrischen wollte und Leute um den Ofen herum zu schreien begannen, ich solle sofort das Fenster wieder schließen.

Der von den Jahren mitgenommene Bauer Tiutiu, dessen Bruder zusammen mit seiner Frau nur wenige Monate zuvor in ihrem Haus in Aiud von der Securitate erschossen worden war, sagte zu mir: »Sie sind jung, Sie haben eine Chance freizukommen; doch ich, niemals.« Wenig später verstarb er im Gefängnis an einem fortgeschrittenen Leistenbruch.

Einige Tage nach meiner Verurteilung am 31. Januar 1950 erzählte mir eine meiner Zellenbekanntschaften, dass es ihm gelungen war, Petru Mărgineanu – meinen zukünftigen Schwiegervater – zu sehen, als er in Sibiu aus seiner Zelle geholt wurde, die fast gegenüber der unseren gelegen hatte. Er sei immer noch derselbe robuste Bauer gewesen, den er gekannt habe. Um den 23. Februar 1950, als ich vom Gefängnis in Sibiu in das Gefängnis in Aiud verlegt wurde, befand sich Petru Mărgineanu also noch immer in Sibiu. Ich frage mich bis heute, wie es möglich ist, dass dieser gute Mann nur zwei Monate später, am 5. April 1950 mit der Diagnose »Herzversagen« starb, ohne dass er liquidiert worden wäre.

Aus den Gemeinden um Teiuş wurden 1949 neben anderen Bauern auch sechs wohlhabende Landwirte verhaftet, die in den Fall »Großer Berg« verwickelt waren – Ioan Bedeleanu, Florian Picoş, Emil Dalea, Emil Olteanu, Sabin Gaboş, sowie auch mein Schwiegervater Petru Mărgineanu – und zu je zwanzig Jahren Zwangsarbeit verurteilt. Laut Urteil Nummer 848 vom 20. Oktober 1949 soll Petru einer der Köpfe der Organisation gewesen sein.

Tatsächlich hatte mein Schwiegervater eine enge Beziehung zu dieser Widerstandsgruppe unterhalten und als angesehener Bauer und Bürgermeister der Gemeinde Obreja bei Alba vielen ihrer Mitglieder geholfen. Aber weder war er auf der Flucht, noch nahm er an den Kämpfen zwischen der Gruppe und der Securitate teil, so dass die verhängte Strafe und Konfiszierung seines gesamten Eigentums übermäßig hart war. Er musste meiner Meinung nach vor allem für seinen erbitterten Widerstand gegen die Kollektivierung bezahlen, der das Regime fast die gesamte bäuerliche Bevölkerung des Landes opferte.

Nur wenige Monate nach ihrer Verurteilung wurden sie alle am gleichen Tag, dem 5. April 1950, für tot erklärt. Die Sterbeurkunden wurden erst nach sieben Jahren ausgestellt, ironischerweise vom Rathaus in Cluj, um die in Sibiu begangenen Verbrechen zu vertuschen.

Keiner der Verurteilten der gleichen Strafgruppe konnte uns später sagen, dass sie die sechs Verschwundenen je irgendwo getroffen hatten, weder in Aiud noch in Gherla oder in einem anderen Gefängnis, und auch nicht bei der Zwangsarbeit am Kanal, was zusätzlich bestätigt, dass sie am 5. April 1950 in Sibiu liquidiert wurden.

Der in Aiud verstorbene Professor Mihuţ aus Lugoj, der zuvor mit Petru Mărgineanu längere Zeit in einer Zelle in Sibiu verbracht hatte, hinterließ folgende Zeilen: »Der tapfere und furchtlose rumänische Kämpfer wurde eines Nachts in Sibiu hingerichtet!« Und schließlich erwähnte der Bruder meines Schwiegervaters, Professor Nicolae Mărgineanu, – selbst in einem anderen Prozess 1948 zu fünfundzwanzig Jahren verurteilt, erst 1964 freigelassen – auf Seite 207 seiner erst 1991 veröffentlichten Memoiren: »Oberst Crăciun erschoss auch meinen Bruder im Gefängnis zusammen mit fünf anderen Bauern aus Galda und Mihalț.«

Tatsächlich suchte Professor Nicolae Mărgineanu bereits kurz nach seiner Entlassung aus dem Gefängnis in seinem Freundeskreis – einige davon in hohen Positionen – und unter seinen ehemaligen Studenten nach der Wahrheit über den Tod seines Bruders. Auf Nachfrage meiner Frau antwortete er, dass man ihm freundschaftlich geraten habe, die Recherche in einer so delikaten Angelegenheit vorerst einzustellen. In Wirklichkeit aber bewahrte er dieses Geheimnis bis zu seinem Tod und der Veröffentlichung seiner Memoiren, um die ohnehin schon sehr schmerzhafte Trauer meiner Frau nicht noch zu vergrößern. Unsere Kinder und ich wissen nur zu gut, wie viele Tränen meine Frau auch zwanzig Jahre später noch vergossen hat und dass sie lange Zeit mit der Hoffnung lebte, ihr Vater befände sich irgendwo im Exil, von wo aus er nicht kommunizieren könnte.

In Anbetracht all dessen ist die offensichtliche und einzig logische Schlussfolgerung, dass mein Schwiegervater und die übrigen Bauern in Sibiu am 05. April 1950 liquidiert wurden. Wie sonst hätten sie alle am selben Tag an einer »natürlichen Ursache« gestorben sein sollen. Auf den Totenscheinen standen als Todesursachen: Herz-, Kreislauf- oder Lungenversagen. Sechs junge Bauern, alle aus derselben Gruppe Inhaftierter, nur fünf Monate nach ihrer Verurteilung.

Erst jetzt nach der Revolution kommt ans Licht, wie viele Hinterbliebene im Lande verzweifelt versuchen, in den Büros der »Behörde ehemaliger politischer Gefangener« auch nur die kleinste Information über die Verschwundenen zu erhalten, so wie wir es ebenfalls versucht haben – seit 1968, als wir im Staatsrat eine Audienz bekamen, wo wir Stadtrat Haiduli die Sterbeurkunden dieser Ermordeten überreichten, ohne dass es irgendein Ergebnis gab.

Die Methoden der Vernichtung waren von der abscheulichsten Art: Liquidierung wegen des Vorwurfs, einen Fluchtversuch unternommen zu haben; Liquidierung durch physische oder psychische Folter oder Fälle, in denen die Häftlinge, nachdem sie einen Zustand völliger Erschöpfung erreicht hatten, herausgeholt und zusammen mit anderen zu transferierenden Häftlingen in Transporter gesteckt, herumgefahren und jeweils dort begraben wurden, wo ihr Ende kam.

Einen Monat nach meiner Verurteilung wurde ich also am 24. Februar 1950 in das Gefängnis von Aiud verlegt. Es galt als das gefürchtetste Gefängnis des Landes, in das im Laufe der Jahrzehnte ein Großteil der ehemaligen Minister und hohen Würdenträger dieses Landes gebracht worden war, von denen die meisten dort ihr Leben verloren.

Um dorthin zu gelangen, musste ich durch fünf massive Tore in sehr hohen Mauern gehen. Was ich hier vorgefunden habe, wage ich gar nicht zu beschreiben. Meine Zelle war zwar mit ein paar rostigen Metallbetten ausgestattet, über die ein paar zerfledderte und stinkende Decken geworfen wurden, doch sie waren so verschmutzt, dass der Staub, den ich in meinen Lungen spürte, sich nicht mehr beseitigen ließ. Hier verbrachte ich auch meinen Geburtstag am 25. Februar, an dem ich achtundzwanzig Jahre alt wurde. In den etwa zwei Wochen, in denen ich hier festgehalten wurde, kamen wir nur zweimal an die frische Luft, in einem Innenhof, in dem wir hintereinander herliefen, in völliger Schweigsamkeit.

Was ist das für eine Ironie des Schicksals? Ein Gefangener zu sein in seinem eigenen Land, sogar in der eigenen Stadt! Als Kind und Jugendlicher war ich unzählige Male an diesem Gefängnis vorbeigegangen, ohne zu ahnen, wie viel Schmerz sich hinter den Gitterstäben verbarg, die auch hier mit schräg angebrachten Holzlatten verkleidet waren, um die stickige Zellenluft noch weiter zu beschweren.

Alles hier schien mir unheilvoll, und die Wachen waren erschreckend brutal. Aber Gott half mir, dieser Hölle innerhalb kurzer Zeit zu entkommen, indem wir Einheimische alle in das Gefängnis von Gherla verlegt wurden.

Wir waren ein Konvoi von etwa achtzig Personen, überwiegend Bauern. Mit dem Zug kamen wir in Gherla an und wurden in den hinteren Teil des Bahnhofs hinter eine Sicherheitsabsperrung geführt. Dort mussten wir, wie zum Gebet, niederknieen und wurden gezählt, genau in dem Moment, als die Stadtuhr Mitternacht schlug.

Das Gefängnis, das sich über mehrere Stockwerke erstreckte, sah aus wie eine riesige Kaserne. Das galt auch für den Flur, durch den ich eintrat. Die Wände, die zu den Zellen in den oberen Stockwerken führten, waren stellenweise mit Büscheln künstlicher Blumen geschmückt, die mich auf den ersten Blick an einen gepflegten Konzertsaal denken ließen, zumal der breite, langgezogene Gang mit einem Mosaikboden ausgelegt war, der vor Sauberkeit glänzte.

Die ersten Tage wurden wir in einem sehr geräumigen Zimmer unter Quarantäne gestellt, in dem jeder von uns statt eines Bettes zwei Matten bekam, die wir im Zimmer auslegten. Tagsüber wurden wir gezwungen, auf dem frei gebliebenen Platz zu stehen.

Nachdem wir gestreifte Kleidung angezogen hatten, wurden wir – einige Intellektuelle aus der Umgebung von Aiud, darunter mein ehemaliger Klassenkamerad Laurean Secinca, Vasile Sârbu, Doktor Albini, Pater Oţoiu und Romulus Pop – in eine kleine, dunkle Zelle gebracht, die in Ermanglung eines Fensters nur gelüftet werden konnte, wenn die Tür zu den Zeiten unseres Spaziergangs geöffnet wurde.

Nach etwa einem Monat wurden wir sechs in eine größere Zelle verlegt, dort waren wir insgesamt etwa dreißig Personen. Der Raum war sehr sauber und hatte zwei Fenster, die eine vollständige Belüftung ermöglichten. Am Eingang auf der linken Seite befand sich eine »Toilette« im türkischen Stil mit einem Wassertank darüber, von einem behelfsmäßigen Sichtschutz umgeben, so dass sich niemand genieren musste. Es gab weder Betten noch Decken. Wir schliefen auf zwei Matten, die direkt auf den Zement gelegt wurden.

Von allen Anwesenden blieben mir im Gedächtnis: Aurelian Pană, ehemaliger Landwirtschaftsminister während der Militärdiktatur unter Marschall Antonescu, von großer Statur und über siebzig, der einmal ein fülliger, sogar schwerer Mann gewesen war. Nun war er jedoch so geschwächt, dass seine Ohrmuscheln das Erste waren, was einem ins Auge fiel, da sie im Vergleich zu seinem eingefallenen Gesicht besonders ausgeprägt erschienen.

Neben ihm, ungefähr genau mir gegenüber, saß ein junger ehemaliger Kavallerieoffizier, der sich ständig mit dem Minister unterhielt. Außerdem ein Legionär Anfang dreißig, mit starkem Willen und robustem Optimismus. Er wurde zu fünfzehn Jahren verurteilt, von denen er bereits einen großen Teil verbüßt und sich trotzdem noch eine leichte Wangenröte bewahrt hatte. An seinem definierten Oberkörper waren ausgedünnte Muskeln zu sehen, ohne die geringste Spur von Fett. Das wenige Waschwasser, das wir bekamen, teilte er sich derart ein, dass er, bis zur Taille entkleidet, jeden Morgen seine Brust damit erfrischen konnte, um die lange Haft besser zu überstehen.

Die Erinnerung an diese drei blieb mir vor allem nach einem Akt der Barbarei präsent, den der Kommandant des Gefängnisses begangen hatte: Lazarus, ein exaltierter Mann mit welligem Haar, ordnete einmal an, mehrere Häftlinge aus jeder Zelle in den Hof zu bringen, darunter auch diese drei. Mit einem Knüppel in der Hand jagte er sie durch den Hof, bis der Schweiß an ihnen herunterlief. So entflammt, führte er sie in den kalten Korridor und zwang sie, sich bis zur Taille entkleidet mit dem Rücken auf den kalten Zement zu legen. Als sie in die Zelle zurückkehrten, waren sie nur noch ein Schatten ihrer selbst. Im Angesicht dieser unmenschlichen Taten wurde uns klar, dass es auch dort noch schlimmer werden würde.

Im Gefängnis versuchte jeder von uns, auf seine Weise gesund zu bleiben. Ein Mitgefangener war beispielsweise davon überzeugt, dass der Organismus durch das ausgiebige Kauen jeder einzelnen Bohne oder Graupe mehr Nährstoffe aufnehmen würde, wodurch er beim Essen viel länger brauchte.

In Wahrheit aber war das Essen für einen gesunden Körper selbst bei völliger Inaktivität absolut unzureichend. Morgens gab es einen dünnen Brei, den Doktor Albini mit solchem Appetit verschlang, dass er uns eines Tages sagte: »Ihr sollt wissen, wenn ich nach Hause komme, werde ich den Brei in meine Frühstücksroutine einbauen.« Wie verkümmert konnten wir nur sein, dass ein flüssiger Brei wie der großartigste

Kuchen erschien? Mittags und manchmal auch abends gab es Bohnen oder Graupen, an Festtagen erblickten wir sogar ein paar Krümel Fleisch oder Innereien; einmal opferten sie an einem Sonntag sogar ein Pferd, das allerdings nur noch aus Haut und Knochen bestand.

In Gherla durften wir uns niemals auch nur mit dem kleinsten Eckchen Papier erwischen lassen, obwohl es für die natürlichen Bedürfnisse unerlässlich war. Die einzige Möglichkeit bestand darin, Taschentücher, Unterwäsche oder den Bezug der Schlafmatte zu opfern. Der Minister, der besondere Hygienebedürfnisse des Alters zu ertragen hatte, griff auf seine eigene Feldflasche zurück, aus der er das dafür notwendige Wasser schöpfte.

Glücklicherweise waren wir nicht lange in Gherla, denn kurz nach meiner Verlegung geschahen dort schreckliche Dinge: Das Pitești-Experiment, benannt nach dem Ort, an dem die grausame Umerziehungsmethode Ende 1949 zum ersten Mal exerziert wurde, drang bis in das Gefängnis von Gherla, wo der Minister Pană 1954 starb. Es handelte sich um eine Praxis, bei der sich Häftlinge gegenseitig foltern mussten und die viele unschuldige Opfer unter den Studenten von Pitești forderte, weit genug von den Toren der Stadt entfernt, dass die Schreie der Versuchspersonen nicht zu hören waren.

Nach ungefähr vier Monaten wurden wir Anfang Juni in einen Zug zum Donau-Schwarzmeer-Kanal gesetzt. Wir waren mit mehr als hundert Personen in einer Hälfte eines Waggons eingepfercht; die andere Hälfte war wiederum zweigeteilt: zum einen für die Sicherheitskräfte, die uns begleiteten, und zum anderen für die Gefängniszellen, in denen als gefährlich eingestufte Gefangene transportiert wurden.

In unserer Hälfte des Waggons befanden sich Bänke zu beiden Seiten sowie zwei Reihen von Bänken in der Mitte, wobei die Sitze Rücken an Rücken angeordnet waren. Ich fand leider nur in der mittleren Reihe einen Platz und war gezwungen, zwei Tage und zwei Nächte lang so eingekrümmt zu reisen, denn bereits im benachbarten Cluj – und nicht nur hier – wurde der Wagen auf ein totes Gleis gezogen. Dort betrachtete ich mehrere Stunden lang durch die Gitterstäbe des mit Maschendraht ausgekleideten Fensters das Treiben auf der Straße neben der bunten, lebhaft bemalten Statue einer Frau mit einem Blumenkorb. Erst mitten in der Nacht kamen wir in Bukarest an. Auf einem stillgelegten Gleis des Rangierbahnhofs in Chitila verbrachten wir eine schreckliche Nacht im Waggon in der stickigen, vom Tag aufgeheizten Luft. Völlig dehydriert baten wir um Wasser, was die Wachen jedoch ablehnten. Die Fahrt über die Bărăgan-Ebene mit langen Stopps in der Hitze des nächsten Tages verschlimmerte unser Leiden noch, zumal noch weitere lange Stopps eingelegt wurden.

So kamen wir erst am nächsten Morgen gegen 4:30 Uhr im sechshundert Kilometer entfernten Cernavodă an und hielten irgendwo auf einem Feld, nicht weit von der Saligny-Brücke entfernt. Wir stiegen aus und legten uns im frischen Duft der Morgendämmerung völlig erschöpft in das weiche Gras, nach einer barbarischen Reise, ähnlich jenen unbarmherzigen Transporten, die wir aus den Dokumentarfilmen über die Deportation der Juden kennen. Danach wurde der Waggon gründlich kontrolliert, wir wurden gezählt und zur Kolonie Cernavodă gebracht, die schwer bewacht auf einem Hügel lag.

Obwohl wir todmüde waren, schickten sie uns sofort los, um Möhren und Kartoffeln für das Mittagessen zu schälen. Wir bekamen nur etwas Leichtes zu essen, angesichts der Tatsache, dass wir für die ganze Reise nur etwas Brot und Marmelade bekommen hatten und uns nun nicht den Magen verderben sollten.

Am Nachmittag wurden wir sofort zur Arbeit geschickt ohne irgendwelche Anweisungen oder zu erreichende Vorgaben – wohl wissend, dass wir nicht fähig sein würden, diese auch nur ansatzweise zu erfüllen. Auch wenn mir der Chef der Kolonie ein anständiger Mann zu sein schien, war die zu erfüllende Arbeit wahrhaft für Sträflinge. Meine Brigade wurde nicht weit der Saligny-Brücke eingesetzt. Unsere Aufgabe bestand darin, Steinwälle zum Schutz des Donauufers zu errichten. Dazu mussten wir mit bloßen Händen Steinblöcke tragen – ganz oder in Bruchstücken –, die mit Kipplastern in Ufernähe gebracht worden waren, um sie dann in das Flussbett der Donau zu werfen. Dabei zerstörte ich mein einziges Paar Schuhe und zog mir eine Verletzung an der rechten Ferse zu, die im weiteren Verlauf zu eitern begann. Somit musste ich mehr als einen Monat lang mit einer Bandage an der Ferse barfuß auf einem Bein arbeiten und konnte nur mit den Zehenspitzen auftreten.

Anschließend wurden wir nach Süden versetzt, wo wir auf einer Hügelkuppe den sandigen Boden in Stufen abgraben mussten, um die Erde zum Donauufer zu bringen. Von dort wurde sie auf Fähren verladen und über die Donau transportiert. Die Arbeit am Hang war zwar unvergleichlich leichter, aber an heißen Tagen konnten wir unseren quälenden Durst nur stillen, indem einer von uns unter Bewachung mit einem Eimer hinuntergelassen wurde, um Wasser aus der Donau zu schöpfen. Die Folge war eine regelrechte Epidemie von Enterokolitis.

An einem der Tage, als wir abends in die Kolonie zurückkehrten, sprang einer der Männer aus einer Brigade vor uns aus dem Konvoi und rannte mit einem über den Kopf erhobenen Kreuz aus zwei Schaufeln zum Flussbett. Dabei sang er ein religiöses Lied. Es dauerte, bis die Wachen ihre Gewehre geladen hatten, doch dann sahen wir den armen Mann ein paar Schritte entfernt tot im Bett der Donau liegen. Aus den Schaufeln und einigen verknoteten Kleidungsstücken wurde sofort eine Bahre improvisiert, mit der ihn seine Kollegen in die Kolonie trugen.

Von Cernavodă wurde ich in die vier Kilometer entfernte Kolonie Saligny versetzt, um in unmittelbarer Nähe eines alten türkischen Friedhofs zu graben. Die Vorgaben für die zu grabende Menge waren sehr hoch, doch in Absprache mit dem Brigadeführer durften wir diagonal vorgehen, um am nächsten Morgen die Erde von dem für uns günstigeren Ende aus abzutragen.

Da ich mich vor den Ausgrabungen mit dem Spaten gruselte, schob ich den ganzen Tag bis auf die Unterhose entkleidet, barfuß und humpelnd von der noch nicht verheilten Wunde aus Cernavodă die schweren Schubkarren mit Erde und Skelettresten. Die Schädel stapelte ich zu einer Pyramide und erwies ihnen jeden Morgen die Ehre. Obwohl wir am Kanal eigene Betten hatten, litt ich am Anfang unter unbeschreiblichen Albträumen, durch die ich die ganze Nacht zwischen Traum und Wirklichkeit hin- und hergerissen wurde. Wenn ich morgens aufstand, war ich körperlich so erschöpft, dass ich nicht glaubte, arbeiten zu können.

In diesem erbärmlichen Zustand traf ich eines Sonntags auf zwei freundliche Männer, die sich auf der Durchreise zur Kolonie Periprava befanden. Sie boten mir Hilfe an und fuhren an meiner Stelle einige der Schubkarrenladungen. Ihre Namen waren Radu Jeny und Eugen Mărgineanu – Letzterer sollte sich später als der Bruder meiner zukünftigen Ehefrau herausstellen. Ganz allmählich begann ich mich schließlich zu erholen, obwohl ich die Arbeit an der Schubkarre fortsetzen musste.

An einem Abend sah ich einen jungen Mann aus Bukarest namens Magearu unweit der Drahtzäune nachdenklich spazieren gehen. Ihm gelang die Flucht. Es hieß, dass Magearu von außen geholfen worden sein musste, da er in einen Wagen stieg, der spurlos verschwand. Dafür musste die gesamte Kolonie büßen und verlor drei Monate lang das Recht auf Post und Besuche von Angehörigen. Diese Maßnahme beeinträchtigte mich nicht allzu sehr, da ich kurz darauf in die Kolonie Poarta Albă versetzt wurde, die sich auf halbem Weg zwischen Donau und Schwarzem Meer befand.

In dieser Kolonie, die sich über ein sehr, sehr großes Gelände erstreckte, ging es mir verhältnismäßig am besten. Die etwa fünftausend Insassen durften sich auf dem riesigen Hof ungehindert bewegen, es gab eine Bühne für kulturelle Veranstaltungen, einen Bolzplatz und viele Holzhütten mit primitivem Boden, die uns Unterschlupf boten. Unsere Brigade war für die Reparatur von Leitungen zuständig, eine Tätigkeit ohne Vorschriften und zu erfüllende Vorgaben, weswegen wir oft in aller Ruhe arbeiten konnten.

Die Glücklichsten, die am meisten verschont blieben, waren diejenigen aus der Künstlerbrigade. Sie arbeiteten nur in der Frühschicht und schaufelten ausschließlich Sand aus den Waggons. Zu den bekanntesten Künstlern dort gehörten: der Geiger Jean Ionescu sowie die Schauspieler Mircea Şeptilici und Horea

Căciulescu; alle drei waren wegen versuchten Grenzübertritts in die Türkei verurteilt worden. Auch der Prinz Mihai Constantin Basarab-Brâncoveanu arbeitete in dieser Kolonie an einem Kipper.

In der Baracke, in der wir wohnten, waren etwa vierzig Personen in Stockbetten aus Metall untergebracht. Der Chef der Brigade, Vâlcu, war ein ehemaliger Unteroffizier, der halbpolitisch, also wegen unerlaubten Tragens einer Waffe verurteilt worden war. Er war ein schweigsamer, ja grimmiger Mann, den ich von Anfang an mied. Er hatte das Privileg, getrennt von uns in einem kleinen Raum für Brigadekommandeure zu schlafen, links vom Korridor, der zu den Kasernen führte. Jeden Abend hielt er einen von der Verwaltung auferlegten, zwanzigminütigen »Umerziehungsunterricht« ab, in dem er uns einen Artikel vorlesen ließ, aber niemand hörte zu. Ich bezog ein unteres Bett, neben Oberst Moraru, dem ehemaligen Kollegen eines Onkels von mir, mit dem ich mich prächtig verstand.

Unter uns war auch ein Bauer aus Beiuș namens Bacos. Die Abende, die ich in Gesellschaft seiner großartigen Stimme verbrachte, waren ein wahres Vergnügen: Er sang Lieder, die ich noch bis heute summe. Ich kann mich nicht erinnern, in dieser Kolonie Hunger gelitten zu haben, zumal ich von meiner Mama Pakete erhielt, die hauptsächlich aus Süßigkeiten, Speck und Fleisch in Einmachgläsern bestanden.

Das einzig Unangenehme war, dass die Verwaltung Stănciugel zum Obersten Brigadier der Kolonie ernannte, einen Mann von beeindruckender Statur und mit überdimensionalen Händen, in denen er gewöhnlich eine Keule trug. Sobald er auftauchte, versteckten wir uns hinter den Baracken, weil wir befürchteten, er würde irgendeinen Grund finden, um sich uns vorzuknöpfen. Einmal gerieten zwei Männer in einen Streit, und ein dritter griff ein, um zu schlichten. Stănciugel bemerkte es, rief sie hinter eine Baracke, und es dauerte nicht lange, bis alle drei mit blutigen Nasen wiederkamen. Der Dritte putzte sich die Nase und sagte: »Das hat man davon, wenn man sich einmischt!«

Eines Morgens, nachdem wir gezählt worden waren, mussten wir auf dem Weg zur Arbeit umkehren. Die Zählung sollte wiederholt werden, und da weder beim zweiten noch beim dritten Mal die volle Anzahl herauskam, zählten sie uns noch einmal am Eingang der Kolonie einzeln durch. Gerüchte begannen zu kursieren, und als dann Stănciugel zu einer Strafarbeit an einem Bulldozer geschickt wurde, ahnten wir, dass etwas sehr Ernstes passiert sein musste. Es hieß, dass einige Tage zuvor ein Luftwaffenkommandant in die Kolonie gebracht worden war, der vom ersten Moment an einen erbitterten Streit mit dem leitenden Brigadier hatte. Stănciugel warf den Kommandanten wohl eigenhändig in den Kalkofen, was schließlich das Fehlen eines Mannes in der Kolonie erklärte. Die göttliche Strafe ließ aber nicht lange auf sich warten. Aus mehreren, völlig unabhängigen Quellen erfuhr ich, dass Stănciugel unmittelbar nach seiner Entlassung am Bahnhof von Constanța von der Frau des Kommandanten erschossen wurde.

Zutiefst betrübten mich auch die Folgen einer weiteren Verzweiflungstat des vielleicht jüngsten politischen Gefangenen, der eine Gymnasiastenmütze trug. Abends nach der Arbeit wuschen wir uns an den Wasserhähnen im Hof, als wir hinter der Kaserne H Schüsse aus Maschinengewehren hörten. Als wir uns entlang der Baracken näherten, die von Kugeln durchlöchert waren, sahen wir, wie der arme Schüler genau auf die Linie fiel, an der die verbotene Zone begann; ein etwa zwei Meter breiter, ausgehobener und geharkter Streifen Erde innerhalb der Kolonie. Dahinter folgte ein Stacheldrahtzaun, darauf ein weiterer geharkter Bereich und eine zweite Reihe Stacheldraht, also unüberwindbare Hindernisse; dazu waren die Wachtürme an den vier Ecken der Kolonie mit bewaffneten Wächtern besetzt.

Ich frage mich: Was für ein Herz musste dieser verbrecherische Soldat namens Chiorpec haben, der hoch oben in seinem Turm über dem Drahtzaun sitzend die Aktion des Kindes leicht und ohne Blutvergießen hätte verhindern können, wenn er nur die anderen Wachen mit seiner Glocke hinzugerufen hätte. Eine unschuldige Seele hätte so gerettet werden können, die aus purer Verzweiflung zu dieser aussichtslosen Tat getrieben worden war. Der Anblick des armen Kindes, das mit dem Gesicht nach unten auf den Drahtzaun fiel und nur mit seinem Kopf und ausgestreckten Händen in die verbotene Zone hineinreichte, wird mir immer im Gedächtnis bleiben. Von einem ehemaligen Mithäftling erfuhr ich erst kürzlich von der Belohnung, die der Wärter für seine Tat erhalten haben soll: fünfzehn Tage Urlaub sowie eine Geldprämie.

Die eiskalten Tage ließen uns in jenem Winter 1950/51 bei der Feldarbeit sogar die Seele gefrieren. Kein noch so großer Frost und heftiger Schneesturm konnte unsere Aufseher überzeugen, uns in den Baracken zu behalten, obwohl es nicht ein einziges Mal vorkam, dass wir in dieser Zeit mehr als zwei Schaufeln Erde am Tag ausgraben konnten, so gefroren, wie der Boden war. Allein der Weg zur Hochebene hätte uns schon gereicht, vor allem bei Schneesturm, wenn wir nur den frischen Schnee zur Seite schaufeln konnten. Sonst saßen wir stundenlang da, zusammengekauert, regungslos wie Pinguine im Polarwinter. Das sahen sie als vertretbare Bedingungen für »Kolonisten« an, wie sie uns dort nannten. In Wirklichkeit war aber jeder Einzelne von uns nicht mehr als eine Nummer in der Masse der Geiseln, die sich über die siebzig Kilometer des Kanals verteilten.

In ihrem Wahn, uns bis zur totalen Erschöpfung auszubeuten, erfanden sie schließlich den Titel »Stachanowist« für diejenigen, die »herausragende Leistungen« erbrachten. Zur Belohnung durfte man mit seiner Frau, je nach Verdienst, einige Stunden, einen Nachmittag oder sogar eine ganze Nacht in einer eigens dafür eingerichteten Hütte verbringen. Sie können sich vorstellen, welche übernatürlichen Anstrengungen einige von uns unternommen haben, um das zu erreichen.

In der Kolonie tauchten unterdessen immer größere Schaufeln auf, mit denen nicht wenige ihre Gesundheit ruinierten, ganz zu schweigen von den Schäden, die anderen durch die Anhebung der Grabungsvorschriften durch die Verwaltung zugefügt wurden. Gleichzeitig wurde auch die manuelle Be- und Entladung der Waggons ausgeweitet, was sich als wesentlich effektiver erwies, obwohl große Bagger zur Verfügung gestanden hätten. Mit so billigen und zahlreichen Arbeitskräften war ein Zug, egal wie viele Waggons er hatte, mit zehn Gefangenen pro Waggon in höchstens fünfundvierzig Minuten entladen. Dazu wurden auch wir Wartungsarbeiter eingesetzt.

Aber selbst unter diesen Bedingungen, unter denen es häufig zu schweren Unfällen kam, die zum Teil sogar provoziert wurden, und den Verbrechen, die sich gegen einige von uns richteten, bin ich nach wie vor der festen Überzeugung, dass »der Kanal« zweifellos die Rettung für all diejenigen von uns bedeutete, die sonst im Gefängnis hätten verenden müssen.

Unter diesen Bedingungen ist es nicht verwunderlich, dass einige Menschen nicht in der Lage waren, dem psychischen Druck standzuhalten, und zu Verzweiflungstaten getrieben wurden. Am Ende quälte auch mich die Unabsehbarkeit meiner Haft. Meine Strafe war bereits am 6. April 1951 verbüßt, und doch gab es keinerlei Anzeichen für meine Freilassung. Stattdessen wurde ich in die Kolonie Capul Midia versetzt.

Warum mussten sie mich, wenn sie mich schon nicht freigelassen hatten, ausgerechnet in diese elende Kolonie werfen, die dem Turm zu Babel glich? Dort befanden sich Menschen aller Herkunft und Facette, die von zuhause mitgenommen und ohne jegliches Verfahren eingesperrt wurden. Die meisten von ihnen waren wohlhabende Bauern, Gutsbesitzer, lästige Intellektuelle oder Personen mit hohen Positionen im ehemaligen Regime, dann die »cazieriști« – ehemalige Häftlinge, die nach bürgerlichem Recht verurteilt worden waren –, meist Menschen, die schwere Verbrechen begangen hatten, und vor allem international agierende Betrüger. Dann gab es noch uns, die politischen Gefangenen, die bereits ihre vom Militärgericht verhängte Strafe verbüßt hatten, aber weiter in »Verwaltungshaft« gehalten wurden, in vielen Fällen über Jahre hinweg. Und schließlich kam die schlimmste Kategorie, die der »Legionäre«. Sie wurden von uns völlig isoliert und durch einen Drahtzaun getrennt in derselben Kolonie gehalten. Wenn man versuchte, durch den Zaun auch nur ein Wort mit ihnen zu wechseln, lief man Gefahr, unter ihnen zu landen. Ihre Arbeit war am anstrengendsten und ihre Lebensbedingungen weit schlechter als unsere.

Eines Tages tauchte auf dem Rückweg von der Arbeit hinter uns eine Legionärsformation auf. Ein zerlumpter Haufen erschöpfter Männer, die sich mit schlurfenden Schritten voranschleppten, viele von ihnen getragen von den Jüngeren und Widerstandsfähigeren. Mit jedem unserer Schritte blieben sie immer weiter hinter uns zurück.

Dieses unglaubliche Bild erfüllte mich mit Mitleid und Entsetzen. Welche Verbrechen mussten diese Menschen begangen haben, um einer solch unbarmherzigen Behandlung ausgesetzt zu werden? Das Leben der Legionäre war so abgeschieden, dass es unter uns hieß, sie würden vor Hunger sogar das Gras in ihrem Hof und die kleinsten Tiere essen, die sich zu ihnen verirrten.

In dieser Kolonie wurde ich einer großen, neu gebauten Baracke zugeteilt. Der Platz war eng geworden, und wir mussten mit ständig neu ankommenden Konvois rechnen. Drinnen standen zwei scheinbar endlose Reihen von Pritschen; ich war also zu der primitiven Schlafsituation zurückgekehrt, die ich zuvor so lange zu ertragen hatte. Die große Anzahl von Menschen, meist Bauern, lag nachts so gedrängt, dass es sogar schwerfiel, sich von einer Seite auf die andere zu drehen. Da meine gewöhnliche Schlafposition mit angezogenen Knien war, erschien mir dieser Umstand am schrecklichsten, wo auch immer ich ihn zu ertragen hatte.

Ich wurde nicht weit von der Kolonie entfernt dem Betonwerk zugewiesen, einer Baustelle, die von einem Ingenieur geleitet wurde, der mit Frau und Tochter zwar in der von Stacheldrähten umgebenen Anlage lebte, jedoch frei und nicht inhaftiert war. Unsere Arbeit wurde wiederum von einem anderen, vom Regime ausgewählten Ingenieur koordiniert, dem ehemaligen Architekten und Gemeindevorsteher von Timişoara namens Adrian Suciu, mit dessen Namen viele der wichtigsten Bauwerke dieser Stadt verbunden sind. Er wurde unter dem Vorwurf der Ausbeutung ohne Gerichtsverfahren an »den Kanal« gebracht.

Eines Abends kam ich auf der ihm unterstellten Baustelle zu seiner Hütte, in der er mit seinem Helfer wohnte, einem Deutschen namens Günter Wagner. Sie machten mir das großartige Angebot, dass ich als Zeitarbeiter bei ihnen beschäftigt werden könnte. Ich hatte zwar auf dieser Baustelle gearbeitet, jedoch hatte ich mich meines Erachtens niemals derart hervorgetan, um ihre Aufmerksamkeit auf mich zu ziehen. Die überwiegende Mehrheit der Arbeiter waren Sinti und Roma, jene »cazieriști« ohne Schulbildung, die aber mit ihrer Gewandtheit verblüfften. Bis dahin hatte ich Seite an Seite mit ihnen in derselben Einheit gearbeitet und vieles über sie erfahren. Einmal sagte einer von ihnen empört zu mir: »Warum haben sie mich mitgenommen? Ich bin seit mehr als zwanzig Jahren raus aus dem Geschäft.« Wobei er sich auf Betrügereien bezog. Für die Kanalbaustellen wurden jedoch sehr viele Arbeitskräfte gebraucht, und ein Gesetz, um uns zu schützen, gab es damals nicht.

Als Tagelöhner arbeitete ich nun in einer Halle, in der ein kleines Büro eingerichtet war, unterstützt von Sucius Techniker Günter Wagner, von dem ich schnell lernte, was ich zu tun hatte. Ich war froh und zufrieden mit dieser Wendung der Dinge. Ingenieur Suciu war ein Mann über sechzig und stark übergewichtig. Irgendwann einmal erzählte er uns von dem Spott, den ihm die Verwaltung bei seiner Ankunft in der Kolonie entgegengebracht hatte. Zu ihrer Unterhaltung zwangen sie ihn, an einem Wettlauf zwischen Dünnen und Dicken teilzunehmen. Bei dieser Gelegenheit offenbarte er uns: »Aber wissen Sie, ›der Kanal‹ hat mir das Leben gerettet. In Freiheit wäre ich mit Sicherheit dem Tod geweiht gewesen mit den über hundertdreißig Kilogramm, die ich wog, als ich hier ankam.«

Mein Glück war jedoch nur von kurzer Dauer, denn bald wurde ich von der Verwaltung zu einer Baustelle im Nachtbetrieb abkommandiert. Das war ein schwerer Schlag für mich, zum einen wegen der anstrengenden Nachtschichten und zum anderen, weil ich merkte, dass ich nicht mehr lange in der Lage sein würde, psychisch durchzuhalten. Die Baustelle befand sich in Năvodari, etwa fünfzehn bis zwanzig Kilometer entfernt, wohin wir per Güterzug transportiert wurden. Unter uns waren einige der Roma, mit denen ich zuvor gearbeitet hatte, die uns auf der Fahrt mit ihren wunderbaren Liedern unterhielten. Wir gruben in Gruppen von je sieben Mann und warfen die Erde direkt auf Förderbänder, an deren Ende die Kipper warteten, um den Aushub zu entsorgen. In einer Nacht mussten wir pro Gruppe etwa zwanzig Kipper mit je circa zwei Kubikmetern Erde beladen. Wenn wir diese Vorgabe nicht erfüllten, wurde unsere Essensration halbiert, und wir mussten morgens, wenn wir erschöpft von der Baustelle zurückkamen, Kartoffeln oder Karotten für die Tagesmahlzeit schälen, anstatt uns hinlegen zu dürfen.

Ich fand diese Arbeit extrem anstrengend, doch dank einiger Bauern in unserer Einheit, die so hart arbeiteten, dass sie unsere gesamte Vorgabe erfüllten, wurde ich morgens um drei Uhr verschont, wenn ich keinen Fuß mehr auf die Schaufel setzen konnte. Unsere Arbeit begann abends um sieben Uhr und endete morgens um fünf, mit einer einstündigen Pause für das Abendessen, das um Mitternacht serviert wurde und immer aus einer gestreckten Karottensuppe bestand, die sie »sote« nannten und die fast allen von uns schwere Magenschmerzen verursachte.

Wir kamen nie vor acht Uhr morgens in der Kolonie an, da die Rückkehr von verschiedenen Faktoren abhängig war: der Abfahrt des Zuges, von der Strecke, die wir zwischen Baustelle und Gleisen zurücklegen mussten, von der Zeit, die für die Übergabe der Werkzeuge wie Schaufeln und Spitzhacken benötigt wurde, unserer Zählung beim Ein- und Aussteigen aus dem Zug sowie am Eingang der Kolonie. Nach unserer Ankunft wuschen wir uns und nahmen das Frühstück ein, so dass wir es trotz aller Eile und Müdigkeit nie schafften, vor halb zehn Uhr morgens den Kopf niederzulegen. Es folgte ein quälender Tagesschlaf, gedrängt auf harten und engen Pritschen. Wir ruhten etwa sechs Stunden am Tag, und um halb vier Uhr begann ein neuer Tag voller Qualen. Das Mittagessen bestand beinahe immer aus einer Schüssel mit Erbsen, oben schwarz vom Ungeziefer, das an der Oberfläche schwamm.

Die unzureichende und kalorienarme Ernährung führte bei vielen zu einem schweren Kalziummangel. Auch ich musste zwei Mal auf dem Zahnarztstuhl Platz nehmen. Das erste Mal in Alba-Iulia, wo Frau Doktor Păcală eine Extraktion im Gefängnis durchführte. Erst nach ein paar Tagen konnte ich erspüren, dass Frau Păcală mich nur mit halber Hingabe behandelt und eine hervorstehende Ecke des Zahnes stehen gelassen hatte. Noch unangenehmer war die zweite Situation, als ich in der Kolonie Capul Midia nicht lange nach dem Ziehen eines weiteren Zahnes eine starke Blutung an der Extraktionsstelle bekam. Ich war gerade wieder in der Kaserne angekommen, als die Ausgangssperre verhängt wurde. Dennoch rannte ich zur Arztpraxis über den Hof, wurde aber sofort von der Wache aufgefordert, zurückzukehren. Ich schrie, dass ich Blut im Mund habe, doch er antwortete, ich solle zurück in die Kaserne gehen und mich bis auf meine Unterwäsche ausziehen. Erst als ich diesen Befehl ausgeführt hatte, erlaubte er mir, die Krankenstation dennoch aufzusuchen.

Ein neuer Winter in Capul Midia stand kurz bevor, ich war verbittert und verzweifelte immer mehr, da noch immer kein Zeichen meiner Freilassung in Sicht war. Nach den Monaten der Nachtarbeit war ich geschwächt, zudem hatte ich nur zu dünne Kleidung für die kommenden kalten Monate. Also beschloss ich, die dünne Hose, die ich von zuhause für meine Entlassung erhalten hatte, gegen etwas Dickeres einzuwechseln. Ich tauschte sie gegen ein Paar bauschige Hosen aus russischem Stoff aus, die allerdings nicht lange hielten.

Am 8. November 1951, dem Tag der Heiligen Michael und Gabriel, wurde ich von der Verwaltung aufgefordert, meine Sachen zu übergeben, die ich in der Kolonie erhalten hatte. Ich war verwirrt, wie würde es weitergehen. Ich hatte Angst, erneut versetzt zu werden, obwohl ich andererseits auch froh war, der Hölle dort zu entkommen.

Wahrhaftig war jedoch endlich der Moment meiner Freilassung gekommen. Diesen Gedanken traute ich mich zu fassen, als ich etwa vierzig Personen in einem Lastwagen sah, der nur von einem einzigen Soldaten mit einer Pistole an der Hüfte und einer Tasche mit unseren Akten begleitet wurde. Am Bahnhof in Constanţa wurden wir in einen separaten Wagen der 2. Klasse nach Bukarest gesetzt. Ich war unendlich glücklich und schaute die ganze Zeit ungehindert aus dem großen Abteilfenster hinaus, und nicht wie bei früheren Transfers durch kleine Luken, die mit Gitterstäben und Drahtnetzen verhängt waren. Nach der Übergabe an das Sammellager in Ghencea-Bucur mussten wir allerdings noch eine weitere Woche strengster Behandlung über uns ergehen lassen. Die Zeit verging immer langsamer. In der Baracke, in der wir mit über hundert Menschen eingepfercht waren, zog es an allen Ecken und Enden, und die Wachen behandelten uns furchtbar.

Das Ende meiner Leiden kam schließlich am 11. November 1951, an einem kühlen Spätherbsttag, mehr als zweieinhalb Jahre nach meinem ersten Verhör. An diesem Tag wurden wir, eine Gruppe von sechzig bis achtzig Personen, ab acht Uhr morgens versammelt, um in die Freiheit entlassen zu werden. Obwohl wir uns so sehr danach sehnten, der erlebten Tragödie endlich zu entkommen, wurden wir noch bis zum Abend in dieser Formation gehalten. Wir erhielten unsere Mahlzeit stehend serviert, als man uns bei einer Ansprache, der niemand wirklich zuhörte, unter anderem mitteilte, dass wir unsere früheren Posten wieder einnehmen könnten – eine glatte Lüge, wie sich zeigen sollte.

Erst in der Abenddämmerung ließen sie uns alle fünfzehn Minuten in Gruppen von zehn Personen gehen, wahrscheinlich um unbemerkt zu bleiben und ein Gedränge vor dem Sammellager zu verhindern. Ich war glattrasiert und dünner als je zuvor, wog weniger als sechzig Kilogramm und trug eine schrecklich sitzende, bauschige Hose, die abrasierten Haare betonten meine eingefallene Figur noch mehr.

Als ich bei meinen Verwandten in Bukarest ankam, hielt sich meine Tante mitfühlend die Hand vor den Mund. Gugu, der Hund, den ich seit drei Jahren nicht mehr gesehen hatte, nässte sich noch vor dem Öffnen der Tür vor Freude ein, als er meine Stimme hörte. Ich zog in der Küche alle Kleidung aus und ging ins Bad, woraufhin mir mein Cousin Nicu einen seiner Anzüge gab. Mein Onkel Vidu schenkte mir einen Hut, der mir aufgrund der kahlrasierten Haare so sehr ins Gesicht rutschte, als hätte sich ein kleiner Junge den Hut seines Vaters aufgesetzt.

Ich hatte die Anweisung, Bukarest zu verlassen, mit der Auflage, innerhalb von achtundvierzig Stunden bei der Securitate in Aiud zu erscheinen, also fuhr ich am nächsten Morgen direkt dorthin. Meine Mama war per Telegramm über meine Ankunft informiert worden. Als ich am Bahnhof von Aiud ankam und sie in die Arme schließen konnte, waren die ersten Worte, die ich sagte: »Ich habe es ihnen gezeigt, diesen verdammten Kriminellen.«

Der Durst, mit dem ich diese Worte durch meine Zähne presste, wie auch der gewählte Moment sagten alles.

Damit endete die dunkelste Episode meines Lebens, obwohl mich die Auswirkungen bis heute verfolgen, wenn ich nur an das Stigma des ehemaligen politischen Gefangenen denke, das ich weitere vierzig Jahre tragen musste, während derer andere Kriminelle mit anderen, wenngleich genauso schmutzigen Methoden auch weiterhin versuchten, mein Leben in den Dreck zu ziehen.

Der erste Schlag war die unfreiwillige Festlegung meines Wohnsitzes in Aiud, obwohl ich in meinem Pass als Bürger der Hauptstadt eingetragen war. Eine Rückkehr in die Position bei der Nationalbank kam unter diesen Umständen nicht infrage, man sagte mir kategorisch, dass es dort keine freien Stellen gäbe.

Es folgte eine Degradierung vom Rang des Kavallerie-Reserveleutnants zu dem eines ausgebildeten Soldaten, wobei nicht berücksichtigt wurde, dass ich die Strapazen einer zweijährigen Militärschule auf mich genommen hatte. An dieser Stelle möchte ich den Eifer eines Offiziers des Kommissariats in Aiud erwähnen, dem es nach mehreren Monaten gelang, meinen Dienstgrad wiederherzustellen, obwohl ich ihn mehrfach gebeten hatte, sich meinetwegen keine Umstände zu machen.

Bei dem Versuch, eine Arbeit in Aiud zu finden, blieben mir die Türen für qualifizierte Arbeit verschlossen, überall wurde mir nur Arbeit für ungelernte Kräfte angeboten. Meine Rettung kam erst nach fünf Monaten, als ich mich auf schriftlichem Wege an Nelu Gabriş wandte, meinem Freund, bei dem ich zum Zeitpunkt meiner Verhaftung gewohnt hatte. Er war inzwischen von Blaj nach Târgu Mureş gezogen und arbeitete dort als Chefökonom bei der Firma Combustibilul. Aufgrund seiner Empfehlung und unter Umgehung der Prüfung durch die Ermittlungsbehörde holte man mich am 3. Mai 1952 für einen Monat auf Probe nach Târgu Mureş, wo ich später eine Stelle als Ökonom im Finanzdienst antrat. Am Ende des Monats schlug mich die Leiterin der Dienststelle, die mit meiner Arbeit zufrieden war, für eine feste Anstellung vor. Der stumpfsinnige Ermittler der Aufsichtsbehörde bezog sich jedoch nur auf meine Situation als ehemaliger politischer Gefangener und weigerte sich, mich zu beschäftigen, obwohl es zu der Zeit in Târgu Mureş einen großen Mangel an Ökonomen gab.

Seitdem wurde ich, von Juni bis September 1952, am Ende eines jeden Monats von der Aufsichtsbehörde entlassen, doch jedes Mal am nächsten Tag von meiner Chefin erneut angestellt, bis sie schließlich dem Ermittler zu verstehen gab: »Wenn du diesen Jungen nicht in Ruhe lässt, werde ich dich an seiner Stelle arbeiten lassen!« Am 1. September 1952 wurde ich fest bei dem Regionalunternehmen angestellt.

In der Zwischenzeit wurde Nelu Gabriş eines Nachts ohne Haftbefehl oder Gerichtsbeschluss aus seiner Wohnung geholt und »zum Kanal« gebracht, woraufhin ich seine Frau und das Gepäck zurück nach Blaj zu ihrem Haus begleitete.

Ganz langsam begann ich durch Fleiß aufzusteigen, bis hin zu einer verantwortungsvollen Position im Wirtschaftssektor. Im Dienst habe ich nie etwas von irgendjemandem verlangt, habe mich stets sehr bescheiden verhalten, und wenn ich doch einmal in die unangenehme Situation kam, mich vor Gericht mit meinem eigenen Unternehmen auseinandersetzen zu müssen, dann erst, als ich die Demütigungen nicht mehr ertragen konnte. Jedes Mal nämlich, wenn ich noch etwas weiter aufzusteigen hoffte, sorgte eine unsichtbare Hand dafür, dass die Leitung des Unternehmens, in dem ich arbeitete, daran erinnert wurde, bis zu welcher Ebene ich das Recht hatte, aufzusteigen. Während meiner gesamten Laufbahn wurde mein Werdegang zum Gegenstand von Spekulationen – je nach politischer Lage. In entspannteren Zeiten wurde ich in Betracht gezogen, verantwortungsvolle Positionen zu übernehmen, doch verschärfte sich die politische Lage, wurde ich aus dem Staatsapparat verdrängt.

Das betraf nicht nur ehemalige politische Gefangene, sondern all jene, welche die Spielregeln des Kommunismus nicht akzeptierten, in Unternehmen, bei denen die Kriterien für die Auswahl von Mitarbeitern – insbesondere für Führungspositionen oder verantwortungsvolle Aufgaben – nichts mit Kompetenz, Ehrlichkeit oder Arbeitswillen zu tun hatten. Das einzige »ausschlaggebende« Kriterium, das die Türen weit öffnete, war der Mitgliedsausweis der Partei. Das ist auch der Grund dafür, dass Millionen von Arbeitnehmern – zumeist ehrliche Menschen mit den unterschiedlichsten familiären Problemen – sich schließlich bereit erklärten, der Kommunistischen Partei beizutreten.

Ich persönlich habe nie, weder unmittelbar nach meiner Entlassung aus dem Gefängnis noch später, auch nur den geringsten Kompromiss akzeptiert, obwohl ich mich in jeder Hinsicht in einer Grenzsituation befand. Ich habe mich meiner Arbeit gewidmet, war sogar glücklich über das lächerliche erste Jahresgehalt von dreihundertneunzig Lei. Meine Frau arbeitete ebenfalls als Planerin in einem Unternehmen untersten Ranges.

In Ermangelung einer eigenen Wohnung mussten wir fast ein Jahr lang im gleichen Zimmer mit unseren Vermietern wohnen, dem ungarischen Ehepaar Török, zwei alten, herzensguten Menschen. Als es uns endlich gelang, eine Einraumwohnung zu bekommen, wurden wir mitten im Dezemberwinter wieder daraus vertrieben, unsere Sachen in den Hof geworfen, während meine Frau nach der Geburt unserer ersten Tochter Lidia noch im Krankenhaus war.

Ich bin sofort zum Bezirksstaatsanwalt gelaufen, da die Räumung des Eigentums nach einer Entbindung ein illegaler Akt war. Er wollte mir nicht einmal zuhören, als er erfuhr, dass es sich bei dem Drahtzieher um Biro, den örtlichen Leiter der Partei, handelte, dem unsere Wohnung zugeteilt worden war.

Anschließend meldete ich mich für eine Audienz beim Ersten Sekretär Benkö an. Er empfing mich und behandelte mich ebenso intolerant wie der Staatsanwalt, indem er mich aufforderte, die Stadt zu verlassen und nach Aiud zurückzukehren, woher ich gekommen war. Ich flehte ihn an, mir nur einen Monat lang Zutritt zu der Wohnung zu gestatten, und erklärte ihm, dass sowohl meine Frau als auch ich hier einen festen Arbeitsplatz hatten und wir es nicht riskieren könnten, mitten im Winter ein neugeborenes Kind mit dem Zug zu transportieren. Und so konnte ich ihn überreden, denn er griff zum Telefon und wies den Leiter Biro an, mir die Schlüssel zu übergeben, mit der Auflage, sie ihm nach einem Monat zurückzugeben. In der Zwischenzeit erfuhr ich, dass Biro auf das Zimmer verzichtet hatte, weil er sich ausgerechnet hatte, dass es zu klein für die Möbel war, die er mitbringen wollte. Als ich sein Büro betrat, warf er mir den Schlüssel mit einem ungarischen Schimpfwort auf den Schreibtisch und las dann weiter in einem dicken Buch mit rotem Einband, ohne zu mir aufzuschauen.

Als ich nach Hause kam, holte ich meine hingeworfenen Habseligkeiten vom Hof, rannte sofort in das nächste Geschäft, wo ich auf Raten die billigsten Schlafzimmermöbel kaufte, die ich finden konnte. Dann brachte ich meine Frau und meine Tochter aus dem Krankenhaus nach Hause.

In der Folge wurden wir nochmals aufgefordert, die Wohnung zu verlassen, aber nicht von Biro, sondern von einem seiner Freunde, der uns aber letztendlich auch in Ruhe ließ. Und so bekamen wir schließlich unsere Einzimmerwohnung ohne Küche und Bad, in der wir elf Jahre lang mit fünf Personen lebten – unsere zwei kleinen Mädchen Lidia und Rodica, meine Mama, die sich um sie kümmerte, meine Frau und ich. Erst danach bezogen wir eine Wohnung mit zwei Zimmern, Küche und Bad im Stadtteil des 7 November.

Alle Versuche der Securitate, mich zu rekrutieren (1956, 1959, 1985, 1989), konnte ich hartnäckig umgehen, wenngleich nicht ohne Folgen, und selbst nach meiner Pensionierung warnten sie, dass sie mich noch immer im Auge hätten. Aus dem einfachen Grund, dass wir nicht bereit waren, unser Gewissen zu verkaufen. Mein seelisches Gleichgewicht konnte ich nur mit der Unterstützung meiner Frau bewahren. Sie trug, trotz des Verlustes ihres Vaters im Gefängnis, stets alle Härten, denen wir uns stellen mussten, mit Fassung.

Seit ich ein kleines Kind war, haben sich die beispiellosen Grausamkeiten, die in Russland seit den ersten Jahren des Bolschewismus begangen wurden, in mein Gedächtnis eingebrannt. Das Wort »Kommunist« hat für mich immer »Schrecken und Mord« bedeutet. In unserem Land galt das während der fünfundvierzig Jahre kommunistischer Herrschaft ebenso, insbesondere in den Jahren 1948-1964, als kaum eine Familie nicht auf die eine oder andere Weise unter dem Terror dieses Regimes zu leiden hatte.

Jetzt, da die kommunistische Diktatur zerschlagen zu sein scheint, überflutet eine andere Bitterkeit meine Seele: Wie ist es möglich, dass sich heute, mehr als ein Jahr nach der Revolution von 1989, so viele Henker, die schon längst für ihre Verbrechen hätten zur Rechenschaft gezogen werden müssen, immer noch ungestraft vor unseren Augen bewegen? Wie kommt es, dass selbst jetzt noch Schweigen herrscht über all das Leid, das dieses Volk über so viele Jahrzehnte ertragen musste?

Die Antwort darauf habe ich zufällig in einer vor kurzem erschienenen Veröffentlichung gefunden, die ich hier wörtlich wiedergeben möchte:

»Denn viele, sogar sehr viele der Schuldigen«, die heute noch genügend hohe Ämter bekleiden, »befürchten, dass sie durch ein Geständnis der Wahrheit weitere erschreckende Dinge enthüllen könnten, die in den Untersuchungskammern und den kommunistischen Gefängnissen und Lagern passiert sind, die jede Vorstellungskraft übersteigen.«

Viele von uns haben die Initiative bereits ergriffen und ihre Memoiren geschrieben, auch wenn sie diese aus Angst vor den Verbrechern, die noch immer mächtig und zu Rache fähig sind, vorerst zu Hause unter Verschluss halten.

Auch ich habe meinen Beitrag dazu geleistet, indem ich meine Erinnerungen aufgeschrieben habe. Nur so können die Tatsachen, die dadurch offenbart werden – selbst wenn sie, wie ich in der Einleitung betonte, nur ein Bruchstück in der Kette so vieler Verbrechen darstellen, die im Laufe der Jahrzehnte begangen wurden –, in das »Große Buch« der Leiden unserer Nation aufgenommen werden, zu dessen Erstellung jeder beitragen muss, der die Schrecken des kommunistischen Regimes kennt oder durchlitten hat.

Târgu Mureș, Februar 1991

Horea Sava

III

Den ganzen Morgen über stand Béla auf dem Balkon und ließ aufgeregt seinen Blick über die Allee im Zentrum von Târgu Mureş schweifen. Der Himmel war stechend blau, die Sonne versetzte die Stadt in Trance, nur vereinzelt liefen Menschen umher. Vier Herren mit Schnurrbärten in dunklen Anzügen und breiten Hüten standen an einem Zeitungsstand und rauchten, mit dem Verkäufer in eine aufgeregte Debatte vertieft. Auf der zweispurigen Straße, die zu seiner linken von der orthodoxen Kathedrale am Kopfende der endlos langen Allee heranführte, quietschten die Bremsen eines cremefarbenen Dacia, um einer Mutter mit ihren zwei Söhnen den Übergang vom Mittelstück der blumengesäumten Allee zu ermöglichen.

Aus dem zweiten Stock schaute Béla direkt auf Augenhöhe in das Profil eines monumentalen Soldaten mit erhobener Flagge über dem Helm, eine riesige Statue zum Andenken an die Befreiung Siebenbürgens von der Hitlerbesatzung, die vom Direktor seines Kunstlyzeums erschaffen und erst wenige Jahre zuvor mit großem Aufwand auf dem Mittelbereich der Allee aufgestellt worden war, mit der Inschrift auf dem Sockel: »Ewiger Ruhm den Soldaten der rumänischen Armee, die ihr Leben für die Befreiung ihres Heimatlandes geopfert haben«.

Gegenüber sah er das Cinema Arta, ungefähr auf der Hälfte des Weges zur Kathedrale führte eine kleine Straße zwischen den herrschaftlichen Häusern einen Berg hinauf und am Hauptgebäude der Securitate entlang. Béla streifte mit seinen Blicken die im österreichisch-ungarischen Stil gestalteten Fassaden zu beiden Seiten der Piața Trandafirilor, dem Rosenmarkt mit den unzähligen Beeten zwischen blühenden Linden; ihr Duft lag als Grundakkord unter der Hitze weichen Asphalts und reichte bis zu seinem Wohnhaus, einem kalten Block ohne jegliche Eleganz. Zu seiner Rechten grenzte das Haus direkt an den Kulturpalast, als brutaler Riss zwischen grauem Neubau und lebhaftem Jugendstil.

Oft hatte er sich über den Künstlereingang im Innenhof seines Wohnhauses in den Palast geschlichen, zahllose Proben aus der Deckung beobachtet, mal waren es ungarische Theaterstücke, mal rumänische, mal probte das Philharmonische Orchester. Wenige Monate vor diesem Sommer des Jahres 1968 war Béla dreizehn Jahre alt geworden. An seinem Geburtstag hatte er im Kulturpalast einer Probe des Violinkonzerts in e-Moll von Mendelssohn beigewohnt, das ihn tief bewegt hatte. Deswegen hatte er sich vorgenommen, die Anfangstakte der Solovioline über die nächsten Monate zu üben, um sich in den Ferien Eintritt zu dem prunkvollen Saal zu verschaffen und diese Melodie dort selbst erklingen zu lassen. Die Akustik stellte er sich berauschend vor. Als er mit seiner Familie für zwei Wochen aufs Land verreist war, hatte Béla die Geige mitgenommen und dadurch die Nerven seiner Eltern und der beiden älteren Geschwister aufs Äußerste strapaziert.

Nun waren sie zurück, und er konnte es kaum erwarten, den Klangunterschied zu hören zwischen dem hallenden Konzertsaal und dem engen Zimmer, in dem er geübt hatte. Da der Künstlereingang des Kulturpalastes in den Sommerferien verschlossen war, musste er sich einen anderen Weg suchen. Der Geigenkasten lag griffbereit hinter ihm, nun musste nur noch ein bestimmter Transportwagen erscheinen, der den Bäcker im Kellergeschoss des Hauses ablenken würde, doch die Lieferung ließ auf sich warten.

Die Mutter mit ihren zwei Söhnen hatte die Straße nun überquert, versuchte aber vergeblich, ihre Kinder bei sich zu behalten, denn sie rannten wild hintereinander her. Einer der beiden hechtete hinter den Zeitungsstand, der andere versuchte ihn zu greifen, stolperte und fiel den immer noch diskutierenden Herren vor die Füße. Sie bückten sich sofort nach ihm, doch die Mutter keifte die Männer an, ihren Sohn nicht anzurühren. Abgelenkt von der Aufregung bemerkte Béla den heranfahrenden Transportwagen schließlich erst, als er bereits in die kleine Straße neben dem Wohnhaus einbog und auf den Hinterhof fuhr, in dem der Bäcker bereits den ganzen Morgen untätig im Hof auf seine Lieferung gewartet und geraucht hatte.

Nun hatte Béla bloß ein kleines Zeitfenster, um seinen Plan umzusetzen. Er griff nach seinem Geigenkasten, huschte im Schlafzimmer der Eltern an seiner Katze und den streitenden Geschwistern vorbei, am Bad entlang durchs Wohnzimmer, jetzt leiser, da die Mutter in der Küche beschäftigt war, zum Glück mit dem Rücken zur Tür. Nur noch durch die Wohnungstür, schon war der erste Teil der Etappe geschafft. Im Treppenhaus übersprang er jede zweite Stufe. Unten angekommen ertönte die Stimme seiner Mutter auf Ungarisch durchs Treppenhaus, dass er in einer Stunde zum Essen wieder da sein solle.

Béla schaute um die Ecke und sah, wie der Bäcker dem Fahrer eine Zigarette anbot. Dies war der Moment, alles lief nach Plan. Er rannte mit dem Geigenkasten an der Außenwand um die Ecke und die Treppe zum Keller der Bäckerei hinunter, dann am Ofen vorbei zur hinteren Eisentür, die direkt in den Keller des Kulturpalastes führte. Sie war nicht verschlossen. Er schlich die dunkle Treppe hoch, trat durch eine weitere schwere Tür, lief an den Toiletten vorbei und betrat durch eine Schwingtür schließlich das Foyer des Palastes. Er lauschte, doch keine Menschenseele war zu hören.

Zerteilt vom pochenden Takt der Aufregung in seinen Ohren wurde jeder seiner Schritte tiefer klingend vom Gewölbe reflektiert. Am großen Spiegel der Eingangshalle zwinkerte er sich zum erfolgreichen Einbruch selbst anerkennend zu und bemerkte neben dem Spiegel eine alte Statue, vor der ihm noch vor wenigen Jahren sehr gegruselt hatte. Er begrüßte Beethoven, dessen Blick aus der riesigen Büste vor dem Gang zum Parkett wütend ins Leere schaute. Béla lief zur vordersten Tür, öffnete sie und betrat den Konzertsaal. Eine riesige Holzkonstruktion erstreckte sich vom Zuschauerraum bis an die Decke des Saales, die in einer neuen Farbnuance frisch gestrichen worden war. Die Sitze waren abmontiert, auf der Bühne aufgestapelt und abgedeckt, wie auch der gesamte Holzboden des Zuschauerraumes unter den Gerüsten mit Planen zum Schutz belegt war.

Das war's, die Akustik war dahin. So sehr hätte er sich gewünscht, zu hören, wie der Klang seiner Geige durch die Architektur vervielfacht wurde; er hustete – nichts. Es klang genauso trocken wie in seinem Zimmer. Béla näherte sich der tiefsten Ebene des Holzgerüstes, legte die Violine zuerst auf der höheren Etage ab und zog sich dann selbst hinauf, weiter zur zweiten, dann zur dritten auf der Höhe des ersten Rangs. Seine Arme zitterten bereits beim Erreichen des zweiten, doch auch der dritte musste noch erklommen werden, ehe sich die Decke über ihm zeigte. So hoch war er noch nie gewesen.

Er öffnete den Geigenkasten, griff nach seinem Instrument, verbeugte sich, die Stille applaudierte ihm. Dann nahm er vom imaginierten Oboenton die Stimmung ab, nickte in seiner Fantasie dem Dirigenten zu, ehe er schließlich den Bogen an die Saiten führte. Mendelssohn erklang, umgeben von den noch feuchten Farben des Kulturpalastes. Mit ungeheurer Virtuosität ließ er die ersten Takte erklingen, unspielbar schwere Passagen flirrten über alle Saiten und Lagen hinweg, doch Béla war nicht zufrieden. Er wusste, es würde noch ein weiter Weg sein, bis er die Stimme seiner Geige so beherrschen würde, wie sie in seiner Vorstellung erklang, vielleicht irgendwann einmal in diesem Saal nach seiner Fertigstellung, vielleicht sogar vor Publikum.

Er legte sein Instrument zurück in den Kasten und schaute zur Decke. Er streckte sich, soweit er konnte, nur wenige Zentimeter fehlten ihm, um das mit Blattgold ausgefüllte Relief zwischen den fliederfarbenen Abgrenzungen zu berühren. Béla atmete tief ein, nahm Schwung und spürte, wie sich die Gravitation auf den Kopf stellte. Für einen Augenblick berührte er im Handstand den Himmelsboden des Kulturpalastes.

Mit Farbe an den Händen huschte Béla aus dem Keller in sein Treppenhaus zurück und war pünktlich zum Essen wieder zuhause. Der Fahrer des Transporters stieg gerade in seinen Wagen, nickte dem Bäcker zu und setzte seine Fahrt fort. Zur Linken, auf der Mitte der Allee, saßen vereinzelt Rentner auf Bänken im Schatten der Linden, die um eine in den Boden eingelassene Uhr angeordnet waren, deren Zeiger horizontal über einem Ziffernblatt aus Blumen kreisten.

Als der Stundenzeiger nach einem Sommergewitter die Uhrzeit des Feierabends anzeigte, kam langsam das Treiben in die Stadt zurück. Aus der Casa de Moda, dem Haus der Mode, traten Arbeiter in maßgeschneiderten Kleidern auf die in der Abendsonne glänzende Straße. Die Luft war klar, nachdem der Hitzestaub im Regenwasser durch die patinierten Gullydeckel mit dem Emblem der Österreichisch-Ungarischen Monarchie geronnen war. Zugleich fädelten sich die Wagen der Securitate auf die Allee ein, die Kolonne schlängelte sich durch die Stadt auf dem Weg in ihr Zuhause, zergliederte sich in ihre jeweiligen Richtungen. Die Vorfahrtsregel missachtend kollidierte einer der Wagen fast mit einem zivilen Fahrzeug, dessen Fahrer seinen Rückspiegel diagonal montiert hatte, in der Hoffnung, so auch den toten Winkel durchgehend im Blick zu haben. Er bemerkte den anderen Wagen, hupte und bremste rechtzeitig ab. Der Securist stellte seinen Wagen in der Mitte der Kreuzung ab, stieg aus, lief seelenruhig zum Fahrer, der nun entschuldigend winkte und auf Befehl seinen Namen nannte: Horea Sava. Er entschuldigte sich noch einmal, er habe nicht gewusst, wer ihm da die Vorfahrt genommen hatte.

Zitternd durfte Horea seine Fahrt fortsetzen, an der Kathedrale vorbei in das Viertel des 7 November, eine Neubausiedlung in der Verlängerung der Allee hinter der Kathedrale. Er war kein sicherer Fahrer, war selten auf die Straße fokussiert, mehr mit den Gedanken in den Wolken. Jetzt ärgerte er sich sehr über sich selbst, da ihm nichts so zuwider war, wie Aufsehen zu erregen und in eine unangenehme Situation mit den falschen Menschen zu geraten. Er bog in eine begrünte Seitenstraße mit dem Namen Constantin Romanu Vivu ab, nach der Einfahrt zum dritten Wohnblock auf der linken Seite parkte er den Wagen, nahm seinen beigen Anorak und die Tasche vom Beifahrersitz und lief zum Block D11. Er zog Briefe aus dem Kasten mit der Aufschrift »Sava Ap. 5« heraus, lief die fünfzehn Stufen der Steintreppe in den ersten Stock hinauf, klingelte.

Aus der Wohnung nebenan kam der junge Nachbar mit seiner schwangeren Frau heraus, sie begrüßten sich höflich und wurden zur Schwangerschaft beglückwünscht – erneut. Kurz schauten sie verwundert. Sie waren sich nicht sicher, ob Herr Sava es vergessen hatte oder ob er sich einfach jedes Mal aufs Neue mit ihnen freute. Maria öffnete die Tür und bemerkte sofort, wie blass ihr Ehemann war, als sie ihn umarmte. Er flüsterte ihr zu, was ihm soeben auf der Heimfahrt geschehen war, und mit den Händen voller Mehl, die sie zuerst von seinem Körper weggehalten hatte, um sein Sakko zu verschonen, umfasste sie ihn nun doch so fest sie konnte. Vorsichtig fragte Maria, ob sie dieses Mal zum Markt gehen solle, da Horea es bei der Aufregung wohl vergessen zu haben schien, doch er antwortete entschuldigend, dass er nur kurz seine beiden Töchter begrüßen wolle und gleich noch einmal losgehe.

An der Küche vorbei lief er ins Wohnzimmer und begrüßte seine Mutter Buni, die auf dem Bett hinter seiner dreizehnjährigen Tochter saß und deren Rücken massierte, während Rodica an einem Referat für den ersten Schultag nach den Ferien arbeitete. Das letzte Jahr hatte sie als Klassenbeste abgeschlossen und versuchte nun, ihrer Position auch im neuen Jahr bestmöglich gerecht zu werden, ließ sich aber bereitwillig und lächelnd von ihrem Vater auf die Stirn küssen. Er lief über den zweiten Flur mit dem Bad zum Schlafzimmer und horchte an der Tür; Lidia übte an der Violine, er wollte sie nicht stören. Kurz überlegte er, seinen Anorak in den Kleiderschrank zu hängen, da er auch ohne ihn viel zu warm angezogen war, entschied sich aber dagegen und machte sich auf den Weg, küsste seine Frau zum Abschied, die ihn bat, nicht zu lang zu brauchen.

Horea lief die Steintreppe hinab, am Mirabellenbaum im Park vor dem Wohnhaus vorbei, den Anorak über beide Schultern geschwungen, in unregelmäßigem Schrittmaß, da er versuchte, die abgefallenen Früchte nicht zu zertreten. Als er zurückkam, saß seine Familie bereits hungrig am Esstisch. Er war – wie jedes Mal – mit den Verkäufern, Freunden und Bekannten auf dem Markt in ausführlichere Pläuschchen verfallen und hatte die Zeit völlig aus den Augen verloren.

Nach dem Abendessen saßen sie alle gemeinsam vor dem Fernseher, der einzige Sender sendete von zwanzig bis zweiundzwanzig Uhr, danach legten sie sich schlafen: Ehemann und Ehefrau in einem Bett des Wohnzimmers, Lidia und Rodica im anderen, Horeas Mutter Buni im Schlafzimmer unter dem Gemälde ihres verstorbenen Ehemannes. Vom Großvater mütterlicherseits gab es kein

Bild, seine Festnahme war das Letzte, woran Maria sich erinnern konnte. Seitdem betete sie jede Nacht um eine Nachricht, oft stand sie verloren in Gedanken still am Fenster, schaute in den Park hinaus und hoffte, ihn zu sehen – der verdrängten Gewissheit zum Trotz.

Auf diese immergleiche Weise verlebten sie die Tage, und solange kein Unglück geschah, waren sie zufrieden. Fünf Personen auf viel zu wenigen Quadratmetern, mit viel Liebe füreinander, dafür aber ohne jede Möglichkeit der Eltern, sich körperlich näher zu sein, als es die Ohren der Schwiegermutter erlaubten. Selbst das Kichern der Mädchen wurde durch die angelehnte Tür von ihr unterbunden.

Jedoch waren zwei Kinder nicht genug, wenn es nach der Person ging, die anfangs auf den Straßen belächelt wurde, mit Scherzen wie:

Mann: Wie viele Kinder kann eine Frau im Normalfall pro Jahr bekommen?

Arzt: Ein Kind.

Mann: Kann eine Frau auch zwei Kinder pro Jahr bekommen?

Arzt: Nein, Herr Ceaușescu.

Parteiführer Nicolae Ceaușescu hatte die Vorstellung, dass jede Frau mindestens vier Kinder bekommen sollte, um die Bevölkerung des Landes zu vergrößern. Im Jahr 1966 erließ er deswegen das Dekret 770, das Verhütungsmaßnahmen und Abtreibungen verbot. Unzählige Frauen starben dadurch an den Folgen illegaler Abtreibungen, da eine Behandlung bei eventuellen Komplikationen in den Kliniken erst dann vorgenommen wurde, wenn der Name des Arztes in Erfahrung gebracht werden konnte, der den verbotenen Eingriff vorgenommen hatte. War das nicht möglich, so wurde ihnen die Behandlung verweigert. Es gab wenige Familien, die von den lebensbedrohlichen Folgen dieser Politik nicht betroffen waren, so auch Familie Sava.

Aufgrund von Komplikationen während ihrer dritten Schwangerschaft musste Maria eine illegale Abtreibung vornehmen lassen. Der Arzt stellte sich während der Behandlung als betrunken heraus, dem hilflosen Ehepaar jedoch versicherte er, dass er den Eingriff bereits unzählige Male vorgenommen habe. Sie hatten keine Wahl. Maria verlor Unmengen an Blut und fast auch ihr Leben, ganz aber die Hoffnung, noch weitere Kinder zu bekommen.

Am 21. August 1968 war es Ceauşescu gelungen, den ersten Grundstein für seinen Personenkult zu setzen, der sich über die nächsten zwei Jahrzehnte ins Unermessliche steigern und jede Vorstellungskraft sprengen sollte.

Er hielt vor über hunderttausend Versammelten eine Rede vor dem Zentralkomitee der Kommunistischen Partei in Bukarest, in der er den Einmarsch der Truppen des Warschauer Paktes in die Tschechoslowakei gegen die Reformen des Prager Frühlings scharf verurteilte. Das wurde als eine schroffe Geste des Ungehorsams gegen die Sowjetunion verstanden, was Rumänien innerhalb des Ostblocks zwar isolierte, im Gegenzug aber die Beziehungen mit dem Westen florieren ließ und sogar Regimekritiker begeisterte.

Seine symbolische Abwendung von der Sowjetunion war bloß eine Fortführung der Entwicklungen, die schon sein Vorgänger, Gheorghe Gheorghiu-Dej, in die Wege geleitet hatte, dessen politischer Zögling Ceaușescu war. Gheorghiu-Dej hatte bis zu seinem Tod im Jahr 1965 das Amt des Ersten Sekretärs der Rumänischen Arbeiterpartei inne. In seine Amtszeit fiel auch die Installierung der Securitate.

Um zu verstehen, wie es dazu kommen konnte, müssen die Ereignisse berücksichtigt werden, die auf das politische Vakuum nach dem Zweiten Weltkrieg folgten. Zum Ausbruch des Krieges 1939 erklärte die Monarchie Rumänien unter König Karl II. ihre Neutralität. Aufgrund territorialer Verluste an die Sowjetunion sowie wachsender Unzufriedenheit in der Bevölkerung war der König gezwungen, abzudanken. Sein Sohn Michael übernahm symbolisch, doch die Macht ging an Marschall Ion Antonescu über, der 1941 in ein Bündnis mit Deutschland eintrat und an der Seite der Achsenmächte an der Ostfront gegen die Sowjetunion kämpfte. Unter seinem Regime wurden mehr als zweihundertachtzigtausend Juden und über elftausend Roma verfolgt, deportiert und ermordet.

Als 1944 der Rückhalt Antonescus in der Bevölkerung schwand, auch weil immer offensichtlicher wurde, dass die Achsenmächte den Krieg verlieren würden, kam es zu einem Staatsstreich durch König Michael, der Antonescu in das königliche Schloss einlud und verhaften ließ. Rumänien wechselte am 23. August 1944 die Seiten und trat den Alliierten bei.

Nach Kriegsende weitete die Sowjetunion ihren Einfluss in Osteuropa aus, und die Kommunisten gewannen politischen Einfluss, nach gelenkten Wahlen beanspruchten sie 1946 einen erdrutschartigen Sieg für sich. 1947 wurden tausende Studenten gefangen genommen, König Michael wurde unter Druck gesetzt, abzudanken, sonst würden die Inhaftierten exekutiert. Der König verließ das Land, die Monarchie wurde offiziell abgeschafft, und die Kommunistische Partei kontrollierte nun das Land.

Gheorghe Gheorghiu-Dej war einer ihrer führenden Köpfe. Nach Stalins Tod 1953 wendete er sich aber bald gegen Moskau, um die Autonomie Rumäniens gegenüber der Sowjetunion zu stärken. 1956 warf er sowjetische Berater aus dem Land, die hohe Positionen in Politik und in der Wirtschaft bekleideten, zugleich schlug er sich aber auf die Seite der Sowjetunion, als im gleichen Jahr Aufstände in Ungarn brutal niedergeschlagen wurden, aus Angst, sie könnten bei erfolgreichem Ausgang auch eine Gefahr für den Nationalkommunismus in Rumänien darstellen. Dieser sollte auf die besonderen Gegebenheiten im Land Rücksicht nehmen und die Vorherrschaft der Sowjetunion brechen.

In der Folge wurde die bereits 1948 nach dem Vorbild des KGB gegründete Securitate weiter gestärkt, um jegliche Opposition im Keim zu ersticken. Gheorghiu-Dej versuchte, das Land von westlichen Einflüssen zu isolieren und ließ kulturelle Institutionen und die Medien streng kontrollieren. Gegner des Regimes lebten in ständiger Angst vor Inhaftierungen, Folterungen und Hinrichtungen. Wer Gheorghiu-Dej innerhalb der Kommunistischen Partei illoyal oder bedrohlich vorkam, wurde beseitigt.

Ceaușescu stieg während dieser Zeit Stufe um Stufe in der Parteihierarchie auf und beerbte Gheorghiu-Dej schließlich nach dessen Tod 1965.

Ceaușescu profitierte nun von der verbesserten ökonomischen Situation im Land, die Gheorghiu-Dej Anfang der sechziger Jahre durch weitreichende Industrialisierungsmaßnahmen eingeleitet hatte. Das Land atmete nach Jahren des repressiven Terrors auf, die Aktivitäten der Securitate wurden zurückgefahren. Die Medien durften breiter berichten, die Zügel wurden gelockert. Der neue Führer gab sich in den ersten Jahren seiner Herrschaft kulturoffen, zuvor zensierte Autoren und Künstler durften veröffentlicht werden und ausstellen, Reisen wurden ermöglicht, der Tourismus am Schwarzen Meer begann zu florieren. Es folgten stark beachtete Staatsbesuche des amerikanischen Vizepräsidenten Richard Nixon, von US-Präsident Johnson sowie vom französischen Staatspräsidenten Charles de Gaulle, der sich mit dem Großkreuz der französischen Ehrenlegion bedankte. Als Ceaușescu sich schließlich am 21. August 1968 bei der Niederschlagung des Prager Frühlings gegen die Sowjetunion positionierte, gab es in der Bevölkerung kein Halten mehr. Das »Genie der Karpaten« hatte seinen Platz in der Weltpolitik gefunden.

Wie jedes Jahr am 23. August, dem nationalen Feiertag der Befreiung aus dem Bündnis mit Hitler, wurde der Tag mit betörenden Festen im ganzen Land begangen. Im Jahr 1968 waren sie berauschender als je zuvor. Die Partei organisierte in Târgu Mureș eine mehrstündige Parade auf der Allee vor dem Kulturpalast, alle Schülerinnen und Schüler liefen in Uniformen den Klassenbesten ihrer Jahrgänge hinterher, die voller Stolz die Schulbanner in die Höhe hielten. Am Ende der Parade mussten die Schüler unverzüglich über die Seitenwege zurückkehren, um der Arbeiterklasse hinter Transparenten verschiedenster Fabriken, Institutionen und Parolen zuzujubeln: Ökonomisches Zentrum!

Das Vaterland lebe hoch! Gurkenglasfabrik! Ceauşescu und das Volk! Die Nerzzüchterei!

Deren Direktor Sava – Horeas Cousin, genannt Puiu – lief erhobenen Hauptes mit seiner Frau Speranţa an der Menge vorbei, bemerkte Rodica darin und nickte ihr unmerklich zu.

Zum Abschluss folgte die Militärparade. Die Panzerketten zerstörten den weichen Asphalt, der tags darauf sofort erneuert werden sollte, um auch die Fähigkeit zur Wiederherstellung zu präsentieren. Das Volk war begeistert, zumal das Fest noch nicht beendet war, denn man machte sich auf den Weg zum Platoul Corneşti, der Plattform auf dem Berg der Stadt, deren Aussicht sich vom Kulturpalast zur Linken über die Allee und die Kathedrale bis weit über das Viertel des 7 November zur Rechten erstreckte. Dahinter, das Panorama überflirrend, schlängelte sich am Horizont der Fluss Mureş im warmen Licht des Sonnenuntergangs. Eine Kapelle hob die Stimmung des staunenden Publikums weiter an, unzählige Essens- und Bierstände waren entlang der Gleise der Kindereisenbahn aufgebaut. Der Zug beendete soeben seine letzte Fahrt, enttäuscht bemerkten die Kinder, wie der Schaffner zum Dienstschluss die Weichen umstellte, um rückwärts in die Scheune einzufahren. Nach einem Blick in die traurig fragenden Kinderaugen lud der Schaffner zu einer Extrarunde ein. Die Plätze waren sofort von den jubelnden Kindern und ihren Müttern besetzt, die Väter tranken weiter.

Man tanzte, aß, betäubte sich, gab sich der Illusion hin, was für ein Glück es sei, in dieser Zeit zu leben, das Gewesene endlich abzuschließen, dem Neuen hoffnungsvoll entgegen.

Das Referat am ersten Schultag gelang Rodica außerordentlich gut, der Professor gab ihr eine Zehn, die Höchstnote. Stolz setzte sie sich nach der Benotung zurück an ihren Tisch. Ihr Sitznachbar nickte ihr halb anerkennend zu, seine Gestik verriet ihr: gut, mehr aber auch nicht. Er wendete sich wieder ab, notierte etwas in seinem Heft, er hatte Wichtigeres zu tun. Béla fiel es nicht leicht, Rodica seine wachsende Zuneigung zu vermitteln, noch dazu in einer Situation, in der sich beide als Klassenbeste rivalisierend gegenüberstanden. Im aktuellen Schuljahr sollte Béla sich wieder an der Klassenspitze vorfinden, die darauffolgenden beiden wieder Rodica, was ihn sehr ärgerte, da er der Meinung war, dass seine bessere Benotung im Violinspiel mehr Gewicht bekommen sollte. Die übrigen Fächer bräuchten sie dann sowieso nicht mehr, sobald es an das Berufsleben als Violinisten gehen würde, wofür sich schließlich beide entschieden hatten.

Im vorletzten Schuljahr vor dem Abschluss aber erlaubte sich Béla etwas, was Rodica mehr schmerzte als jede schlechtere Benotung. Er ging mit einer Klassenkameradin im Park vor Rodicas Wohnhaus spazieren. Warum in Gottes Namen war er aus dem Zentrum bis hierher mit ihr flaniert, ausgerechnet mit Adina, der Drittplatzierten ihrer Klasse? Sie beobachtete die beiden durch die Gardine und fragte ihre Mutter, die ebenfalls durch das Fenster in den Park schaute, was das solle. Schließlich kam noch Großmutter Buni dazu, die versuchte, ihre Neugier zu verbergen, indem sie ironisch sprach: »Was erwartest du von einem Mann?«

Ja, er sah sehr gut aus, war hochgewachsen und äußerst elegant herausgeputzt, dies blieb auch der Verfechterin der konservativen Werte nicht verborgen, doch sie musste ihre Pflicht tun und ihre eigene Erziehung als ehemalige Klosterschülerin an ihre Enkelin vermitteln: »Er darf auf keinen Fall merken, dass er dir gefällt. Sei stolz, sei die Dame, die du immer warst!«

Buni wendete sich ab, lief zum Bett zurück und richtete mit dem Gehstock die Gardine, deren Wellen ihr unordentlich vorkamen. Béla bemerkte die Bewegung, er hatte das Fenster nicht aus den Augen gelassen und schlang daraufhin seinen Arm um das Mädchen, das sein Glück kaum fassen konnte.

Rodica unterhielt sich die kommenden Monate auf dem Schulhof bevorzugt mit den Gitarristen aus ihrer Klasse, Béla spazierte mittlerweile mit den Mädchen der hinteren Notenränge durch die Parks der Stadt. So liefen ihre Wege während der verbleibenden Schulzeit zwar aneinander vorbei, jedoch mit den Blicken heimlich einander zugewandt, wenn der jeweils andere nicht schaute, bis sie sich vollends aus den Augen verloren.

Am Ende der elften Klasse wechselte Béla die Schule und zog nach Bukarest, um sich parallel zum letzten Schuljahr mit einem Professor vom renommiertesten Konservatorium des Landes besser auf sein Studium vorbereiten zu können. Rodica konzentrierte sich nun mit aller Kraft auf die ihr bevorstehende Aufnahmeprüfung am Konservatorium in Cluj, auch, um endlich wieder mit ihrer Schwester Lidi vereint zu sein, die seit dem vorigen Herbst gemeinsam mit ihrem Freund in Cluj Mathematik und Informatik studierte und bereits alles in die Wege geleitet hatte, um einen Platz für die kleine Schwester in ihrem Studentenwohnheim zu organisieren.

Völlig verweint trat Rodica nach der Wertungsbekanntgabe aus dem Haupteingang, den Geigenkasten schief unter den Arm geklemmt. Draußen warteten ihre Eltern, die sie die drei Autostunden aus Târgu Mureş nach Cluj gefahren hatten und nun die Rückfahrt, entgegen ihrer aller Hoffnung, mit gedrückter Stimmung antreten mussten. Vierzehn Studienplätze waren vergeben worden, Rodica landete auf dem fünfzehnten Platz, diesen teilte sie sich jedoch mit vier weiteren Anwärtern, die alle die gleiche Punktzahl bekommen hatten. Mit der Ungerechtigkeit, dass die Nummer 14 insgesamt eine kleinere mittlere Note bekommen hatte und dennoch immatrikuliert wurde, wollte Horea sich nicht abfinden. Er versuchte, Rodica zu trösten, indem er ihr versprach, diese ungerechte Entscheidung anzufechten.

Unter Ceauşescu sollte die Aufnahme in die Universitäten nicht mehr allein von Beziehungen oder der sozialen Abstammung abhängen – zumindest brüstete man sich damit –, was also sollte ausschlaggebender sein als ihre Leistung? Rodica wusste um den inneren Widerstand von Horea, wenn er sich mit den Offiziellen anlegen musste, doch hob sich ihre Stimmung selbst durch sein Versprechen nicht. Solange sie denken konnte, hatte sie nur Bestnoten bekommen, und nun musste sie sich eingestehen, dass sich die Realisierung ihres Berufswunsches soeben in Luft aufgelöst hatte.

Sie übernachteten bei einer Verwandten in Cluj, da sich Horea außer Stande sah, seine Familie mit einer solchen Wut im Bauch sicher wieder nach Hause zurückzufahren. Als er mit Buni telefonierte, bat er sie um eine Nummer aus dem Büchlein neben dem Telefon. Der Ehemann von

Rodicas Tante zweiten Grades mütterlicherseits war ein renommierter Komponist, der aufgrund seiner Lehrtätigkeit am Konservatorium Teil der Prüfungskommission gewesen war. Über das Gesprochene wollte Horea hinterher nichts berichten, doch gab es wohl ein Fünkchen Hoffnung, dem er in den kommenden Wochen nachgehen wollte.

Nach einer unerträglich heißen Rückfahrt am nächsten Morgen schlurfte Rodica ihren Eltern hinterher zu ihrem Wohnblock. Horea wunderte sich, dass seine Mutter nicht wie sonst zum offenen Fenster im ersten Stock herausschaute, und eilte voraus, um nachzusehen, ob mit ihr alles in Ordnung war. Maria hielt kurz inne, bis ihre Tochter sie eingeholt hatte, sprach ihr gut zu, was Rodica erneut in Tränen ausbrechen ließ. Kurz vor den Steintreppen am Haupteingang ihres Wohnblocks hörte sie, wie Horea oben jemanden förmlich begrüßte. Am liebsten wäre sie auf der Stelle umgekehrt und hätte sich in den Park gesetzt, doch da steckte ihr Vater seinen Kopf durch die Gardine zum Fenster heraus und betrachtete Rodica mit einem Blick, den sie nicht zu deuten wusste. »Rodica, kommst du bitte rauf?«

Besuch, von wem auch immer, war das Letzte, was sie in ihrem Zustand hätte gebrauchen können. Sie trug noch immer das schwarze Kleid vom Vortag, fühlte sich schmutzig und elend, dazu war sie völlig unterzuckert, weil sie seit der Absage keinen Bissen herunterbekommen hatte. Ihre Mutter reichte ihr ein Taschentuch und sprach, während sich Rodica kräftig die Nase schnäuzte: »Gata, capul sus!« Schluss jetzt, Kopf hoch!

Als Rodica kurz darauf durch ihre Tür trat, den Geigenkasten auf das Schränkchen im Flur ablegte und den ersten Schritt ins Wohnzimmer setzte, erstarrte sie beim

Anblick des unerwarteten Besuchers, der Boden fing an, sich zu drehen. Béla erhob sich und reichte ihr unbeholfen die Hand.

»Was für eine Überraschung, nicht wahr?«, sagte Horea schmunzelnd, als auch Maria das Wohnzimmer betrat und sich mit hochgezogenen Augenbrauen die Hand von Béla zum Kuss ergreifen ließ.

»Wir haben uns ganz prächtig unterhalten!«, lallte Buni fröhlich, hob das Gläschen an und bemerkte sogleich, dass es leider schon ausgetrunken war. Also schob sie es zurück auf den Tisch und strich die Falten aus der bestickten Decke aus.

»Der junge Mann hat in Erfahrung gebracht, was gestern in Cluj vorgefallen ist, und hat sich direkt aus Bukarest auf den Weg gemacht«, formulierte sie weiter schwammig, um nicht preiszugeben, dass sie es eigentlich war, die Bélas Mutter am Vorabend die Information weitergetragen hatte. Diese hatte sich wiederum auf Bélas Wunsch hin erkundigt – es schien ihm unverbindlich genug, sie darum zu bitten, da sich die Eltern aus der Schulzeit kannten, also würde die Erkundigung nicht allzu offensichtlich auf ihn zurückzuführen sein.

»Eigentlich hatte ich sowieso geplant, meine Eltern über die Sommerferien zu besuchen!«, sagte Béla, was Rodica zwar dumpf hörte, aber nicht vernahm.

Ihr kurzer Schwindelanflug ließ langsam nach, das Pochen in den Ohren blieb. Zwischen den sich auflösenden Lichtblitzen bemerkte sie nun, wie elegant Béla angezogen war. Ein so modischer Hemdkragen war noch nicht bis nach Târgu Mureș vorgedrungen, auch die Hose hatte einen Schlag von bemerkenswertem Stil, nur mit den Lederschuhen hatte er wohl schon Fußball gespielt, und auch seine Haare rebellierten schwungvoll gegen die seriöse Ausstrahlung, die er zu verströmen versuchte.

Als die Stille im Raum nicht verschwinden wollte, sprach Buni wieder: »Schau, die Blumen, schön!«, und deutete dabei auf den kleinen Strauß, dessen Stiele von Bélas linker Hand vor lauter Aufregung fast zerdrückt wurden.

»Ich stelle sie ins Wasser«, sprach Maria beiläufig, nahm sie an sich und eilte durch den Flur in die Küche. »Horea, hilfst du mir?«

Prompt war auch er aus dem Wohnzimmer verschwunden.

Buni schaute vergnügt zwischen den vollends Verstummten hin und her und unterbrach schließlich erneut die Stille.

»Das Wetter ist herrlich, wollt ihr nicht vielleicht spazieren gehen?«

Am nächsten Tag besuchte Béla Rodica erneut, wie auch den Tag darauf und die folgenden ebenfalls. Ihre Spaziergänge wurden immer weitläufiger, und wenn die Sonne unterging und sie sich näher an Bélas Zuhause befanden, so bot Rodica an, dieses Mal ihn nach Hause zu bringen. Er bedankte sich an seiner Haustür und begleitete Rodica kommentarlos zurück in den Stadtteil des 7 November.

Bald sollte schon ihr letzter gemeinsamer Abend im September sein, Béla musste zum Studienbeginn nach Bukarest zurückkehren. Als sie an diesem Tag das erste Mal gemeinsam einen Film im Cinema Arta anschauten, von dem beide vor lauter berührungsloser Verliebtheit nicht das Geringste mitbekommen hatten, streifte Bélas Hand während des Abspanns erstmals die ihre und verblieb auch dort. Danach standen sie an der Bushaltestelle, an der Béla ihr erzählte, dass er das Kino eigentlich nicht mochte, zumindest nicht bislang. Es sei früher ein viel zu kaltes Gefühl gewesen, wenn nach dem Ende eines schönen Films die Wirklichkeit wieder Einzug hielt. Er hatte als Kind sogar den Wunsch verspürt, Schauspieler zu werden, doch dafür hätte er sich nicht hübsch genug entwickelt. Diese Aussage erschien Rodica vollkommen absurd. Erst vermutete sie, dass er es in Erwartung eines Kompliments sagte, doch als sie merkte, dass er es tatsächlich ernst meinte, wusste sie nichts anderes zu tun, als ihren Kopf an seiner Schulter anzulehnen. So standen sie eine Weile unbewegt lächelnd da und bemerkten nicht, dass der Bus vor ihnen hielt, die Türen öffnete, sie wieder schloss und weiterfuhr.

Vom Abschiedsschmerz ermutigt liefen sie Hand in Hand den Weg zum 7 November zurück, langsamer als die Wochen zuvor. Sie verabschiedeten sich an ihrer Haustür ohne jenen ersten Kuss, von dem beide befürchteten, er würde die ersehnte Wunde vollends aufreißen und nie wieder verheilen lassen.

Oben wurde Rodica eisig empfangen. So aufgebracht hatte sie ihre Mutter noch nie gesehen. Auf dem Heimweg von der Arbeit hatte sie in ebenjenem Bus gesessen und aus dem Fenster heraus gesehen, wie Rodica in aller Öffentlichkeit ihren Kopf auf Bélas Schulter abgelegt hatte. Was falle ihr bloß ein, sich so zur Schau zu stellen und zum Gerede der Leute zu machen? Wenn sie verheiratet sei, könne sie tun und lassen, was sie wolle, doch bis es so weit sei, dürfe Derartiges nie wieder vorkommen. Buni saß auf ihren Gehstock gestützt auf der Kante ihres Bettes und vermied es, Rodicas Blicke zu erwidern, während ihre

Mutter weiterhin mit harten Worten auf sie einredete und zum Abschluss fragte, was als Nächstes käme: »Vor der Ehe schwanger werden, vielleicht?« Horea saß stumm am Tisch, versuchte, sanft nach Marias Hand zu greifen, doch sie zog sie fort und entfernte sich in die Küche.

»Setz dich bitte«, flüsterte ihr Vater, räusperte sich dann und fuhr mit kräftigerer Stimme fort, dass die Antwort vom Ministerium angekommen sei.

Am Telefon mit dem Verwandten aus der Prüfungskommission hatte Horea erfahren, dass der 14. und letzte Aufgenommene allein aufgrund der Präferenz des Vorsitzenden angenommen worden war. Aus diesem Grund hatten sich die restlichen Kommissionsmitglieder entschieden, einen anfechtbaren Fall zu schaffen, indem sie den fünf vielversprechendsten Bewerbern eine identische bessere Note für den 15. Listenplatz gaben. Mit diesem Wissen hatte Horea einen Einspruch formuliert, die Unterschriften aller Gleichplatzierten eingeholt und hielt nun das Ergebnis in der Hand: Das Ministerium hatte entschieden, die Zahl der Studienplätze zu erweitern, um allen fünf Bewerbern den Beginn des Studiums zum offiziellen Semesterbeginn am 18. September 1974 zu ermöglichen.

Rodica wurde schlagartig bewusst, dass der Beginn ihres Studentenlebens unmittelbar bevorstand. Sie entwurzelte sich vom Stuhl, lief langsam in den Flur, traute sich jedoch nicht, zu ihrer Mutter in die Küche zu treten.

»Mama, in drei Tagen bin ich weg«, sprach sie mit brechender Stimme, wohl zu leise, da ihre Mutter nicht antwortete. Doch schließlich konnte auch Maria das Weinen nicht mehr unterdrücken: »Ich weiß doch, vai, vai, vai, es tut mir leid!«

Abschiede waren etwas, womit sowohl Maria, Horea als auch Rodica nicht umzugehen wussten. Durch die Schicksalsschläge der Vergangenheit geleitet, versuchten die Eltern, ihre Töchter zur Selbstständigkeit zu erziehen. Früh ließen sie die Mädchen die Sommerferien bei ihrer Tante im ländlichen Obreja verbringen. Während die zwei Jahre ältere Lidi gut damit zurechtkam, war es für Rodica die schlimmste Zeit eines jeden Jahres. In allem, was sie sah, erblickte sie die Abwesenheit ihrer Eltern, jede Nacht weinte sie sich in den Schlaf, mit der Nase in das Nachthemd ihrer Mutter eingegraben, das sie ungefragt von zuhause mitgenommen hatte.

Wenngleich sie sich nun als angehende Studentin fast erwachsen fühlte, so hatte sie doch großen Respekt vor der neuen Lebenssituation und befürchtete, jenes Heimweh wieder zu spüren, das sich damals tief in ihre Seele eingegraben hatte.

Umso erstaunter war sie, als sie nach dem Beginn des Studiums merkte, dass es ihre Gedanken weniger nach Hause zog als zu den freien Wochenenden, an denen Béla sie besuchte oder sie sich selbst mit dem Nachtzug auf den Weg nach Bukarest begab. In der Hauptstadt übernachtete sie bei ihrem Onkel Dorin, Horeas Bruder, und seiner Frau, alles andere hätte sich nicht geschickt. Béla hingegen übernachtete in Cluj im Studentenwohnheim von Lidis Freund Lulu, während das Paar tagsüber unzertrennlich war.

Nach dem ersten Jahr sahen sie jedoch ein, dass die kräftezehrende Reiserei neben dem Studium nicht zu leisten war. Die einzige Lösung bestand darin, dass Béla seinen Studienplatz von Bukarest nach Cluj verlegte, was aber daheim für Verstimmungen sorgte, da es unvernünftig sei, das Potential der besten Musikhochschule des Landes nicht zu nutzen; doch Béla scherte sich nicht um den Plan, den andere für ihn machten, auch die Androhung ausbleibender Finanzhilfen von zuhause konnte ihn nicht davon abbringen.

Als Béla vor dem Büro des Dekans wartete, um ihm seinen Exmatrikulationsantrag zu überbringen, kam sein Professor mit einem Studenten aus der Tür, der das gleiche Anliegen vorgetragen hatte, jedoch abgewiesen worden war. Der Professor setzte sich neben Béla auf die Bank und riet ihm: »Sag nicht, es ist wegen einer Frau.« Der Dekan hätte eine schlimme Trennung hinter sich und sei der Liebe gegenüber derzeit nicht allzu positiv eingestellt.

»Sag, du hast Heimweh, willst näher an zuhause sein«, riet ihm sein Professor, denn vor einigen Jahren habe der Dekan seine Eltern bei einem Autounfall verloren, und bis dato sei er nicht darüber hinweggekommen.

Béla konnte es nicht fassen, doch mit dieser Begründung überzeugte er tatsächlich. Also zog er nach Cluj, mietete ein Zimmer in einer Studentenunterkunft, vierzig Minuten Fußweg von Rodica entfernt.

Oft spazierten sie mit Lidi und Lulu durch die Abendsonne, und seit sie alle in derselben Stadt wohnten, unternahmen sie auch an den Wochenenden alle Ausflüge gemeinsam. Lulu hegte eine Leidenschaft für die Fotografie und ging nirgends ohne seine Kamera hin.

Nachts entwickelte er die Fotografien im Keller des Studentenheims, wo er sich ein Labor eingerichtet hatte, erfreute sich an jedem gelungenen Moment, den er aus dem Zeitstrom lösen konnte, die Fotokisten quollen über:

Béla zerteilt auf dem Markt eine Wassermelone, reicht das größte Stück an Rodica; sie genießt mit geschlossenen Augen einen Sonnenstrahl durch das Schattensieb ihres Hutes; beide füttern während eines Bootsausfluges Vögel; Rodica im Minirock auf der Fensterbank im Wohnheim, daneben Béla in Schlaghosen, im Gegenlicht lächeln sie einander an und rauchen; ihre erfreuten Gesichter in dem Moment, als Lidi sie bittet, Trauzeugen bei ihrer und Lulus bevorstehenden Hochzeit am Ende des dritten Studienjahres zu sein; im nächsten Jahr mit noch strahlenderer Reaktion, als sie von Lidis Schwangerschaft erfahren. Dieses Foto allerdings war etwas überbelichtet, da Lulu viel zu aufgeregt war, um sich auf die korrekten Einstellungen zu konzentrieren, während Lidi diese Botschaft schneller überbrachte, als vorher mit ihm abgesprochen. Durch die offene Blende blieb keine Regung ihres Blicks im Dunkeln, es zeigte all ihre schattenlose Freude über dieses Wunder, bald die Tante eines neugeborenen Menschen zu sein.

Bereits früh war es Rodicas größter Wunsch, eigene Kinder zu bekommen. Als sie damals ihr jüngeres Geschwisterchen nicht hatte im Leben begrüßen dürfen, hatte sich ihr das Gefühl der Vorfreude trotzdem so tief eingebrannt, dass es den Verlust noch überstrahlte. Ihre Sehnsucht begann sie auf eine Puppe zu projizieren, die mit wallendem Haar im Schaufenster eines Geschäftes ausgestellt war. Doch sie war zu teuer, ihre Eltern konnten sie sich nicht leisten.

Jeden Tag kam Rodica auf dem Schulweg an diesem Geschäft vorbei, und als ihr Schmerz zu groß wurde, die Puppe niemals mitnehmen und umsorgen zu können, stellte sie sich vor, dass sie auf der Rückseite bestimmt ganz hässlich war. Sicherlich hatte sie am Hinterkopf eine kahle Stelle, eine Beule oder Ähnliches und wäre das Geld nicht wert – doch dieser Gedanke erleichterte sie nur kurz. Bald folgte das schlechte Gewissen, der Puppe einen Makel angedichtet zu haben, nur um sich selbst besser zu fühlen. Ihr war natürlich klar, dass sie die Puppe selbst mit einer Beule oder einer kahlen Stelle genauso lieben würde, wenn nicht sogar noch mehr.

Mit der Bekanntgabe von Lidis Schwangerschaft hallte nun die Sehnsucht von damals nach, erwachsener und ernsthafter, als sie es bislang kannte. Als Rodica nach der Nachricht, Tante zu werden, mit Béla, Lidi und Lulu durch eine Seitenstraße spazierte, trat ein junges Mädchen aus einer Hofeinfahrt. Rodica schaute ihr verträumt nach, Béla bemerkte ihren Blick, schwang seine Jeansjacke über die Schulter und flüsterte ihr ins Ohr: »Denk an deine Mutter!« Rodica verstand die Andeutung nicht, also ergänzte er ernst: »Nicht vor der Hochzeit!« Dabei konnte er sich ein Lächeln nicht verkneifen. Ertappt schmunzelte Rodica, und Béla küsste ihre Wange, während hinter ihnen der Auslöser klickte.

Als sie genügend Geld gespart hatten, um sich Verlobungsringe zu kaufen, fuhren sie am Wochenende nach Târgu Mureş und luden Bélas Eltern in den 7 November ein. Alle nahmen die Hochzeitspläne erfreut und beglückwünschend auf, dennoch waren Maria und Horea besorgt, nach der kostspieligen Eheschließung der älteren Tochter gleich im Jahr darauf eine weitere finanzieren zu müssen.

Ein Kleid aus der Brautmodenabteilung der Casa de Moda war unerschwinglich, also kauften Rodica und Maria auf dem Markt den schönsten weißen Stoff, den sie sich leisten konnten, und ließen ihn von einer Nachbarin nähen, die in der Schneiderei des Modekaufhauses arbeitete. Zur ersten Anprobe kamen ihre Mutter und Lidi mit, die mittlerweile schon ihren Sohn Titiam stillte, während Rodica das Kleid für den Termin beim Standesamt anzog: ein enganliegendes, schlichtes Sommerkleid mit kurzen Ärmeln. Maria brach bei diesem Anblick gleich in Tränen aus, denn sie konnte nicht fassen, wie schnell die Zeit vergangen war.

»Das wird der schönste Tag eures Lebens!«

Rodica fiel dabei auf, dass sie absolut nichts von diesem besonderen Tag im Leben ihrer Eltern wusste, und fragte neugierig nach, wann und wie genau sie ihre Hochzeit gefeiert hatten. Ihre Mutter bat sie, erst das zweite Kleid für die kirchliche Trauung anzuziehen, ehe sie dann doch bedacht antwortete: »Es war sehr klein. Wunderschön, aber klein. Nur Horea, ich und der Pastor waren anwesend.«

»Nur ihr drei?« Rodica suchte erstaunt den Blick ihrer abgelenkten Schwester, die damit beschäftigt war, die aus dem Gesicht ihres Sohnes schießende Milchrückkopplung nicht über den ganzen Boden zu verteilen.

Sie entschuldigte sich vielmals bei der Schneiderin, die beschwichtigte und einen Lappen holen ging.

»Jetzt zieh schon an, ich bin so gespannt!« Maria drängte ihre Tochter ins Kleid, half ihr beim Anziehen.

Mit dem vollgeschmierten Lappen in der Hand quittierte die Schneiderin zufrieden ihre Arbeit, Rodica nickte ihr überglücklich zu und betrachtete sich lange. Es war das perfekte Brautkleid, schlicht wie das erste, ebenfalls enganliegend, die langen und etwas weiteren Ärmel unterstrichen ihre schlanke Silhouette. Um die Taille war ein dezenter Bund geschwungen, aus dem der Stoff des Rockes bis ein Fingerbreit über den Boden fiel. Es wirkte, als würde sie schweben, wenn sie auf Zehenspitzen stand.

»Aber wann habt ihr geheiratet?« Rodica bekam keine Antwort, denn Maria musterte mit Blick in den Spiegel die Ärmel. »Die sind doch viel zu puffig!«

Die Schneiderin lächelte, tat einen weiteren kurzen Gang in die Küche, um den Lappen gegen zwei Gläser und ein Fläschchen Kirschlikör einzutauschen. »Die Ärmel sind perfekt!« Sie reichte Maria ein Glas, das andere ergriff sie selbst, goss beiden ein, stieß auf die Liebe an und trank es in einem Zug aus. Rodica fragte, ob sie nicht auch ein Gläschen haben dürfe.

»Ach, Gott sei Dank!«, fiel es so erleichtert aus Marias Mund, dass sie alle drei lauthals darüber lachen mussten.

Lidi schrak hoch aus ihrem Sekundenschlaf. »Worüber lacht ihr?«

»Nichts, nichts!«, antwortete Maria, doch erzählte die Röte ihrer Wangen eine andere Geschichte.

Während die Männer ihren Soldatendienst nach der Hochschulzeit am Stück abzuleisten hatten, bekamen die Frauen bereits während der Semester jeden Mittwoch einen Kurs in Militärkunde, in den Ferien kam noch ein zweiwöchiger Intensivkurs auf dem Feld dazu. Im ersten Jahr hatte Rodica sich bereits von seiner Sinnlosigkeit überzeugen können; im zweiten hatte sie sich überlegt, eine Blinddarmentzündung zu simulieren, um sich die Teilnahme zu ersparen. Ein alter Schulkollege ihres Vaters, der im Krankenhaus von Cluj als Chirurg arbeitete, hatte sich bereit erklärt, eine Extraktion trotz mangelnder medizinischer Notwendigkeit vorzunehmen.

Das Attest hatte sie vom Kurs befreit, was sie damals zwar freute, doch in diesem Jahr bereute sie es schwer, da der Ausbilder die Anweisung bekommen hatte, Rodica länger als die restlichen Teilnehmerinnen dazubehalten, um ihre Wissenslücken aufzufüllen. Horea wartete bereits in seinem Wagen vor der Kaserne, um mit ihr rechtzeitig das drei Autostunden entfernte Târgu Mureş zu erreichen, denn ihr Termin beim Standesamt war am nächsten Morgen, dem 30. Juli 1977 für 9:45 Uhr angesetzt.

Der Ausbilder war aus dem Ruhestand zurückgeholt worden, um die eigentlichen Ausbilder zu ersetzen, die für die Räumungsarbeiten nach dem schweren Erdbeben wenige Monate zuvor in Bukarest gebraucht wurden.

Er hatte verlangt, dass Rodica in der Dunkelheit zum Abschluss noch das Wachehalten simulieren sollte. Nach ihrer Bitte um frühere Entlassung mit der Rechtfertigung, dass sie doch gern bei ihrer eigenen Hochzeit anwesend wäre, ließ er sich als Kompromiss darauf ein, diese Übung ausnahmsweise vor Einbruch der Dunkelheit abzuhalten; ausfallen lassen könne man diese Lektion nicht, sie sei viel zu wichtig.

Nun saß Rodica vor einem verlassenen Zelt auf offenem Feld in der prallen Nachmittagssonne, keine Gefahr von keiner Seite bedrohte sie und die abwesenden Kameradinnen, die bereits am Morgen in die Sommerferien entlassen worden waren.

Anfangs befahl der Ausbilder ihr, alle paar Minuten mal nach links zu schauen, mal nach rechts, um sicherzustellen, dass da nichts Verdächtiges war – mit tiefer Wut im Bauch schaute sie ihn an, so ratlos, dass er daraus deutete, sie hätte die Aufgabe nicht verstanden.

»Ein wildes Tier, ein Feind, ein Hinterhalt?« Er gähnte ausgiebig, nachdem er ihr befohlen hatte, robbend hinter dem nächsten Hügel nachzusehen. Als sie einige Minuten später völlig verdreckt zurückkam, fand sie sich ganz allein vor. Es schnarchte aus dem Zelt. Sie schlich davon, und erst jetzt dämmerte es ihr endgültig, dass sie bereits in wenigen Stunden Stiefel und Soldatenuniform gegen Spitzenschuhe und Hochzeitskleid eintauschen würde.

Zuhause angekommen legte sie sich nach einem warmen Bad ein letztes Mal als das Mädchen ihrer Eltern zwischen sie auf das Ehebett, erst scherzhaft, dann genoss sie es doch sehr. Schließlich ließ sie sich von beiden zur guten Nacht küssen, schlich am zweiten Bett des Wohnzimmers vorbei, in dem Lidi und Titiam bereits schliefen, und legte sich im kleinen Zimmer zu ihrer Großmutter, dort erzählten sie bis in die Morgenstunden flüsternd, trotz des mehrmaligen Entschlusses, nun endlich schlafen zu müssen. Als Rodica fast eingeschlafen war, sprach Buni erneut, da sie in der freudigen Erwartung des anstehenden Ereignisses ihren verstorbenen Ehemann sehr vermisste. Obwohl es im Zimmer stockdunkel war, fixierten ihre Augen sein Gemälde über dem Bett, während sie erzählte.

Ion Sava war nur sechsunddreißig Jahre alt geworden. Der Chorleiter einer Dorfgemeinde war eines Sommers in einem See schwimmen gewesen, wo ihn ein aufgeregter Ministrant vorfand und ihn an eine vergessene und bereits begonnene Probe erinnerte. Sofort rannte er los, hatte sich daraufhin verschwitzt und mit nassen Haaren in der Kirche eine Lungenentzündung zugezogen, die tödlich endete. Direkt nach der Klosterschule war Buni Hals über Kopf verliebt das erste Mal schwanger geworden, von den sechs gemeinsamen Kindern hatten aufgrund von Krankheiten, die mittlerweile leicht zu behandeln gewesen wären, leider nur Horea und sein Bruder Dorin überlebt. Rodica fragte, wann sie denn geheiratet hatten, da sie recht jung gewesen sein musste.

»Es war üblich, so früh verheiratet zu sein. Mit zwanzig galt man schon als alte Jungfer«, fasste sie trocken zusammen und beschrieb, was sie an ihm geliebt, wie ihr seine Leidenschaft für die Sprache der Musik das Herz erfüllt hatte und wie glücklich sie darüber war – auch wenn sie es bei ihren Söhnen und bei Lidia nicht hatte durchsetzen können –, dass zumindest Rodica und Béla sich für die Musik entschieden hatten, denn diese würde sie im Leben über alle Schwierigkeiten hinwegtragen.

Um sechs Uhr saß Rodica völlig übermüdet mit ihrer Mutter Maria beim Coiffeur und um Viertel vor zehn wurde die amtliche Trauung im Rathaus vollzogen. Sie war bereits hochemotional von zuhause losgefahren und bei der Ankunft am Rathaus vollends tief davon gerührt, wer alles gekommen war, zugleich überfordert mit der Situation, nicht jedem Gast Aufmerksamkeit schenken zu können; dazu schwer irritiert von einem Straßenmusiker, der etwas abseits zu seinem Geigenspiel aus voller Kehle sang. Plötzlich überkam Rodica eine unerwartete Ruhe, als sie endlich Béla auf dem Vorplatz erblickte.

Er lächelte sie aus der Menge heraus an, umgeben von einem umgekehrten Gravitationsfeld, an dem alles andere abzuprallen schien. Seine ganze Aufmerksamkeit suchte ihren Blick, während rundherum mit ihm gesprochen wurde, bald alle Augen seinem Ziel folgten und der ganze Kreis erfreut zu jubeln begann.

Die Trauzeugen Tante Speranţa und Onkel Puiu schoben sich in ihren Weg, ehe sie ihrem Bräutigam gegenüberstand, und begrüßten Rodica aufs Herzlichste. Speranţa staunte, wie hübsch die Braut aussah: »Schlicht! Schön, aber schlicht!«, und gaben sie erst frei, nachdem Béla auf Speranţas Weste aus Fuchsfell tippte, um Erlaubnis bittend, seine Ehefrau begrüßen zu dürfen. Speranţa sang melodisch: »Nu! Noch nicht Ehefrau, noch nicht!« Sie lief lachend an der Schlange vorbei, die sich hinter Béla gebildet hatte, und stellte sich mit Onkel Puiu zu dem zweiten Trauzeugenpaar, Rodicas Tante mütterlicherseits, Nela, und ihrem Ehemann Virgil.

Nela bewunderte Speranţas Weste, und diese entgegnete gleich stolz: »Aus eigener Zucht! In ganz Rumänien bietet niemand außer uns Polarfuchs an!« Natürlich hätten sie auch Feuerfüchse im Sortiment, doch die wären fast schon gewöhnlich, »Nicht wahr?«. Puiu ergänzte: »Wir versuchen uns auch an einer Kreuzung, doch unsere Füchse wollen noch nicht so wie wir!« Auf Nelas erstaunten Blick begann Speranţa aufzuzählen, wen sie in den letzten Jahren bereits zu ihrer Kundschaft zählen durften: »Sogar Nicolae Ceauşescu und Elena sind öfter bei uns zu Gast gewesen, drei identische Mäntel hat sie letztens mitgenommen!« Nelas hochgezogene Augenbraue gefror. Nun verstand sie auch, weshalb vier anstatt zwei Trauzeugen gebraucht wurden: Bei der anschließenden orthodoxen Trauung konnten Puiu und Speranţa sich nicht in einer Kirche sehen lassen, um als engagierte Parteimitglieder nicht als Verräter von der kommunistischen Ideologie verdächtigt zu werden.

Béla war so in Rodicas Blick versunken, dass er ganz vergaß, ihr Hochzeitskleid zu betrachten. Erst auf ihre

Nachfrage hin sagte er entschuldigend: »Wunderschön, alles!«, und bekam die gleichen Worte auch von ihr zurück. Er trug ein tailliertes Sakko zu weiter Hose, eine diagonal gestreifte Krawatte zu weißem Hemd mit messerscharfem Kragen. Seine Haare waren luftig verwuschelt, ganz so, wie Rodica es liebte, wenngleich nicht der Konvention einer sorgsam gekämmten Hochzeitsfrisur entsprechend. Seine Augen lächelten, als hätte er soeben in der Schulbank neben ihr die bessere Note attestiert bekommen.

Ein fassungsloser Beamter trat aus dem Haupteingang und schrie: »Es ist 9:48 Uhr, das Folgepaar wartet bereits im Foyer!« Niemand hatte bemerkt, wie die Zeit verflogen war. Der Straßenmusiker spielte, bis die letzten Gäste durch das Tor getreten waren, unterbrach dann den Bogen seiner Melodie und griff nach seinen Zigaretten, um sich die Wartezeit auf die nächste Hochzeitsgesellschaft zu verkürzen.

Nach der standesamtlichen Trauung folgte die Rückfahrt in den 7 November, damit Rodica das Hochzeitskleid für die kirchliche Zeremonie um dreizehn Uhr anziehen konnte; um vierzehn Uhr stand ein Termin beim Fotografen an, ab halb vier Zusammenkunft und lange Tafel für fünfzig Personen im Goldenen Hahn bis zur Sperrstunde um dreiundzwanzig Uhr.

Glücklich, aber erschöpft saß das vermählte Paar am Tisch und hörte den langen Reden von Puiu und Speranța zu, versunken in die zahllosen Eindrücke des Tages, die verzögert ihr Bewusstsein erreichten. Sie schauten einander abwechselnd an und lächelten, erstaunt über die ungewohnte Gewissheit, nun tatsächlich verheiratet zu sein. Zwar hatte Rodica bereits beim Fototermin schwere Kopfschmerzen bekommen, während die verschiedenen

Konstellationen vom Fotografen durchgepeitscht wurden, sie hatte bis zum Abend weder etwas essen noch trinken können, doch nun tat der Wein seine schmerzlindernde Wirkung. Beseelt lehnte sie den Kopf an Bélas Schulter, mit dem Segen von ganz weit oben grinste sie ihre Mutter an und formte mit den Lippen einen Kuss. Ihre Mutter tadelte sie scherzhaft, warf ihr dann aber doch einen Kuss zurück und verdrehte die Augen, als Puiu einen weiteren Absatz seiner Rede einleitete.

Versunken betrachtete Rodica ihre Eltern, dankbar für alles, was sie für ihren schönsten Tag aufgebracht hatten. Eigentlich war es üblich, alle Geschenke vor der Hochzeitsgesellschaft zu präsentieren und die Summe der Geldpräsente laut vorzulesen, doch war fast jeder der Gäste sehr dankbar dafür, dass Rodica und Béla sich gegen diese Prozedur entschieden hatten, um niemanden in Verlegenheit zu bringen.

Das Ende seiner Rede leitete Puiu mit der von ihm geschätzten Reimform ein:

»Werdet glücklich, werdet alt.

Der Winter kommt, bald wird es kalt.

Doch weist das Frösteln bitte in die Schrän-kel.«

Er hob den Zeigefinger, stolz auf seine Wortkreation,

»Mit einem unserer Polarfuchsmän-tel!«

Aufs Stichwort zauberte Speranţa einen Mantel aus feinstem beigen Stoff unter dem Tisch hervor, an dessen Kragen ein bläulich schimmerndes Fell befestigt war. Die Gesellschaft applaudierte verschämt, auch Rodica errötete.

Doch auch für Béla gab es ein unverhältnismäßig großes Geschenk. Seine Schwester hatte ihm von ihrem gesamten Ersparten eine Violine geschenkt, damit ihm zu seiner beruflichen Erfüllung mit den besten Voraussetzungen alle Türen offen stünden. Neben den Briefumschlägen mit Geldgeschenken in Höhe von insgesamt fünftausend Lei bekamen sie von Maria und Horea auch noch ein Kobalt-Kaffeeservice geschenkt, das sie ihnen aber in Ruhe zuhause übergeben wollten. Zum Abschluss des Abends wurde Rodica noch der Brautschuh von ihrem Neffen, dem kleinen Adi, gestohlen, der von seinem Vater dazu angestiftet worden war. Bélas Bruder war bei bester Laune und hatte bereits die Fähigkeit eingebüßt, mit zwei Augen besser sehen zu können als mit einem.

Traditionell war es die Aufgabe des Trauzeugen, den Brautschuh zurückzukaufen, doch Onkel Puiu sah seine Bringschuld durch den teuren Fuchsmantel bereits getilgt, das zweite Trauzeugenpaar übernahm sofort, bevor die Situation weitere unangenehme Aufmerksamkeit erlangen konnte.

Als die letzte Tanzmusik verklang, bildeten sich kleine Grüppchen, um mit denjenigen, die sich noch als fahrtüchtig erachteten, in die jeweiligen Richtungen zu entschwinden. Dem Brautpaar wurde ein Taxi spendiert, und da ihr Hotelzimmer im Zentrum gelegen war, fuhren Bélas Eltern bei ihnen mit.

Rodica war sehr aufgeregt vor der ersten gemeinsamen Nacht mit Béla gewesen, doch nun war sie bereits so müde, dass ihre Augen während der Fahrt fast zufielen. Nach der Ankunft verabschiedeten sie sich, doch ihre Schwiegermutter Momo bestand darauf, das junge Ehepaar bis vor die Tür ihres Zimmers zu geleiten, und konnte ihre Neugierde nicht zähmen, wenn schon oben angekommen, noch das Zimmer gründlich zu betrachten. Nachdem sie alle Lampen angeschaltet und ihre ausführliche Inspektion abgeschlossen hatte, deutete sie mit dem Zeigefinger zum Fenster und sprach erfreut auf Ungarisch: »Man sieht unseren Balkon!«, gab dem Grand Hotel, der besten Adresse der Stadt ihren Segen, umarmte Rodica, die bereits mit gesenktem Kopf auf der Bettkante saß, und bot rückwärts herauslaufend noch an, falls etwas sei, könnten sie einfach nach Hause kommen, es sei ja nicht weit!

Béla nickte ungeduldig, fächerte ihr Fahrtwind zu und ließ sich zum Abschluss einen feuchten Kuss auf die Wange drücken. Als er von der Tür zurück ans Bett trat, schlief Rodica bereits tief und fest. Er legte sie vorsichtig hin, sich neben sie, hob ihren Kopf an seine Schulter und betrachtete lange noch erfüllt und stolz, wie der Himmel über dem Kulturpalast sich langsam rötlich färbte.

Die Hoffnung auf eine fortschreitende Liberalisierung unter Ceaușescu war vergebens gewesen. Der Rückhalt im rumänischen Volk hingegen, durch den anfänglichen Kurs geblendet, sollte noch einige Zeit Bestand haben. 1971 reiste Ceaușescu in die Volksrepublik China und ließ sich von der im Jahr 1966 eingeleiteten Kulturrevolution beeindrucken, mit der Mao Zedong sein Milliardenvolk unter Kontrolle hielt. Umgesetzt wurde diese mittels einer brutalen Welle von Gewalt und Repression im ganzen Land, jegliche Individualität wurde ausgemerzt. Ceaușescu war fasziniert vom Kult um Maos Person sowie von der kompromisslosen Ausübung des Führerprinzips, was seinem Charakter mehr entsprach als sein anfänglicher Kurs nach dem Tod Gheorghiu-Dejs.

Weiter ging es von Peking nach Nordkorea, wo Ceaușescu vom »großen Führer« Kim Il Sung empfangen wurde, der ihm ebenfalls mit Führerkult und Regierungsstil imponierte. Die totale Kontrolle aller Aspekte des sozialen Lebens, die Kombination aus kommunistischer und nationalistischer Ideologie, der barocke Führerkult, aber auch die propagandistische Architektur, die er in Pjöngjang vorfand, verleiteten Ceaușescu zu der Vision, Rumänien in eine europäische Version von Nordkorea zu verwandeln.

Den Anfang machten die »Juli-Thesen«, die er auf dem Parteikongress der Rumänischen Kommunistischen Partei 1971 präsentierte, mit denen er seine Vorstellung einer kulturell-gesellschaftlichen Identität Rumäniens diktierte. Diese ließ die zum Ende der sechziger Jahre hin aufkeimende schöpferische Freiheit wieder verdorren.

Die »limba de lemn«, die Holzsprache, mit der Ceaușescu seine Ideologie demonstrativ antiintellektuell formulierte, stieß in der breiten Bevölkerung nicht auf Widerstand. Die Bildungseliten hingegen waren frustriert, da sie neu gewonnene Freiräume wieder verloren. Unter anderem wurden strengere Kontrollen für Universitäten und wissenschaftliche Einrichtungen eingeführt, es gab eine Kampagne zur »Säuberung« von Intellektuellen und Künstlern, die als zu liberal oder kritisch gegenüber dem Regime angesehen wurden, die Medien wurden stärker kontrolliert, und der Geheimdienstapparat wurde wieder hochgefahren, um jede weitere oppositionelle Regung durch Repressalien und Enteignungen zu unterdrücken.

Darüber hinaus wurde die Kunst- und Kulturszene in eine Produktionsstätte massentauglichen und nationalistischen Kitsches verwandelt, alle staatlichen Subventionen wurden fortan allein darauf verwandt. Wer von seiner Kunst leben wollte, musste sich dem neuen Kurs anpassen.

Bevor der regimekritische Schriftsteller Mircea Dinescu ein Publikationsverbot erhielt und unter Hausarrest gestellt wurde, beschrieb er die Situation als »real existierenden Kafkaismus«. Autorenbilder wurden von den Buchdeckeln verbannt, denn es gab von nun an nur noch ein Gesicht, auf das sich das Volk zu fokussieren hatte.

Bald beteiligten sich alle Schichten der Gesellschaft an der Anbetung ihres »irdischen Gottes«, bereits in den Kindergärten wurde eingetrichtert, wem die Verehrung, der Dank und die Liebe allein zu gelten hatte. Einen Personenkult durfte es nur noch um Nicolae Ceaușescu, höchstens noch um seine Ehefrau Elena geben.

Legte er anfänglich noch Wert darauf, sein Volk von sich zu überzeugen, ging es ihm nun nur noch darum, es vollumfänglich zu beherrschen und die Schaffung des »neuen Menschen« voranzutreiben: entprofessionalisiert, gehorsam und vor allem – ihm huldigend.

1974 hatte Ceaușescu eine Machtfülle erreicht, die kaum noch zu erweitern war: Er bekleidete neben dem Amt des Staatspräsidenten den Vorsitz für so gut wie alle bedeutenden Räte und Kommissionen. Viele Menschen zeigten sich zunächst beeindruckt vom kometenhaften Aufstieg des ehemaligen Schusterlehrlings aus ärmlichsten Verhältnissen; wie auch von seiner Ehefrau Elena, der »höchsten Wissenschaftlerin« des Landes.

Elena Ceaușescu, 1916 als Tochter einfacher Bauern unter dem Namen Lenuța Petrescu geboren, war wie ihr späterer Mann unter bitterarmen Verhältnissen auf dem Land aufgewachsen. Sie verließ nach der dritten Klasse aufgrund ungenügender Leistungen die Schule und zog mit vierzehn Jahren nach Bukarest. Dort soll sie sich als

Prostituierte den Lebensunterhalt verdient haben, fand schließlich Arbeit in einer Textilfabrik, in der sie Kontakte zur kommunistischen Bewegung schloss. 1937 wurde sie Mitglied der illegalen RKP und stieg rasch in der Parteihierarchie auf. Zwei Jahre später lernte sie Nicolae Ceauşescu kennen, als er erneut aus der Haft entlassen wurde, dieses Mal wegen der Verbreitung verbotener Flugblätter. Während seiner Zeit im Gefängnis schloss Ceauşescu nähere Bekanntschaft mit Gheorghiu-Dej, der bald zum Kopf der kommunistischen Bewegung unter den Insassen und schließlich nach der durch Moskau manipulierten Wahl KP-Chef wurde. Gheorghiu-Dej unterstützte Ceauşescu mit aller Macht – sehr zur Verwunderung von Parteigenossen, vor denen sich der KP-Chef abfällig über dessen mickrigen Intellekt ausließ – eine mögliche Erklärung fand man recht schnell in den Berichten von Augenzeugen über sexuelle Kontakte zwischen Dej und Ceauşescu im Gefängnis.

Elena und Nicolae waren 1939 nur wenige gemeinsame Monate vergönnt, als er erneut für vier Jahre inhaftiert wurde, bis die Kommunisten die totale Kontrolle über das Land übernahmen und Ceauşescu seine steile politische Laufbahn als Jungfunktionär im Maßanzug und mit Dienstwagen begann.

Im Frühjahr 1945 heiratete das Paar. Lenuţa Petrescu änderte zum Nachnamen den Rufnamen gleich dazu, die Koseform »Lenchen« schien ihrem Ehemann nicht angemessen an der Seite eines hohen Parteimitglieds, auch wurde ihr Alter um drei Jahre verjüngt, da sie älter war als er.

Während Nicolae sich ganz der Politik widmete, zog Elena drei gemeinsame Kinder groß und assistierte dazu in einem Chemielabor. Ceaușescu war derweil so weit aufgestiegen, dass er eigens für sie ein Fernstudium am Polytechnischen Institut Bukarest einrichten ließ, das sie innerhalb erstaunlich kurzer Zeit als Ingenieurin abschloss, jedoch wurde die Möglichkeit zum Fernstudium nach ihrem Abschluss direkt wieder aufgelöst. Ihr gefiel es, sich als Teil der intellektuellen Elite anzusehen, die sie später gemeinsam mit ihrem Mann zum Feind erklären sollte. 1967 bekam sie den Doktortitel verliehen, wobei ein spontan erlassenes Dekret verhinderte, dass Elena ihre Dissertation verteidigen musste. So trug sie bei der anstehenden Vorstellung ihres Mannes als künftiger Präsident Rumäniens bereits den Doktortitel und musste fortan ausnahmslos als Ingenieurin und Doktor angesprochen werden. Als die öffentliche Verteidigung ihrer Dissertation einige Tage später um 07:30 Uhr anstand, wurden die zahlreichen Zuhörer wieder nach Hause geschickt, die Vorstellung hätte bereits um sechs Uhr stattgefunden. Die »erlauchte Wissenschaftlerin von Weltruhm, Akademiemitglied Doktor Ingenieurin Elena Ceaușescu«, wie die Propagandamaschinerie sie pries, ließ unter ihrem Namen etwa hundert wissenschaftliche Beiträge veröffentlichen, die in neunzehn Sprachen übersetzt wurden. In rumänischen Fachkreisen galt sie als Lachnummer, im Ausland ließ man sich davon blenden. Auf Reisen ging Elena ihrer neuen Passion nach und sammelte Ehrendoktortitel, wobei im Vorfeld Dutzende Diplomaten bettelnd um die Welt flogen, um Universitäten für die Erfüllung dieses Wunsches ausfindig zu machen.

Die Chinareise 1971 inspirierte auch Elena zu einem Kurswechsel, als sie beim Damengipfel anhand von Maos Frau Jiang Qing, die weitreichenden Einfluss auf die Politik ihres Manns ausübte, auf die Idee gekommen sein soll, ihre wissenschaftliche Karriere um die politische zu erweitern. Von einem Staatsbesuch in Argentinien bei der umjubelten Präsidentin Isabel Perón kehrte sie mit den Worten zurück: »Wenn eine Hure aus einem Nachtclub in Caracas Politikerin werden kann, warum nicht eine Wissenschaftlerin?«

Bei der dritten Landeskonferenz der RKP im Jahre 1972 stieg Elena zum Mitglied des Zentralkomitees auf, 1980 wurde sie gar stellvertretende Ministerpräsidentin und somit die Nummer zwei in der rumänischen Politik. In dieser Funktion beriet sie ihren Mann ausgiebig, wem zu trauen sei und wem nicht.

Jede noch so kleine Meldung über Gegendruck verursachte bei den Ceauşescus panische Angst. Sie befürchteten, vergiftet zu werden, weshalb Nicolae sich einen Kugelschreiber konstruieren ließ, der bei radioaktiver Strahlung piepte. Die Ingenieure hatten aber versäumt, mitzuteilen, dass ebenfalls ein Piepen ertönte, wenn regelmäßig Flüssigkeit auszuwechseln war. Nicolae beschäftigte einen Vorkoster, der ihn auch auf Auslandsreisen mit seinem portablen Labor begleitete, stets war er von einem Schwarm Leibwächter umgeben, massive Stahltore gewährten nur auserlesensten Besuchern Zutritt zu den Residenzen. Bald entschied das Ehepaar, jedes Kleidungsstück nur ein einziges Mal zu tragen; die Abteilung V der Securitate, die sich allein mit ihrer Sicherheit befasste, musste ein Transportsystem zu den Textilmanufakturen ausbauen, die das Vertrauen der Ceauşescus genossen, um von ihnen die Klamotten in Plastikfolien versiegelt entgegenzunehmen und nach dem Tragen sofort verbrennen zu lassen.

Ceauşescu vollzog eine schwindelerregende Kaderrotation innerhalb der Partei, in der jeder jeden anzuschwärzen begann, um keinen beruflichen und sozialen Abstieg aufgrund des kleinsten Hauchs von Misstrauen zu erleiden. Der Geheimdienstapparat weitete seine Abhörmaßnahmen auf das ganze Land aus: Von zwölf Abhöranlagen im Jahr 1965 wuchs die Anzahl 1978 auf zweihundertachtundvierzig feste sowie tausend transportable Beobachtungsstationen an. In den Hotels, in denen ausländische Staatsgäste residierten, gab es unter den Angestellten keine einzige Person, die nicht für die Securitate arbeitete. Die Geheimpolizei unterhielt zudem Rotlichtbetriebe, um die Produktion kompromittierender Mitschnitte und Fotos sicherzustellen.

Zu diesem Zeitpunkt war der Vertrauenskreis der Ceauşescus bereits enorm geschrumpft und beschränkte sich fast ausschließlich auf Familienmitglieder – vor denen die Paranoia der Ceauşescus aber keinesfalls Halt machten. Alle wurden abgehört und beschattet, was dem jüngsten Sohn Nicu anfangs zwar missfiel, doch als das als Playboy bekannte »Prinzchen« bei einer Raserei im Cabriolet durch die Innenstadt von Bukarest eine junge Frau tötete, konnten alle Spuren schnell beseitigt werden. Er hatte keine Strafverfolgung zu befürchten wie auch nach überlieferten Fällen von Vergewaltigungen und Körperverletzungen. Alle Hindernisse wurden aus dem Weg geräumt, die seinen politischen Aufstieg zum Nachfolger seines Vaters hätten gefährden können.

Der Zweck heiligte die Mittel. Für Abweichler fand das Regime schnell einen Platz in einer der unzähligen, fast ausnahmslos mit Oppositionellen überfüllten

Psychiatrien. Unter den katastrophalen hygienischen Bedingungen, der Isolationshaft in Zwangsjacken mit Elektroschocks und übermäßiger Verabreichung von Psychopharmaka entsprach der Zustand der Insassen bald der anfangs diktierten Diagnose, die vom medizinischen Personal willfährig attestiert wurde: Paranoia. Der Paragraf 114 des rumänischen Strafgesetzbuches sah vor, dass eine Einweisung dann vorzunehmen sei, wenn der Angeklagte »geistig krank oder medikamentensüchtig ist und sich in einem Zustand befindet, in dem er eine Gefahr für die Gesellschaft darstellt«. Brachte die Befragung nicht das erwünschte Ergebnis, landeten die Oppositionellen in einer dieser Einrichtungen, und nicht selten starben sie dabei, und ihre Leichen fielen auf den Friedhöfen wilden Tieren zum Opfer.

Was wilde Tiere anging, entwickelte Ceaușescu über die Jahre eine extreme, wenngleich talentfreie Passion für das Jagen. Kein Sonntag verging, an dem er nicht auf die Pirsch ging, was die Parteifunktionäre der jeweiligen Gebiete in panische Angstzustände versetzte, dass der »erste Jäger des Landes« mit der Ausbeute nicht zufrieden sein könnte. Sie bedienten sich grotesker Mittel, um das zu verhindern. Falls ihm nach Fasanen war, karrte man diese massenweise aus Züchtereien in die Jagdgebiete, frisierte die Baumkronen, so dass es eine Art Abflugschneise für die leichtere Einschätzung der Flugbahn der Vögel gab. Wenn das nicht reichte, halfen professionelle Jäger aus sicherer Entfernung bei der Verbesserung seiner Abschussquote. Verlangte es Nicolae nach Bären, so wurden diese gefangen und ebenfalls transportiert. Zum Ende seiner Herrschaft fanden sich in der Trophäensammlung alleine über vierhundert Bärenschädel, die Zahl der insgesamt erlegten Tiere dürfte Zehntausend weit überschreiten. Damit sich der Prophet bei der Ausübung seines Hobbys nicht über dürre Kühe auf den Feldern ärgern musste, wurden mehrere Ladungen gemästeter Exemplare durch das Land geschleppt und entlang seiner Route aufgestellt.

Währenddessen hungerte das Volk Mitte der siebziger Jahre, ausgelöst durch Ceaușescus Vision, Rumänien in einen modernen Industriestaat umzuwandeln. Ende der sechziger Jahre wurde in die Schwerindustrie investiert, parallel versuchte Nicolae, die Landwirtschaft durch Agrarreformen effizienter zu gestalten, bildete landwirtschaftliche Produktionsgenossenschaften und ließ zehntausende Bauern bei der sogenannten »Dorfsystematisierung« zwangsumsiedeln, zerschlug die ansässigen Minderheiten, mischte die Bevölkerungsgruppen durch, um Rumänisch als erste Sprache zu etablieren, zerstörte ganze Dörfer und ihre kulturelle Identität. Stattdessen ließ er »agrarindustrielle Komplexe« hochziehen, in denen landwirtschaftliche Praktiken mit industriellen sowie chemischen Prozessen verknüpft werden sollten, um die Produktion für Auslandsexporte zu steigern. Der gewünschte Effekt blieb aus, exportiert wurde dennoch, zunehmend zu Lasten der Lebensmittelversorgung innerhalb des Landes.

Außenpolitisch gab Nicolae sich kooperativ, vor allem, um endlich den von Nixon beim US-Senat eingereichten Antrag auf die Gewährung der »Meistbegünstigungsklausel« für Rumänien durchgewunken zu bekommen. Damit wollte Ceaușescu Zollvergünstigungen bei Exporten und einen enormen Prestigegewinn für seine Außenpolitik erwirken, doch nach dem Watergate-Skandal zeigte sich Nixons Nachfolger Ford eher mäßig interessiert an Rumänien, auch weil vermehrt die Menschenrechtsverletzungen innerhalb des Landes kritisiert wurden. Die US-Administration drängte Ceauşescu, mehr in Rumänien lebenden Juden die Emigration zu ermöglichen, da nur auf diese Weise der Kongress zur Bewilligung überzeugt werden könne. Ceauşescu kümmerte sich persönlich um diese Angelegenheit, vierhundert Juden verließen innerhalb eines Monats das Land, und Rumänien wurde schließlich in den Kreis der meistbegünstigten Handelspartner der USA aufgenommen.

Zur Vorbereitung auf einen Staatsbesuch ließ das britische Außenministerium der Queen eine Notiz zukommen, der Westen unterstütze Ceauşescu direkt oder indirekt und habe ihn in seiner Oppositionsrolle innerhalb des Ostblocks ermutigt, so dass es für die Opposition innerhalb Rumäniens schwer sei, die Politik zu kritisieren, die in der ganzen Welt gewürdigt werde. Diese Bedenken blieben ohne Konsequenz; stattdessen erhob die Queen Ceauşescu auf dieser Reise in den Adelsstand.

Wenige Monate vor Rodicas und Bélas Hochzeit wurde Bukarest vom schwersten Erdbeben in der Geschichte des Landes erschüttert. Tausende Gebäude wurden zerstört, dreißig Hochhäuser stürzten ein und begruben die Bewohner, knapp tausendvierhundert Menschen kamen ums Leben. Die Ceauşescus brachen einen Staatsbesuch in Nigeria ab und liefen am nächsten Morgen von Fernsehkameras begleitet durch die Trümmer, Nicolae zeigte souverän mit dem Finger nach hier und dort, um sich als kompetenten Koordinator der Rettungsarbeiten zu inszenieren, während Elena betroffen folgte, gewärmt von ihrem Mantel aus feinstem beigem Stoff; das bläulich schimmernde Fell des toten Tieres am Kragen hatte sie Pietät behauptend abgenommen.

In ihrer Selbstüberschätzung verzichteten die Ceaușescus zunächst auf weltweit eingehende Hilfsangebote, was zu Protesten in der Bevölkerung führte. Diese wiederum versuchten sie abzuschwächen, indem den Betroffenen die notwendigsten Lebensgüter auf Staatskosten sowie jeweils tausend Lei versprochen wurden, die aber größtenteils in den Taschen lokaler Parteifunktionäre verschwanden. Die Zerstörungen in Bukarest boten Ceaușescu die Chance, seine architektonischen Träume schneller als erhofft in die Tat umzusetzen, indem er die Trümmer ohne Rücksicht auf weitere Todesopfer rasch einebnen ließ, um Platz für den Bau des Palasts des Volkes zu schaffen, der, über den Kadavern ebendieses erbaut, alles andere als ihm gewidmet war. »Palast des Sieges über das Volk« wurde das Vorhaben in der Bevölkerung genannt, die nach dem Willen Ceaușescus bis zur Jahrtausendwende die Zahl von dreißig Millionen Einwohnern überschreiten sollte.

Nach Abschluss des Studiums konnten die Absolventen der landesweiten Musikhochschulen der Reihenfolge ihrer Platzierung nach wählen, in welchem Orchester sie eine Stelle antreten wollten.

Um das Bevölkerungswachstum zu unterstützen, war für verheiratete Absolventen die Regelung eingeführt worden, dass der Ehepartner mit der schwächeren Abschlussnote ebenfalls im gleichen Orchester angestellt wurde, sofern dort weitere Positionen zu vergeben waren. Béla entschied sich für Târgu Mureş, insgesamt waren dort fünf Stellen in den Violingruppen vakant, und so kehrte das Paar in seine Heimatstadt zurück.

Sie lebten bei Bélas Eltern im Zentrum, da Lidi, Lulu und Titiam im 7 November bei Rodicas Eltern einziehen mussten, wo sie nun zu sechst auf zwei Zimmern wohnten. Doch auch im Zentrum war es voll, trotz eines zusätzlichen Zimmers; zumindest waren für Rodica und Béla von hier die Wege zum Kulturpalast viel kürzer. Die Schwiegereltern beherbergten nicht nur Rodica und Béla, sondern auch die dreiköpfige Familie des ältesten Sohnes, dazu Cristina, Bélas Nichte, die bei den Großeltern aufwuchs und mit ihnen in einem Bett schlief. Sechs Erwachsene und zwei Kleinkinder auf fünfundsiebzig Quadratmetern, es gab keine ruhige Ecke, das Üben auf den Violinen strapazierte zusätzlich die Nerven. Als während eines gemeinsamen Mittagessens Rodica plötzlich erblasst auf der Toilette verschwand, wusste ihre Schwiegermutter gleich: »Wunderbar, bald sind wir noch einer mehr!«

Im Februar erfolgte Bélas Einberufung zum Militär, und Rodica graute es davor, während der Schwangerschaft ohne ihn auskommen zu müssen. Sie fragte ihren Schwiegervater Ticu, ob er durch seine Beziehungen als leitender Kommandant des Katastrophenschutzes nicht erwirken könnte, Béla den Militärdienst bei einer Kaserne in der Nähe abhalten zu lassen; es gäbe beispielsweise ein Militärorchester direkt in Târgu Mureş.

»Ausgeschlossen, aus dem Jungen muss ein Mann werden!«, war seine Antwort. So wurde Béla nach Lipova eingezogen, eine Kaserne nahe der ungarischen Grenze, knapp vierhundert Kilometer oder ungefähr sieben Autostunden von zuhause entfernt. Wovon sein Vater aber keine Kenntnis hatte, war von der erst kürzlich erfolgten Gründung eines Militärorchesters in ebendieser Kaserne.

An freien Tagen besuchte Rodica immer ihre Familie im 7 November, da ihre Schwangerschaftsübelkeit im liebevolleren Umfeld besser zu ertragen war. Béla hatte die Hälfte seiner Militärzeit bereits hinter sich gebracht, Rodica erwartete seine Ankunft zwei Wochen später, da sein Militärorchester bei einem mehrtägigen Folklorefestival in der Nähe von Târgu Mureş auftreten sollte und Béla sich die Erlaubnis eingeholt hatte, zuhause zu übernachten.

Nun saß Rodica mit hochrundem Bauch des neunten Monats auf dem Bett ihrer Jugend und ließ sich von Buni den Rücken massieren, Lidi, Lulu und Titiam machten vor dem Sonnenuntergang noch einen Spaziergang, Maria bereitete in der Küche das Abendessen zu, Horea saß gebannt vor einer Dokumentation über Adolf Hitler im Fernsehen.

Wie ungerecht es sei, sagte Rodica zu Buni, dass Frauen zu allen grausamen Umständen einer Schwangerschaft auch noch mit Übelkeit bestraft würden.

»Sei froh, so wird es das Mädchen, das du dir immer gewünscht hast!«

Rodica war selbstverständlich davon ausgegangen, dass sie ein Mädchen bekommen würde, doch diese Ermittlungsmethode war ihr neu. »Heißt das, bei Jungen wird einem nicht schlecht?«

»Aus eigener Erfahrung, nein!«

»Noch ungerechter!«

Lidi trat mit ihrer Familie durch die Eingangstür, lief mit ihrem Sohn ins Bad zwischen Fernseher und Horea hindurch, der sich wand, um den Anschluss nicht zu verpassen.

Lulu setzte sich derweil zu Horea und folgte ebenfalls der Dokumentation. Plötzlich stand Rodica auf und klopfte an die Badezimmertür, Lidi bat um eine Minute, doch Rodica klopfte erneut, es sei sehr dringend, dann riss sie die Tür auf, um die Holzdielen zu verschonen, setzte sich auf die Toilette und hörte ihre Schwester sagen: »Na schau, es geht los!« Doch Rodica konnte sich abschließend erleichtern. »Nein, es hat wieder aufgehört!«

»Glaub mir. Heute kommt das Kind!«

»Heute kommt das Kind nicht, Béla ist noch nicht da!«, sagte Rodica und schloss die Tür im Hinausgehen, nur um sie wenige Sekunden später wieder aufzureißen.

Das Nötigste wurde gepackt, doch ihre Geburtstasche mit der Wechselwäsche hatte sie im Zentrum bei den Schwiegereltern, also musste Horea sie über diesen Umweg ins Krankenhaus fahren.

»Tata?«

Bereit, bepackt und fassungslos standen sie im Flur, betrachteten Horea, der gar nicht daran dachte, sich zu rühren.

»Tata, ich glaube, ihr müsst los.«

Völlig eingesogen in die Dokumentation blickte Horea kurz zu Lidi, doch seine Aufmerksamkeit verblieb beim Fernseher, bis ihm der Kopf aus allen Wolken fiel, als Rodica einen ernsteren Ton anschlug: »Tata, ich bekomme das Kind!«

Im Zentrum angekommen parkten sie den Wagen im Innenhof, wo Rodicas Schwager mit Arbeitskollegen und Freunden in seinen Geburtstag hineinfeierte. Maria und Horea stützten Rodica auf dem Weg nach oben, ihre Mutter holte ihre Zahnbürste aus dem Bad und reichte sie ihrer

Tochter, die in ihrem Zimmer alles absuchte, um sicherzustellen, dass sie nichts vergessen hatte.

»Das kann doch jetzt nicht wahr sein!«, stieß Maria hervor, als sie mit Rodica abfahrbereit durchs Wohnzimmer in Richtung Wohnungstür ging, wo Horea nun gemeinsam mit dem Schwiegervater Ticu vor dem Fernseher saß, in ihrer Erschütterung über Auschwitz-Birkenau vereint.

Am nächsten Morgen konnte Maria sich endlich mittels Bestechung Zugang zum Flur vor der Geburtenstation verschaffen; hinein durfte sie nicht, es sei sowieso schon überfüllt, doch die Krankenschwester erklärte sich bereit, Rodica die mitgebrachte Provianttasche zu überreichen. Als sie hörte, dass ihre Mutter gekommen war, stieg sie aus dem Krankenbett, lief so schnell, als hätte sie nicht viel Blut verloren und sei nicht kompliziert genäht worden, an der Krankenschwester vorbei, suchte körperlich den Halt am Türrahmen und fand den seelischen im Blick der Mutter, strahlte und fiel in Ohnmacht auf die kalten Fliesen, nachdem sie noch hatte sagen können: »Mama, es ist ein Mädchen!«

Zwei Wochen später konnte Béla endlich seine Tochter in die Arme nehmen. Die drei Nächte jedoch, die er zuhause verbrachte, verliefen ohne Schlaf, da Alina an schweren Koliken litt. Irgendwann wurde es dem Schwiegervater Ticu zu viel, er klopfte entnervt an die Tür und gab Rodica den Rat, die Kleine endlich zu füttern, sie hätte offensichtlich Hunger! Doch auch tagsüber wurde die Situation in der überfüllten Wohnung immer untragbarer. Durch das ganze Wohnzimmer waren Leinen gespannt, auf denen

Windeln trockneten, mit unterschiedlichen Fäden bestickt, um sie den drei Kleinkindern zuordnen zu können. Die Windeln mussten per Hand mit kaltem Wasser gewaschen werden, so dass Rodica bald ihre Finger nicht mehr spürte und fast die Geige nicht mehr halten konnte.

Mehr war von dem Land nicht zu erwarten, das Ceaușescu auf der Bukarester Parade am 23. August 1979 als fortschrittlichstes Land innerhalb des Ostblocks bezeichnete. Zu dieser Parade, die auf dem Boulevard der Vereinigung vor der Baustelle des Volkspalastes abgehalten wurde, karrte man aus dem ganzen Land Soldaten zusammen, darunter auch Béla, die als zweitausend Mann starker Chor geformt patriotische Lieder singen mussten, während die Ceaușescus in ihrem Wagen vorbeifuhren. Zum Abschluss seiner Militärzeit brachte Béla von dieser Parade, abgesehen von der Sorge über den sich immer weiter verbreitenden Wahnsinn im Land, auch noch Bettwanzen aus der Kaserne mit nach Hause.

In stundenlanger Rede lieferte Ceaușescu unter hypnotisiertem Beifall sein Standardprogramm ab. Um dem geplanten Bevölkerungswachstum gerecht werden zu können, wurden in den Folgejahren siebenhundertfünfzigtausend Wohnungen in Neubausiedlungen fertiggestellt.

Auch wenn es eine große finanzielle Überforderung bedeutete, die sie weit bis ins neue Jahrtausend würden abbezahlen müssen, ergriffen Rodica und Béla die Gelegenheit und kauften im Stadtteil Tudor eine Wohnung, direkt gegenüber von der, die sich Lidia mit Lulu und Titiam leisteten. Alle vier Erwachsenen hatten zu der Zeit ein zwar gefallenes, wenn auch stabiles Einkommen, und Rodica konnte sich nichts Schöneres vorstellen, als gemeinsam mit ihrer Schwester auf die Kleinen achtzugeben, dazu noch im Genuss des Fernwärmeanschlusses. Dass dieser nur unzureichend wärmte, wurde ihnen gleich im ersten Winter im neuen Zuhause bewusst. Je kälter es wurde, desto lauter tönte der verbotene Radiosender Europa Libera durch die Wohnungen, zumindest solange der Strom nicht ebenfalls abgestellt wurde. Béla hatte von dem Hochzeitsgeld auf dem Schwarzmarkt ein solches Radiogerät gekauft, über das sie den auf Kurzwellen versendeten Sender empfangen konnten, und die Entwicklungen beunruhigten ihn schwer.

Ceaușescu ordnete eine beschleunigte Schuldentilgung an, um auf eine unerwartete Stornierung bereits bewilligter Auslandskredite zu reagieren. Diese Beleidigung konnte er nicht hinnehmen, er wollte den Westen von der Überlegenheit seiner Politik überzeugen und sich auf Kosten des rumänischen Volkes als unabhängig präsentieren. Milliarden von Dollar mussten innenpolitisch eingespart werden, um die Kredite mit Zins und Zinseszins zu tilgen.

Noch dazu trieb Ceaușescu den bereits 1953 stillgelegten Ausbau des Donau-Schwarzmeer-Kanals wieder voran. 1984 wurde dieser nach einem Jahrzehnt unter immensen Kraftanstrengungen vollendet. Die nationalen Medien überboten sich in Lobeshymnen auf das »großartigste Projekt«, konnte Ceaușescu dadurch doch die Unabhängigkeit gegenüber der Sowjetunion behaupten, mit der er sich zuvor den Meereszugang am Donaudelta hatte teilen müssen. Der wirtschaftliche Nutzen blieb aber aus, da andere Länder für die Nutzung der verkürzten Donaustrecke solch hohe Gebühren hätten zahlen müssen, dass keines dazu bereit war. Kaum war dieses sinnlose Vorhaben realisiert, ging es an das nächste: Die Vollendung des Volkspalastes erhielt höchste Priorität.

Die Ausgaben führten zu einem Kollaps der Volkswirtschaft, die Preise stiegen rasant, Fleisch wurde immer unerschwinglicher, zumal es fast ausnahmslos exportiert wurde. Genährt ins Bett kamen nur diejenigen, die Verwandte auf dem Land hatten. Die 1954 abgeschaffte Rationierung wurde 1981 wieder eingeführt. Durch Lebensmittelkarten hatte man Anrecht auf minimale Mengen; waren diese verfügbar, bildeten sich endlose Schlangen vor den Geschäften, doch nicht selten gingen die Wartenden leer aus. Die Löhne fielen landesweit, so auch im Kulturbetrieb.

Umso stärker waren die Orchestermitglieder auf die Auslandstourneen angewiesen, mit denen sie harte Währung ins Land bringen konnten. Béla durfte jede dieser Reisen antreten, da sein Vater in gehobener staatlicher Position arbeitete. In der Logik der Securitate bestand bei ihm also keine erhöhte Fluchtgefahr, da er dadurch seine ganze Familie in große Schwierigkeiten gebracht hätte – dieses Risiko könnte niemand bei Verstand bereit sein, einzugehen. Rodica hingegen wurde durch Horeas Stigma des politischen Gefangenen nicht bevorzugt auf Reisen geschickt, doch da ihr Onkel Puiu und seine Ehefrau Speranţa flammende Parteimitglieder waren, kam auch sie hin und wieder zum Zuge, wenn die Besetzung sonst nicht vollzählig gewesen wäre.

Eine dieser gemeinsamen Reisen führte Rodica und Béla in die westdeutsche Stadt Marl. Zwischen der Einspielprobe am Morgen und dem Konzert am Abend spazierten sie vom Theater über eine Brücke in Richtung Zentrum. Es war ein schöner Sommertag, sie entschieden, sich etwas für ein Picknick im Park vor dem Einkaufszentrum zu besorgen. Zwar hatten sie auch schon in anderen Städten Einkaufsstraßen gesehen, doch der Marler Stern stellte alles in den Schatten. Unter einer riesigen Traglufthalle fanden sich alle denk- und undenkbaren Geschäfte: Es gab einen Laden exklusiv für Kaffee, einen für Blumen, für Eis, riesige Textil- und Lebensmittelgeschäfte; es war Rodica unbegreiflich, keine Menschenschlangen davor zu sehen.

An der Wursttheke beim Spar überlegten sie lange, welche Sorte sie wählen sollten. Der freundliche Metzger ließ sie verschiedene probieren; Rodica entschied sich für Salami, Béla bevorzugte Schinken, den er sich in Kombination mit Käse von der Theke nebenan, dazu mit den Scheiben einer Gurke aus der Gemüseabteilung besonders schmackhaft vorstellte. Rodica konnte sich nicht entscheiden, ob sie nun die kleine durchsichtige Limonade mit grünem Etikett, die gelbe, oder die schwarzrote zu den belegten Brötchen trinken wollte. Nach langem Hin und Her wählte sie die gelbe, Béla die schwarzrote. Erst am Laufband an der Kasse bemerkte Rodica, wie Béla unmerklich lächelnd auch die durchsichtige Limonade aus seiner abgewendeten Hand auf das Band legte; er drückte ihr einen Kuss auf die Nasenspitze, als sie schimpfen wollte, er solle nicht so viel Geld für sie ausgeben. Auf der Wiese konnte sie sich nur mit halbem Herzen an den Köstlichkeiten erfreuen, da sie lieber Alina dabei beobachtet hätte, wie sie ihr schmecken würden, anstatt sie selber zu verzehren.

Über Umwege kehrten sie ans Theater zurück, vor dem Haupteingang befand sich eine große Baustelle. Ein deutschstämmiger Kollege war in die Informationstafel davor vertieft, bemerkte das Paar und übersetzte, dass Erde ausgehoben wurde, um Platz für ein Mahnmal zu schaffen; eine Lokomotive, mit der Gefangene in die Konzentrationslager deportiert worden waren, sollte kopfüber aufgestellt werden. Es bewegte Béla, dass es in einer freiheitlichen Demokratie möglich war, Denkmäler für vergangene Verbrechen als Warnung aufzustellen, anstatt sie auszublenden, wie in ihrem eigenen Land. Er griff Rodica bei der Hand und nahm all seinen Mut zusammen. »Könntest du dir vorstellen, hier zu leben?«

Rodica war völlig überfordert von einer Frage dieser Tragweite, sie hatte noch nie darüber nachgedacht und überhaupt, zuhause, die Wohnung, die Eltern, die Schwester, die Freunde, Alina war erst drei Jahre alt, wie sollte sie das können?

»Es gibt zuhause keine Zukunft!«, sagte er in der Hoffnung auf eine Antwort, die ihm mehr entsprach, doch er blieb allein mit der Gewissheit, die für ihn mit jedem weiteren Jahr in Unterdrückung klarere Gestalt annahm. Auf ihr Schweigen hin nickte er bloß und erwähnte dieses Thema niemals wieder vor ihr. Doch mit der erstmaligen Aussprache war etwas in seinem Bewusstsein angestoßen worden, dessen Echo nicht mehr aufzuhalten war.

Ein Jahr später bereiste Béla mit einer kleineren Kammermusikbesetzung die italienische Ostküste. Er war mit den Kollegen in einer Pension nahe der Stadt Pesaro untergebracht, von wo sie die Busreisen in die verschiedenen Konzertorte unternahmen. Eines freien Tages am Meer konfrontierte Béla seinen Pultnachbarn und mittlerweile besten Freund mit seinen Überlegungen. Der Freund war zwar überrascht, doch alles andere als abgeneigt, je länger er darüber nachdachte.

Ceaușescu bezeichnete Erdöl, Juden und Deutschstämmige als die profitabelsten Exportgüter Rumäniens. Unter dem Vorwand, dadurch die Auslandsschulden zu tilgen, ließ er sich von Israel und Westdeutschland die Ausreise jeder einzelnen Person derart entlohnen, dass über eine Milliarde Dollar »erwirtschaftet« wurden – große Teile des Geldes sollen allerdings auf Ceaușescus Geheimkonten in der Schweiz transferiert worden sein.

Da aber weder Béla noch sein Freund der deutschstämmigen Minderheit angehörten, kam dieser »offizielle« Weg für sie nicht infrage. Zwar gab es in Deutschland das sogenannte Familienzusammenführungsprogramm für Asylbewilligte, mit dessen Hilfe sie ihre Familien hätten nachholen können, doch hatten die Freunde keine Möglichkeit, nach Deutschland zu gelangen – ihr Visum beschränkte sich bei dieser Reise auf die Länder Ungarn, Österreich und Italien. Sie wägten ab, wie die Chancen stünden, entweder in Rom oder in Wien Fuß zu fassen, doch als der aufgeregte Herbergsvater am Strand erschien, nach Béla rief und ihm mitteilte, dass ein wichtiger Anruf für ihn eingegangen war, traten die Fluchtüberlegungen in den Hintergrund.

Tief besorgt rannte Béla vom Strand zurück, überlegte, welcher Name ihm wohl mit der Todesnachricht genannt werden könnte, die diesen teuren Anruf aus Rumänien rechtfertigen würde. Er bezahlte den Rückruf im Voraus, beim fünften Versuch kam er schließlich durch und hörte endlich Rodicas Stimme, die zu seiner Überraschung zwar sehr aufgeregt, doch alles andere als traurig klang. »Béla, ich bin wieder schwanger! Doch mir ist leider überhaupt nicht übel!«

Der schwere Winter nach meiner Geburt im Jahre 1984 wurde durch eine Energiekrise noch verschärft, Gas- und Energiesperren kamen zum Hunger hinzu. Rodica war derart ausgelaugt von den Strapazen der ersten Monate mit einem Säugling, dazu kam noch die Trauer über ihre verstorbene Großmutter Buni, dass Horea und Maria ihre Tochter dazu überredeten, zu Beginn der Sommerferien gemeinsam mit Alina und einer Cousine ans Meer zu fahren. Sie würden derweil auf mich achtgeben, mit knapp acht Monaten sei ich aus dem Gröbsten raus, Rodica müsse sich eine Auszeit nehmen. Die Abreise mit dem Zug planten sie für die gleiche Stunde am gleichen Julitag, an dem auch Béla ins Ausland verreiste – dieses Mal mit dem Kammerorchester aus Cluj. Auf vergangenen Tourneen dieser Philharmoniker waren derart viele Musiker geflohen, dass die Leitung auf Musiker aus umliegenden Städten zurückgreifen musste. So fiel die Wahl auf Béla und seinen besten Freund.

Nun standen sie zu fünft am Bahnsteig, Bélas Zug verspätete sich. Er half Rodica, Alina und der Cousine beim Einstieg in den Zug in Richtung Schwarzes Meer. Der strenge Schaffner erlaubte nur eine flüchtige Umarmung zum Abschied. Mit schwerem Herzen betrachtete Béla, wie der Zug aus seinem Blick verschwand.

Vier Stunden später liefen die Freunde vom Hauptbahnhof in Cluj zum Busbahnhof. Nachdem Béla unterschrieben hatte, nahm er den verschlossenen Umschlag mit der Gage vom Securisten entgegen, bedankte sich und legte als Erster seine Tasche sowie den Geigenkasten in die

Gepäckklappe, begrüßte den Fahrer, der rauchend neben dem Bus stand, stieg ein und setzte sich auf seinen üblichen Fensterplatz in der letzten Reihe, von wo er die weitere Prozedur beobachtete. Soeben unterschrieb sein bester Freund, gleich dahinter wartete der Dirigent, danach der Komponist eines der Stücke, das bei dieser Konzertreise durch mehrere französische Städte gespielt wurde.

Béla öffnete den Umschlag und brauchte gar nicht erst nachzuzählen – auf den ersten Blick war klar, dass sie die Gage aufgeteilt hatten, um durch volle Auszahlung bei der Rückkehr ebendiese sicherzustellen. Der beste Freund setzte sich auf die andere Seite der letzten Reihe, schließlich füllte sich der Bus halb, bei der kleinen Besetzung hatte fast jeder Musiker eine ganze Reihe für sich. Als Letztes stieg der begleitende Securist ein und musterte kommentarlos einen jungen Kollegen, der es sich in der ersten Reihe mit der besten Aussicht gemütlich gemacht hatte, nun unaufgefordert aufstand, um sich weiter hinten einen Platz zu suchen.

Am späten Nachmittag, nach stundenlanger Wartezeit an der rumänisch-ungarischen Grenze, wurden alle aufgefordert, die Pässe in der ersten Reihe abzugeben, auszusteigen und einzeln mit dem Gepäck durch die Durchsuchungskammer zu gehen. Dies unterschied sich nicht von der Vorgehensweise bei früheren Auslandstourneen. Dieses Mal aber bohrte der begleitende Securist seinen Blick in Bélas Schädel, nachdem er sich durch dessen Gepäck gewühlt und nicht auffällig viele oder für einen Sommer verdächtig warme Kleidung darin gefunden hatte, hielt ihm den Pass entgegen und ließ nicht los, als Béla ihn nehmen wollte. »Sie garantieren, dass Sie zurückkommen?«

»Mein Herr, selbstverständlich, ich habe zwei kleine Kinder hier, ich habe eine Wohnung abzuzahlen!« Béla lächelte, doch das Adrenalin rammte ihm silbern gegen die eingezogenen Wangen.

»Das wissen wir!«

Gegen Abend vertrat sich der Komponist im Mittelgang des fahrenden Busses die Beine, als die besseren Straßen den Bus etwas ruhiger fahren ließen. Béla wollte ihn ansprechen, wusste aber nicht, wo und wie er das Gespräch einleiten sollte. Kurz bevor dieser vor der letzten Reihe zum zweiten Mal wendete, nahm Béla seinen Mut zusammen. »Ich habe mich nie bei Ihnen bedankt, dass Sie damals meiner Ehefrau geholfen haben!«

Der Komponist wusste nicht, wovon Béla sprach. Als er verstand, dass es um die fast vergessene Aufnahmeprüfung ging, winkte er lächelnd ab, als sei es etwas Selbstverständliches, setzte sich zu Béla, erkundigte sich nach Rodica, wie es ihnen in Târgu Mureş während der letzten Jahre ergangen war. Béla zog sofort ein Foto aus seiner Geldbörse heraus, hielt es dem Komponisten hin.

»Zwei wunderschöne Kinder, ich gratuliere!«

Béla nickte und bedankte sich, hielt kurz inne. »Ich hoffe, sie werden eines Tages stolz auf ihren Vater sein.«

Der Komponist blickte Béla irritiert an, dann noch einmal lange, nachdem er in den vorbeiziehenden Bäumen das ganze Ausmaß der Bedeutung dieses Satzes zu ergründen versucht hatte. Bélas bester Freund schlief an die Fensterscheibe gelehnt, weiter vorne hatten sich mehrere Gruppen gebildet und spielten Karten, auch der Securist hatte nicht gesehen, wie der Komponist sich kurz zu Béla gesetzt hatte. Ohne ein weiteres Wort stand der Komponist auf, ging an seinen Platz zurück und begann, eine Partie Schach mit dem Dirigenten zu spielen. Seine eigentliche Frage hatte Béla nicht stellen können, und mit einem Mal zog in ihm das schreckliche Gefühl herauf, durch seine Offenbarung einen großen Fehler begangen zu haben.

In Frankreich angekommen wurde das Orchester nahe der deutschen Grenze in einer ländlichen Feuerwehrkaserne untergebracht, von wo während der zweiwöchigen Tournee die Ausflüge in die Konzertsäle der umliegenden Städte angetreten werden sollten. Während der Dirigent, der Komponist und der Securist Einzelzimmer belegten, wurden die Musiker in Sechserzimmern untergebracht. Béla und sein Freund quartierten sich mit alten Kommilitonen aus Cluj ein, enge Freunde von Béla, mit denen er auch nach der Studienzeit noch Kontakt gehalten hatte.

Am nächsten Abend stand das erste Konzert an. Es besorgte Béla, dass der Komponist weiterhin jeden Kontakt zu ihm mied, nicht einmal ihre Blicke trafen sich während der Probe.

Nach dem zweiten Konzert kam Béla in die Garderobe, öffnete den Geigenkasten und bemerkte, dass hinter dem Ersatzbogen neben unserem Familienfoto ein kleiner Zettel klemmte. Er entfaltete ihn und versteckte das Papier sofort mit zitternden Fingern in seiner Fracktasche. »Donnerstag, nach Mitternacht.«

Nachdem Béla sich vergewissert hatte, dass ihn niemand gesehen hatte, klopfte er zum vereinbarten Zeitpunkt sanft an die Tür des Komponisten.

Er war erleichtert, als er diesen allein vorfand. Rasch betrat Béla das Zimmer und schloss leise die Tür. Bevor er sich bedanken konnte, kam ihm der Komponist zuvor. »Ich habe einige Anrufe getätigt. In Frankreich sieht es schlecht aus, keine freien Stellen in den Orchestern, zu denen ich Beziehungen habe.«

Béla musste sich setzen, niemals hätte er damit gerechnet, dass der Komponist bereits einen solchen Aufwand für ihn betrieben hatte. Damit waren die Würfel gefallen: auf das einzige andere Land, in das sie durch das Konzertreisevisum gefahrlos einreisen konnten. Glücklicherweise war es das Land, das aufgrund seiner Politik der Familienzusammenführung sowieso Bélas erste Wahl gewesen war.

»Also Deutschland.«

Der Komponist holte einen weiteren Zettel hervor, auf dem er eine Telefonnummer notiert hatte. Bald stünde ein Probespiel bei der Philharmonia Hungarica in Westdeutschland an, unter der Nummer könne eine Abholung in Freiburg organisiert werden.

Béla war erleichtert, es war der gleiche Kontakt, den er im Vorfeld ebenfalls in Erfahrung gebracht hatte. »Danke.«

Wieder wischte der Komponist den Dank beiseite, doch dieses Mal lächelte er nicht. Er setzte sich zu Béla aufs Bett. »Gehst du allein?«

Béla schüttelte den Kopf. »Mit meinem besten Freund.«

»Das ist gut. Wann?«

Er bekam keine Antwort. Bélas Blick verlor sich in seinem Inneren, er suchte nach dem Splitter, der sich mit einem Mal in seinem Verstand konkretisierte, unsicher hob er seine Schultern. Der Komponist riet, die übermorgige Nacht ins Auge zu fassen. Am kommenden Tag hätte das Orchester frei, da gäbe es keine Ablenkung, aber den Tag darauf würden sich alle nach dem Konzert zum Sonntag hin betrinken.

Béla stand auf, seine Knie zitterten. Er reichte dem Komponisten die Hand, verließ vorsichtig und lautlos das Zimmer. Kurz setzte er sich im eigenen Zimmer zu den fröhlichen Kollegen an den Tisch, nickte seinem Freund zu, der ihn aufmerksam betrachtete. Mit einem Mal war Béla so erschöpft, dass er sich hinlegen musste. Entgegen seiner Befürchtung, bis zum Tagesanbruch wach zu liegen, schlief er sofort ein.

Am nächsten Mittag traf sich das ganze Ensemble auf einem Schotterplatz, der wenige Gehminuten von der Feuerwehrkaserne hinter einem kleinen Wald gleich beim Stellplatz des Busses gelegen war. Einer der Kollegen hatte am Morgen im Lager einen Grill samt Kohle gefunden, und Bélas Zimmergemeinschaft war vor dem Fußballspiel losgezogen, um Fleisch und Getränke in der Stadt zu besorgen. Béla und sein Freund hatten sich auf dem Hinweg entschuldigt, sie wollten ein Telefonhäuschen suchen, um zuhause anzurufen, kurz vor der Einbiegung zum Schotterplatz holten sie die vollbepackte Gruppe wieder ein.

Zum Ende der Halbzeitpause des Fußballspiels half Béla dem Busfahrer, der einen schweren Wadenkrampf auszudehnen versuchte. Der Securist amüsierte sich über diesen Anblick, scherzte, kein Wunder, dass sein Bein so untrainiert sei, so langsam, wie er immer fahre, und öffnete ein weiteres Bier, ohne etwas zur Gemeinschaftskasse beizutragen.

Während Béla den Fuß des Fahrers dehnte, nutzte er den Augenblick. »Kannst du mir versprechen, dass morgen Nacht der Gepäckraum am Bus sicher abgeschlossen ist?« Dabei betrachtete Béla ihn so eindringlich und ernsthaft, dass der Fahrer die Bedeutung sofort ins eigentlich

Gemeinte übertrug. Béla half ihm hoch, übergab ihm dabei einen kleingefalteten Geldschein in die Hand, den der Fahrer sofort in seiner Hosentasche verschwinden ließ.

Béla hatte sich bereits abgewandt, ohne eine Antwort abzuwarten, und war in die Mitte des Feldes gerannt, um die anderen zum Weiterspielen aufzurufen. Jetzt kam er nicht mehr zur Ruhe. Béla rannte, er war euphorisiert von seinem Handeln, hatte alles eingefädelt. Er fühlte sich, als hätte er die Hälfte bloß an Jahren, die er mit sich trug am Leibe; der blaue Himmel stach, das grüne Blätterrascheln fächerte die Luft tief in seine Lungen, er lebte! Mit der Sonne im Zenit fand die Dunkelheit in seinem Herzen keinen Weg bis in den Verstand, doch sie tastete sich vor; die Endorphine peitschten vorerst alle seine Sinne auf, gleich einem Hasen auf der Flucht wich er mit tänzelhafter Drehung aus, wenn die Furcht ihm doch ein Bein zu stellen wagte, doch heute nicht! Heute wird gefeiert, dachte er, heute war er stolz, nichts und niemand konnte ihn jetzt bremsen, er legte vor, er zielte, und er schrie, als sein Schuss das Netz zerrammte; er feierte mit tauben Ohren, wild, worauf sein Freund ihn mahnend fasste, »Mach mal langsamer«, er dennoch dem Stillstand jubelnd die verschwitzte Stirn bot und schließlich völlig erschöpft umfiel. Jegliches Zeitgefühl verwischte, als sich die Blendung seines Blicks zur Sonne mit dem einsetzenden Applaus des Publikums am nächsten Abend in das Scheinwerferlicht verwandelte, nach seinem letzten Konzert unter der Flagge eines Landes, das nun bald endgültig nicht mehr seines sein sollte.

Er schaute sich um, betrachtete seine Kollegen und versuchte, sich unauffällig den Schweiß von der Stirn zu wischen, den das Bad in der Musik hinterlassen hatte. Diesen Rausch würde er vermissen, wer weiß, für wie lange. Er taumelte von der Bühne, legte seine Violine in den Kasten und vermied es, unser Foto anzusehen, packte seine Sachen zusammen und verschwand als Erster in Richtung Bus, sein Freund eilte ihm hinterher.

Der Busfahrer deutete auf den Vorhang zu seiner Schlafkabine innerhalb des Kofferraums, hinter dem sie ihre Sachen verstauen sollten. Schon kamen die anderen hinterher, Béla und sein Freund stiegen eilig in den Bus. Als dieser gefüllt war, bemerkte Béla, dass weder der Securist noch der Komponist sie zu diesem Konzert begleitet hatten, was ungewöhnlich war.

Am Parkplatz neben dem Fußballfeld angekommen mischten sich die Freunde unter die Kollegen, liefen gemeinsam am Wald entlang zur Unterkunft. Der Securist saß mit dem Komponisten draußen vor der Feuerwehrkaserne, sie grüßten kurz die vollbepackte Gruppe. Dann ging das Ensemble erschöpft hinein, um auf den Zimmern noch mit den restlichen Bieren vom Vortag auf das gelungene Konzert anzustoßen. Aus dem Augenwinkel bemerkte Béla, wie der Komponist dem Securisten eifrig nachschenkte, der zwar dankend ablehnte, den gefüllten Becher aber doch ergriff.

Mit den Gedanken bei uns saß Béla zwischen seinen Freunden im Zimmer, reagierte erst beim dritten Mal, als er angesprochen wurde. Erst lachte der Kollege, nach dem zweiten Mal rief er Béla mit ernsterem Ton in die Realität zurück, Béla nickte fragend.

»Schmeckt das Bier?« Der Kollege blies einen tiefen Lungenzug aus, wieder nickte Béla nur, stellte die unangetastete Bierflasche neben den überquellenden Aschenbecher auf den Tisch. Die Gespräche fransten aus, zehn Augenpaare ließen ihn nicht mehr los. Schließlich fragte einer, ob sie bitte offen reden könnten.

»Ihr müsst uns nichts vormachen«, sagte ein anderer nach langer Stille.

»Wo sind eure Sachen, die Geigen, was habt ihr vor?«

»Wir hauen ab, in dieser Nacht.« Die Worte fielen ungefilterter und schneller aus Béla heraus, als die anderen es erwartet hätten.

In das darauffolgende Vakuum sagte keiner etwas. Es gab auch nichts zu sagen, weder etwas zu fragen noch diese Entscheidung in Zweifel zu ziehen. Dennoch war die Stille angefüllt von der Einsamkeit eines jeden Einzelnen, vom Zeuge Sein dieses Entschlusses, vom zerfressenden Gedanken, wie es wäre, wenn, wie jetzt, die Möglichkeit zur Freiheit schon besteht, die Schritte dazu auch zu wagen; vom Eingeständnis, diesen Preis nicht zahlen wollen zu können. Was sie aber am meisten beschämte, war die Tatsache, dass jeder von ihnen darauf achtete, wie die anderen auf diese Botschaft reagierten, und ob nicht vielleicht sogar dem engsten Freund das Allerschlimmste zuzutrauen war. So weit war es gekommen.

Einer stand am Fenster, schaute lange ins Leere, dann unterbrach er die Stille, deutete dabei auf den Innenhof der Kaserne. »Ich glaube, jetzt ist der Moment.« Alle standen auf, zwängten sich um das Fenster und sahen, wie der Securist schwer taumelnd vom Hof stolperte, alle paar Schritte innehielt, dann alarmiert losrannte, um sich vor einem Busch den letzten Rest an Würde aus dem Leib zu kotzen.

»Du erbärmliches Stück Scheiße«, kommentierte einer, alle lachten, nur Béla nicht. Stattdessen griff er nach dem Nächsten, umarmte ihn, als würde er uns drei umarmen, verabschiedete sich von allen und lauschte. Als die gegenüberliegende Tür endlich schwer ins Schloss fiel, war der Augenblick gekommen.

Béla und sein Freund schlichen die Treppe hinunter, eilten hinter dem Busch mit der Lache des Erbrochenen vorbei. Der Komponist saß noch dort und rauchte entgegen seiner Gewohnheit eine Zigarette. Sein Blick traf Béla durch das Geäst, er nickte ihm zu, Béla nickte zurück, dann verschwanden die Freunde in die Dunkelheit.

Wie erhofft, war der Gepäckraum nicht abgeschlossen. Béla griff nach dem, was von seinem früheren Leben übrig geblieben war, am Taschengurt klemmte der entfaltete Geldschein, mit Bleistift hatte der Busfahrer darauf notiert: »Noroc«, viel Glück.

Abseits der Straßen endlich am Bahnhof angekommen konzentrierte sich Béla einen Moment zu lange auf die Konturen seiner Angst, sie breitete sich unaufhaltsam vor ihm aus, plötzlich war er umstellt, hinterrücks erfasste Panik seinen Nacken. Der Zug nach Deutschland kam erst in fünfzehn Minuten, er legte die Tasche und den Geigenkasten ab, stützte die Arme in die Taille und versuchte einzuatmen, doch seine Brust blockierte. Nun rollte die Welle unaufhaltsam heran. Béla sagte seinem Freund, er gehe kurz pinkeln, verschwand hinter der Bahnhofshalle, ein Krampf in seiner Körpermitte warf ihn dort zu Boden. Er sah die verschwitzte Strähne im Gesicht seiner schlafenden Frau, sehnte sich so sehr danach, ihren Nackenduft zu atmen, erblickte Ai und mich daneben, sah sich für eine Ewigkeit nicht mehr bei uns liegen, so dass es ihn zerriss. Er begann zum letzten Mal für eine sehr lange Zeit zu weinen, wie ein Kind, das zu ersticken droht, und zweifelte, ob er es wirklich schaffen konnte, auf das Wichtigste zu verzichten, was ihm Kraft zum Leben gab. Plötzlich wurde er ruhig, etwas in ihm wurde überschrieben, der Autopilot übernahm.

Er stand auf, legte langsam die Arme um sich, hielt sich fest umklammert und begann zu sprechen, ganz zu sich allein: »Von Kindheit an sind wir beide zusammen, und ich weiß alles über dich, kenne deine Schwächen, deine Kräfte, deinen Wunsch, immer der Beste zu sein. Und jetzt stehst du hier, in der ausgewählten Nacht einer möglichen Flucht, einer ziemlich kalten Sommernacht auf einem französischen Bahnsteig, erfüllt vom Duft einer unbekannten, neuen Welt und zweifelst, ob du dich deinem Schicksal beugst oder Herr deiner eigenen Entscheidung bist? Alles, was du in diesen dreißig Jahren erreicht hast, deine Familie, dein ganzer Besitz, deine Wohnung auf Kredit, deine Karriere und dein Künstlerleben im Frack auf der Bühne, alles liegt nun hingeschmissen auf der roten Seide des Casinotisches deines Lebens, und das Roulette ist bereit für den großen Schwung, der dir ein Vielfaches von deinem Einsatz bringen kann. Die Freiheit. Du musst jetzt los, um deinen Jugendtraum zu leben. Versuche nicht, diese Schwerelosigkeit zu begreifen, es gibt nichts zu verstehen.

Nach vorne.

Nur nach vorn.

Für immer.«

Zwei Tage vor Bélas erwarteter Rückkehr am darauffolgenden Montag war Rodica mit Alina vom Meer zurückgekehrt.

Immer wenn er auf Tournee war, waren sie samstagabends zum Telefonieren verabredet. Da der Telefonanschluss in der gemeinsamen Wohnung in Tudor noch nicht aktiviert worden war, übernachteten wir im 7 November. Alina und ich schliefen im kleinen Zimmer, im Wohnzimmer saßen Rodica, Maria und Horea vor dem Fernseher. Endlich klingelte es.

»Béla, wann kommst du an, was soll ich dir zu essen machen?« Es folgte stummes Rauschen.

»Das ist das Problem. Ich komme nicht zurück. Du musst anfangen, dir Gedanken darüber zu machen, mit den Kindern zu mir zu kommen.«

Horea erhob sich sofort und schaltete den Fernseher aus. Das Gespräch dauerte bloß eine Minute, dann brach die Verbindung ab. Sie legte den Hörer auf, schaute ihre verstummten Eltern an.

»Was hat Béla gesagt?«

Sie konnte sich an nichts erinnern.

Aus Rodicas wenigen Sätzen deuteten sie, dass Béla geflohen war und nicht gesagt hatte, wo er sich befand; zwei Mal hatte Rodica gefragt, »Wo bist du?«, danach »Warum nicht?«.

Rodica konnte der Wahrnehmung ihrer Eltern nicht trauen, lachte flüsternd: »Das hat er nicht gesagt!«, dann musste sie sich setzen.

»Bitte sagt mir, was bedeutet das?«

»Er wird es dir schreiben«, sprach ihre Mutter, doch Rodica verstand nicht, was sie meinte.

»Du hast am Telefon gesagt, ja, wir schreiben uns, ich erwarte deinen Brief«, zitierte Maria ihre Tochter, Horea blätterte währenddessen mit zitternden Fingern im Nummernbüchlein, doch die Buchstaben verschwammen ihm, er konnte nicht finden, wonach er suchte.

Onkel Puiu legte sofort mit den Worten auf, »Nicht am Telefon!«, als er ahnte, welchen Verlauf das Gespräch nehmen würde. Gegen ein Uhr nachts erschienen Bélas Eltern mit seinem Bruder. »Das ist eine Katastrophe!«, brachte Rodicas Schwager noch heraus, bevor er in überschäumender Nervosität einen nicht endenden Hustenanfall erlitt. Der Schwiegervater saß neben ihm, schaute regungslos ins Leere, Bélas Mutter hatte das Ausmaß der Botschaft noch nicht erfasst, versuchte zu trösten und zu beschwichtigen, was den Sohn nur wütender machte. Schließlich fragte er Rodica, was sie mit der ganzen Sache zu tun hätte; es könne nicht sein, dass sie nichts davon gewusst habe.

»Gibst du mir die Schuld?«, schrie sie und kam sofort zu uns ins kleine Zimmer, denn ich war durch ihre Messerstimme aus dem Schlaf gerissen worden und hatte zu weinen begonnen.

»Mama, was ist passiert?« Alina lag schon länger wach, hatte sich jedoch nicht getraut, hinüberzugehen.

»Was ist mit Tata?«

Marl, 15.08.1985

Meine Teuerste,

es ist nicht einfach, den Faden einer langen Reihe an Briefen aufzugreifen, der wer weiß wann enden wird, doch ich beginne nun und schreibe mit aller Liebe, obwohl ich mit den Worten gegangen bin, wiederzukommen, und dich nicht darauf vorbereitet habe, dass es nicht so sein wird. Seid mir nicht böse. Ich fürchte, dass ich vielen daheim große Schwierigkeiten damit bereitet habe, doch die Zeit und das, was ich hier vielleicht realisieren werde, werden wiedergutmachen, was nun hässlich ist.

Ich bin derselbe Mensch wie zuhause, wo ich niemandem etwas Böses getan habe, ich arbeite viele Stunden am Tag und bereite mich darauf vor, alles von Neuem anzufangen. Ich vermisse dich, die Kinder, die ich jeden Tag in meinen Gedanken umarme. Die neuen Fotos habe ich immer bei mir, und ich stelle mir vor, wie sehr sie sich verändert haben, sogar in der kurzen Zeit, seit ich weg bin. Ich weiß, dass es schwer für dich sein wird, arbeiten zu gehen, und ich bin nicht da, doch ich bin mir sicher, dass du zurechtkommen wirst, und die Kinder werden dir die Zeit erfüllen, so dass sie schneller vergehen wird als hier. Ich liebe dich.

Ich küsse euch mit aller Liebe

Béla

Târgu Mureş, 15. 09. 1985

Mein lieber Béla,

ich hätte nie gedacht, dass ich dir jemals über so große Entfernung schreiben werde, vor allem aber nicht in einer derartigen Situation.

Ich habe mit großer, großer Ungeduld darauf gewartet, zu erfahren, wo du dich befindest, doch jetzt, wo ich dir schreiben kann, weiß ich gar nicht, wie ich anfangen soll.

Ich habe deine Botschaft erhalten, als ich mit großer Sehnsucht deine Rückkehr erwartete, vor allem, weil ich dir gemeinsam mit Alinuşa einige kleine Überraschungen vorbereitet habe. Nicht einmal jetzt kann ich mir vorstellen, wann es dazu kam und welche Umstände dich dazu gebracht haben, eine solche Entscheidung zu treffen, die sicherlich unser gesamtes Schicksal verändert.

Ich will mich nicht daran erinnern und dir diese Momente beschreiben, die ich durchlebt habe, nachdem du angerufen hast. Ich glaube, du kannst dir vorstellen, in welchem seelischen Zustand ich mich wiederfand, ich und wir alle. Umso schwerer fällt mir der Gedanke, dass du dort allein bist, weit weg von uns, ohne jegliche Stütze von niemandem. Warum musste das Schicksal es so schlecht mit uns meinen, dass wir solch eine lange Zeit von Briefen leben müssen?

Ich bin unglücklich, lieber Béla, und ich denke die ganze Zeit daran, ob deine Gesundheit nicht unter den Bedingungen, in denen du nun lebst und kämpfen musst, leiden wird. Jede Sekunde frage ich mich, was du wohl machst, wie du auskommst, ich bin unruhig bei dem Gedanken, dass du mit so weniger und dünner Sommerkleidung gegangen bist, und nun bricht der Herbst an, die Kälte ...

Nun ist mein einziger Trost, den Moment deines Anrufs zu erwarten. Nachdem wir das erste Mal gesprochen haben, ist mir bewusst geworden, wie viele Dinge ungesagt geblieben sind, da ich es nicht geschafft habe, sie auszusprechen, und dass ich dich so gut wie nichts gefragt habe.

Mit Alina war es mir sehr schwer bis zu deinem ersten Anruf, doch als sie davon hörte, begann sie sich zu beruhigen. Ich habe ihr erst einmal gesagt, dass du noch ein wenig zum Studium fortbleiben musst.

Béla, mein Lieber, ich schreibe dir diesen ersten Brief mit dem gleichen Gefühl, das auch du sicherlich empfunden hast. Am Anfang ist es nun schwerer, doch ich hoffe, dass ich dir auf diesem Weg mehr von uns und insbesondere von den Kindern schreiben kann, damit sie dir nahe sind und du an den wichtigsten Momenten unseres alltäglichen Lebens teilhaben kannst. Unsere Alina hat morgen ihren ersten Schultag. Sie ist sehr glücklich über den neuen Tornister und die neue Uniform, sie kann die feierliche Einschulungszeremonie nicht erwarten. Wir werden Fotos machen, lieber Béla, und sie dir schicken, damit du sehen kannst, wie süß unser kleines Schulmädchen ist!

Ich habe sie an der Musikschule eingeschrieben, wo sie die Aufnahmeprüfung sehr erfolgreich bestanden hat. Die Professoren waren beeindruckt von ihrem Talent, vor allem, weil sie zwei Lieder über alle vier Saiten gespielt hat und sehr gut durchgekommen ist, auch bei den zusätzlichen Fragen, mit denen sie ihr Urteilsvermögen einschätzen konnten. Ich bin sehr gespannt, wie sie sich in dieser neuen Situation als Schülerin verhalten wird, die sie sich so lange herbeigesehnt hat.

Alina ist brav, reifer geworden, die ganze Zeit sagt sie mir, dass sie dich liebt, passt auf Sabin auf, den sie oft mittags zum Schlafen legt. Seitdem Nuku gelernt hat, aufzustehen, will er gar nicht mehr allein schlafen, er richtet sich in seinem Bettchen auf und weint. Er hat gelernt, die Fliege zu machen, kriecht durchs ganze Zimmer, oft kommt er auf dem Weg zur Küche bis in den Flur. Selbstverständlich ist die ganze Zeit jemand bei ihm. Doch wenn er einen Stuhl findet oder sich seinem Bett nähert, zieht er sich hoch und richtet sich auf. Noch kann er nicht laufen, doch es bereitet ihm ein außerordentliches Vergnügen, zu stehen, während er mit seinem Händchen glücklich gegen den Stuhl haut oder gegen das Bettchen, an dem er hängt.

Jetzt zum Beispiel robbt er um mich herum über den Boden und schreit fröhlich: »RRR...« Im Gegensatz zu Alina, mit der ich momentan Kummer mit dem Essen habe, isst Sabin sehr gut. Wenn er sieht, dass wir uns ihm mit Essen nähern, fängt er an zu schlucken und zu sprechen: »Ma-ma pa-pa«, und wenn ich ihn frage, ob es schmeckt, schüttelt er lächelnd den Kopf zum Zeichen »Nein!«, doch er isst genüsslich weiter. Immer wenn ich neben ihm liege, greift er nach meinen Haaren und legt sie sich zu einer Schlaufe zurecht, die er zwischen Daumen und Zeigefinger zusammendrückt. Jede Nacht geht es so, stundenlang, so ruppig, dass meine Kopfhaut schmerzt und ich nicht schlafen kann. Ich habe versucht, ihn auszutricksen, seine Lieblingspuppe Sandi über meinen Kopf gelegt und ihre Haare so ausgebreitet, als wären es meine. Doch er hat es sofort gemerkt, seine Fingerchen gruben sich durch ihre Strähnen, bis er meine wieder spürte, worauf er verärgert noch viel kräftiger als vorher daran zog.

In den letzten Wochen ist er sehr in die Länge gegangen, er misst fast achtzig Zentimeter, wird immer frecher, ein kleiner Haudegen, mit bereits fünf kleinen Zähnchen, während Alinuşa einen Zahn verloren hat. Nuku hat auch gelernt, mit dem Händchen zu winken, wenn er bei bester Laune ist, dann schreit und grölt er so laut, dass man es im ganzen Haus hört. Er ist der Glücklichste von uns allen, er weiß nichts von dem, was um ihn herum vorgeht. Alina hilft mir sehr, wir kommen gut miteinander aus, sie hat angefangen, mich zu verstehen, wenn sie sieht, dass ich unglücklich bin, sie merkt, dass sie jetzt braver sein muss, und spürt, worum ich mich alles kümmern muss.

Béla, meine Liebe, was soll ich über mich schreiben? Ich liebe dich so sehr, und es fällt mir momentan sehr schwer, mich an die Realität zu gewöhnen, ohne dich. Doch wenn du durchhältst, so werde auch ich durchhalten, für dich, für unsere Kükchen, die wir beide so sehr lieben. Alinas Schulzeit mit den neuen Abläufen wird mir dabei helfen, die Zeit schneller vergehen zu lassen. Ich habe mich sehr unsicher und leer gefühlt, als ich zur Arbeit zurückkehren musste, auf die Kollegen traf, vor allem, als die Probe begann und du an deinem Platz fehltest.

Es fällt mir schwer, diesen Brief zu beenden, obwohl ich noch so viel zu schreiben hätte, doch du wirst mich sicher verstehen, dass ich dir erst einmal nur das Essenzielle geschrieben habe, auch weil, wie du in deinem ersten Brief schriebst, der Faden unserer Briefe noch einen langen Weg durchzustehen hat. Vergiss nicht, noch ist es nicht zu spät, um deine Entscheidung zu reflektieren. Denk daran, dass dein Opfer zu groß sein könnte. Im Grunde steht unser gesamtes Schicksal auf dem Spiel. Ich will nie in die Situation kommen, diese Zeilen zu bereuen, doch ich liebe dich zu sehr, und du wirst wissen, dass ich dir Erfüllung wünsche, von der ich weiß, dass du sie an unserer Seite erleben kannst. Wir küssen dich mit viel, viel Liebe und erwarten, dass du uns schreibst, damit wir so viel wie möglich von dir erfahren. Wir lieben dich.

Sabin, Alina, Rodica

LIEBER TATA ICH LIEBE DICH

ICH VERMISSE DICH ICH KÜSSE DICH

ALINA

Der erste Brief von Béla mit der Adresse des Asylantenheimes kam wie alle weiteren Briefe in beide Richtungen mit einer vierwöchigen Verzögerung an; am Telefon hätte er seinen Ort nicht verraten können, da die Securitate sicherlich mithörte – bei den Briefen war es unwahrscheinlicher, dass jeder einzelne von ihnen geöffnet wurde. Wegen dieser langen Verzögerung auf dem Postweg war es nur über die kurzen Telefonate an den Samstagen möglich, sich gegenseitig auf den aktuellen Stand zu bringen. Oft kam die Telefonverbindung stundenlang nicht zustande, und wenn, dann dauerte das Gespräch im besten Fall so lange, wie Bélas Kleingeld in der Telefonzelle gegenüber von seinem Asylantenheim reichte. Von einem Kollegen bekam er den Hinweis, die eingeworfene Münze durch einen gezielten Schlag mit der flachen Hand auf die Seite des Geräts einrasten zu lassen, damit könne er die Taktung aushebeln, doch bisher war es ihm nicht gelungen. Kaum hatte er die letzte Münze eingeworfen, blieben nur noch fünfzehn Sekunden Sprechzeit mit seiner Frau oder seiner Tochter. Er haute so wütend gegen das Gerät, dass ihm am nächsten Tag die Bogenhand beim Üben schmerzte. Und üben musste er mehr als je zuvor, denn am 18. September stand das Probespiel für die Stelle bei der Philharmonia Hungarica an, die für eine Aufenthaltsgenehmigung und somit einen Fortgang seiner Zukunft in Deutschland unabdingbar war.

Nach dem Üben saß er abends mit seinem besten Freund in der Küche des Asylantenheims, meistens hörten sie auf dem Radiogerät ihres indischen Mitbewohners, was in der Welt vor sich ging, ohne etwas zu verstehen, eingebettet in die Charthits der achtziger Jahre. Soeben hatte er einen Brief an Rodica zu ihrem ersten Arbeitstag nach der Sommerpause beendet, als ein besonderes Lied erklang, das bereits die Abende zuvor Bélas Aufmerksamkeit auf sich gezogen hatte. Er bat seinen Freund, sich dessen Walkman mit Aufnahmefunktion ausleihen zu dürfen. Pünktlich zum zweiten Refrain drückte Béla auf Aufnahme, hob den Zeigefinger vor seinen Mund, als der Freund sich gerade beschweren wollte, dass Béla einfach seine Kassette überspielte, formte dazu tonlos die Worte: »Für Rodica!« Sein Freund verdrehte die Augen, als er verstand, welches Lied soeben festgehalten wurde.

Marl, 27.08.1985
Meine Teuerste,
ich habe heute den ganzen Tag an dich gedacht, habe dir die Daumen gedrückt für den ersten Arbeitstag ohne mich, und ich glaube, dass auch du meine Nähe gespürt hast. Ich wäre gerne bei dir gewesen, doch nicht in der Philharmonie, weil wir uns dort zu selten gut gefühlt haben. Mir tut es um keinen der Kollegen leid, mit denen du noch einige Zeit verbringen musst. Ich kann mir vorstellen, welche Atmosphäre nun dort herrscht, so sind sie alle, und so waren sie immer ...

Doch lass mich von mir erzählen, womit ich meine Tage fülle: Ich übe morgens ungefähr zwei bis drei Stunden, danach bereite ich mir Essen zu, nachmittags setze ich das Üben fort, so lange wie am Morgen. Das Programm beginnt so zu laufen, wie ich es will.

Abends höre ich Radio, danach schlafe ich mit den Gedanken bei euch ein und wache morgens wieder mit euch auf. Auf diese Weise und mit jedem neuen Tag liebe ich euch mehr, vermisse ich euch mehr. Erst ein Monat ist vergangen, seit ich von zuhause fortgegangen bin, und es scheint mir wie ein Jahr, vielleicht sogar mehr.

Von Frankreich habe ich zu wenig gesehen, nur Strasbourg. Es war dennoch schön, überall sprachen sie Französisch, im Gegensatz zu der kleinen Stadt, in der ich mich jetzt befinde, in der ich überall nur Deutsch höre.

Du weißt, wie viel Respekt ich immer vor dieser komplizierten Sprache hatte, doch schau, nun beginne ich einen Kurs, um sie zu lernen. Ich denke, es werden einige Jahre vergehen, bis ich damit zurechtkomme, doch zum Glück ist die Sprache unseres Berufes grenzenlos.

Ich arbeite viel, denn hier findet ein Kampf um Leben und Tod statt. Ich bin überzeugt, dass ich es schaffen werde, weil ich keinen Moment ungenutzt lasse. Ich hoffe auf einen »guten Tag«, wenn der 18.09. kommt, an dem ich zeigen muss, wozu ich im Stande bin.

Meine Liebe, du fehlst mir sehr, und nichts könnte mir diese Leere füllen – deshalb wird dir meine Liebe immer sicher sein – außer meine Hoffnung auf die Zukunft, die ich versuche, euch so gut wie möglich zu bereiten.

Pass auf die Kleinen auf, ihr Foto ist die ganze Zeit bei mir. Könntest du mir vielleicht neue Fotos schicken, wenn du schreibst, doch du sollst bitte auch darauf zu sehen sein.

Mach dir keine Sorgen um mich, ich bin stark.

Ich liebe dich.

Wie schlimm der erste Arbeitstag für Rodica tatsächlich werden sollte, konnte Béla nicht erahnen. Auf dem Weg in den Kulturpalast traf Rodica auf ihre alte Schulkameradin Adina. Als diese bemerkte, wie sehr Rodica abgenommen hatte, erkundigte sie sich, was geschehen war.

»Mein Mann ist geflohen!«

»Das ist furchtbar«, sagte Adina mitfühlend. »Das tut mir leid.« Ihre Augen nahmen das melancholische Lächeln früherer Verliebtheit an. »Aber hast du gehört, dass auch Béla abgehauen ist?«

»Aber Adina, Béla ist mein Mann!« Rodica erstarrte, als sie begriff, wie weit die Nachricht sich bereits verbreitet hatte.

Im Kulturpalast wurde vor der Probe eine Konferenz mit dem ganzen Orchester einberufen. Rodica ging zum Orchesterleiter, um darum zu bitten, vom Zentrum auf eine hintere Position versetzt zu werden, doch er willigte nicht ein. Also saß Rodica kreidebleich auf ihrem Platz am ersten Pult der zweiten Violine, wo wenige Monate zuvor noch Béla direkt neben ihr gesessen hatte; die Stühle füllten sich langsam. Einer der Kollegen, den Béla auf den Tod nicht ausstehen konnte, lief langsam an Rodica vorbei. Sie starrte auf das leere Notenpult, während er ihre Schulter berührte und flüsterte: »Ich hätte Interesse, wie wäre es mit uns beiden?« Ein anderer Kollege schob ihn brüsk weiter. Also rief Ersterer so laut, dass es alle mitbekamen: »Der Feigling ist ja abgehauen!«

Rodica bekam nur verschwommen mit, was bei der Konferenz besprochen wurde, sie spürte die Blicke, die sich aber sofort abwandten, als Rodica sie zu treffen und in ihnen einen Trost zu finden suchte.

Man habe sicherlich bereits von den beiden Geflohenen gehört, nun ging es an die Entscheidung, wer auf ihre Position am ersten Pult der ersten Violine nachrücken würde; auch wurde eine erneute Kürzung der Gehälter bekannt gegeben. Erst als um sie herum lauthals protestiert wurde, verstand Rodica, wie sehr es auch sie selbst betraf. Mit zwei Gehältern hätten sie die Wohnung abbezahlen können, als Alleinverdienerin stürzte sie diese Nachricht in den Ruin. Umso wichtiger war es, dass Béla sich einen Monat später die Stelle bei der Philharmonia Hungarica erkämpfen musste, um ihr Geld schicken zu können. Doch die Securitate hatte ihre Augen und Ohren überall.

Am Abend nach der Bekanntgabe rannte Béla völlig euphorisiert zur Telefonzelle, um seiner Frau vom Ausgang des Probespiels zu berichten. Da er ihr den genauen Termin geschrieben hatte, harrte sie am 18.09. den ganzen Abend vor dem Telefon im 7 November aus.

Unzählige Male hatte Béla versucht durchzukommen, doch es war aussichtslos. Er vermutete, die Securitate habe die Leitung bei den Savas in genauer Kenntnis des entscheidenden Tages abgestellt, denn bei seinen Eltern kam er durch. So konnte er die Nachricht wenigstens seiner Mutter überbringen, die er bat, Rodica diese gleich am Morgen auszurichten. Noch drei weitere Male versuchte er es im 7 November, ehe er aufgab.

Auf dem Rückweg von der Telefonzelle wurde er von einer rumänisch sprechenden Männerstimme außerhalb des Lichtkegels einer Straßenlaterne aufgehalten. »Herr Tambrea?«

Béla spürte im Rücken jene dunkle Färbung in der Stimme, vor der er nach Deutschland geflohen war, nun hatte sie ihn eingeholt.

»Es ist noch nicht zu spät!«, fuhr der Informant fort, und da Béla keine Regung zeigte, »Sie sollten acht auf das Wohl Ihrer Frau und Ihrer Kinder geben!«

Béla entschied sich dagegen, dieser Drohung ihre Wirkung zu erlauben, und war erstaunt, wie gut es ihm gelang.

»Genau das tue ich, mein Herr«, sprach er in die Dunkelheit, wandte sich ab, betrat die Unterkunft und begann den Briefkopf zu verfassen, zum Bericht vom Tag seines Triumphs.

Marl, Mittwoch, 18.09.1985

Meine Teuerste,

ich weiß noch nicht, ob es ein Traum ist, oder die Realität, wie auch immer, wenn es real und wahr sein sollte, dann ist es wie ein schöner Traum. Ich habe es geschafft! Wie sehr habe ich mich gegeißelt mit dem Gedanken, dass ich es schaffen muss. Der letzte Monat bestand aus nichts anderem als Arbeit, die Nerven maximal gespannt, zig Fragezeichen, alle zum Schweigen gebracht durch die Sehnsucht nach dir, nach unseren Küken. Ich liebe dich, meine liebe Ehefrau, für dich habe ich gewonnen, für unsere Kinder, und für alle, die zu uns halten und mit uns gemeinsam aufgeregt waren. Jetzt wird es ruhiger, alles, was mir unbekannt und fast unmöglich zu erreichen schien, lasse ich langsam hinter mir zurück.

Der Anfang war schwer, doch nun gibt es keine Gefahr des Abbruchs mehr. Die letzte Woche war eine Qual, sechs bis sieben Stunden üben am Tag, in den verregneten Nächten nichts als Albträume, doch der Glaube an mich selbst hat mich nicht verlassen. Ich habe hart gekämpft, um mir nichts vorwerfen zu können. Manchmal hatte ich nach einem langen und quälenden Tag den Eindruck, dass ich nichts erreicht hätte, da befielen mich die Teufel bei dem Gedanken, dass es täglich schlechter läuft. Ich wollte, dass es perfekt ist, oder zumindest so nah daran wie möglich an dem, was hier in der Musik verlangt wird, immer mit den Konkurrenten im Sinn, jeder einzelne mit ähnlichen Plänen für die Zukunft, jeder von ihnen gut vorbereitet, noch dazu mit mehr Erfahrung bei Wettkämpfen, all das hat mich manchmal dazu gebracht, zu denken, dass ich scheitern könnte.

Ich wusste nicht, wie ich auf einen vollen Saal reagieren würde, nur Augen und Ohren, mal mehr, mal weniger gutmütig, und ich kann dir gar nicht beschreiben, welch ein Dickicht mir vor einer Woche noch die Sicht versperrte.

Einige Male war ich vorher in dem Saal, um die Akustik einzuschätzen, und es graute mir vor dem Unterschied des Klangs, verglichen mit dem in meinem Zimmer. Ausgerechnet am Freitag, den 13. September hatte ich eine weitere Einladung zum Probespiel in Düsseldorf, doch ich habe mich dagegen entschieden, um mich nur auf den 18. zu konzentrieren. Ich habe es riskiert und bereue es nun nicht.

Das Probespiel war auf 15 Uhr angesetzt, die Länge war nicht abschätzbar, da über zwanzig Kandidaten eingeladen waren; wie gut sie sein würden, wusste ich nicht.

Nachdem ich mich morgens gut aufgewärmt hatte, kam ich dort etwa eine Stunde vorher an und stand vierzehn Leuten gegenüber, Männer und Frauen, von denen jeder Einzelne sich großartiger darzustellen versuchte als die anderen. Auf den ersten Blick eine freundliche Ansammlung, doch sie hätten sich gegenseitig aufgefressen. Einige präsentierten sich als Solisten und spielten exaltiert Passagen aus dem Programm, andere beobachteten nur. Der Wettbewerb begann also schon im Aufenthaltsraum.

15 Uhr. Es erscheint der Koordinator, man zieht die Nummern für die Reihenfolge des Eintritts in die »Arena«,

der Wettkampf ist wahrhaftig einer ohne Witz, nur: Ich ziehe die Nummer 13. Ein schlechter Scherz, genau die 13!

Mir läuft ein Schauer über den Rücken, zum Teufel mit dem Aberglauben! Die ersten sieben treten nacheinander ein, spielen abgedeckt vom Vorhang, kommen wieder raus und erzählen, wie gut sie waren, wie leicht es ihnen fiel. Gleich aber kommt der »Junge« dran, dachte ich mir. Dann müssen wir auf einmal neue Nummern ziehen, da während der Pause nach den ersten sieben Bewerbern die Nummern von Schützlingen der Jury durchgestochen worden waren. Ich greife nach einer Nummer und atme erleichtert durch: Die 10, schön, nicht wahr?

Die »Schlacht« geht weiter, zwei vor mir, dann bin ich an der Reihe. Ich verspüre eine ungeheure Lust aufs »Kämpfen«, ich muss mich prügeln! Eintritt, ein isolierter Korridor, der Saal, ein geschlossener Vorhang, der Pianist gibt mir ein Zeichen, ihm die Noten zu überreichen, ohne dabei zu sprechen. Am liebsten hätte ich ihn sonst wohin geschickt, in einer ihm unbekannten Sprache. Die anderen legten ihre Noten auf das Pult. Ich kannte mein Programm auswendig, dennoch blieb mein Pult nicht leer. Ich legte euer Foto darauf ab und hatte die ganze Zeit vor Augen, für wen ich es nun schaffen musste.

Ich stimme die Geige, gebe dem Pianisten das Zeichen für mein Tempo. Grabesstille hinter dem Vorhang. Mozart, A-Dur, erster Satz, die letzten zwei Takte des Klaviervorspiels, es geht los. Fantastisch, ich fühle mich gut, bin wütend, als wäre der Teufel in mich gefahren, gut, dass meine Bogenhand nicht zittert. Das Allegro beginnt, nie ist mir dieser Teil so gut gelungen. Ich spiele für dich, weil ich spüre, dass du mit ganzer Seele bei mir bist. Das hohe E klingt perfekt – drei Tage zuvor habe ich nur diese Stelle geübt, und es ist ein E der besten Sorte, rhythmisch, ich bin zufrieden! Doch da folgt noch so viel!

Auf der zweiten Seite werde ich aus dem Saal unterbrochen. Bis hierhin haben alle anderen auch etwa gespielt, man verlangt nach der Kadenz. Ein wenig niedergeschlagen, doch mit großem Ton spiele ich allein, die Passagen fließen. Es interessiert mich nichts anderes, nur noch ein wenig und ich bin fertig.

Draußen werden Fragen gestellt, ich antworte, so gut ich kann, und ziehe mich zurück. Es folgt eine Probe mit Material aus Orchesterstellen. Eine lange niederdrückende Pause, wer hat es wohl in die zweite Runde geschafft? Ich beiße die Zähne zusammen, einige Bewerber sind sich sehr sicher, dass sie erneut eintreten werden. Emotionen. Die Illusionen einiger lösen sich auf. Der Koordinator kommt herein, liest sechs Zahlen vor. Darunter meine 10. Ich hole tief Luft und beginne zu hoffen.

Der Kampf beginnt von Neuem. Der Pole, der Deutsche, die Russin, der Franzose, ein anderer Deutscher, ich. Nur zwei freie Plätze. Jeder ist maximal konzentriert, hoffentlich werden meine Nerven mich nicht verlassen. Die anderen scheinen sehr sicher, doch ich kann jetzt nicht verlieren. Jemand schreit meine Nummer. Jetzt ist alles offen, ich stehe im Angesicht meiner Richter. Ich gebe nicht auf, ich gebe nicht auf, es sind so viele ... zum Teufel mit ihnen, ich bin müde im Kopf. Von Neuem fange ich gut an, habe ungefähr zwei kleine Ausrutscher, doch keine fatalen. Die Hunde taxieren mich dennoch, dann das Ende, exzellent. Ich fühle, dass ich umfalle, was wollen sie denn noch von mir, ich will nur noch schlafen, ich will nichts mehr.

Es ist also vorbei. Pause. Man wird dumm von ihren ganzen Pausen. Drinnen debattieren sie jetzt. Fünf Minuten, zehn, eine Viertelstunde. Wie lange dauert diese Qual noch? Vermutlich ist dies der Weg, der zu den Irren führt. Sechs Menschen warten. Ich bin zufrieden, dass ich bis zum Schluss kämpfen durfte. Ich schaue zum Fenster hinaus, sehe die Menschen aus dem Saal gehen. Die Tür des Aufenthaltsraumes wird geöffnet, eine Dame tritt mit der Liste ein. Sie sagt etwas auf Deutsch. Die Dame dankt allen Konkurrenten für die Teilnahme und das besonders hohe Niveau, und entschuldigt sich, dass nur zwei Plätze vergeben werden können. Die Nummern 9 und 10! Wir werden beglückwünscht. Ist es wirklich möglich? Ja, so ungefähr war es.

Ich liebe dich.

Küsse an alle zuhause.

P.S. 1: Dass ich dich nicht mehr mit trauriger Stimme höre! Gymnastik, Kinder, Vertrauen in mich. Ich liebe dich.

P. S. 2: Ich vermisse das Meer, wer weiß, an welches wir als Erstes fahren werden, doch ich verspreche dir, dass es warm sein wird, sonnig, und wir werden zusammen sein.

P. S. 3: Ich liebe dich und ich begehre dich.

Als Béla am nächsten Morgen diesen Brief in den Postkasten einwarf, betrat seine Mutter in Rumänien die Wohnung im 7 November, um die Nachricht zu überbringen. Horea machte sich daraufhin gleich auf den Weg, um die Angelegenheit mit der Telefonleitung zu klären, und tatsächlich konnte die Verbindung zum Wochenende wiederhergestellt werden. Die Securitate hatte sich sehr bald mit Wichtigerem zu befassen als mit den Kontaktaufnahmen und Liebesbekundungen eines bereits gänzlich verlorenen Bürgers ihres Landes, da im September 1985 das Fundament innerhalb der Landesgrenzen ins Wanken zu geraten drohte. Ein Dekret wurde erlassen, das Lohnkürzungen in der Erdöl-, Bergbau- und Exportindustrie vorsah, sollten die vorgegebenen Produktionspläne nicht erfüllt werden können. Diese waren von vornherein illusorisch. Ein Großteil der Bevölkerung wurde so vollends in die Armut gerissen. Die Securitate kam kaum hinterher, die aufflammenden oppositionellen Regungen zu erfassen und zu verfolgen.

Als Béla am darauffolgenden Samstagabend telefonisch durchkam, spielte er, auch um einem mutmaßlich mithörenden Securisten nicht gleich den Anrufenden zu verraten, seiner Ehefrau vor, was er auf dem Walkman seines Freundes aufgenommen hatte.

Ihm zitterten die Finger, als er endlich ihre Stimme hörte, er hielt das ausgeliehene Gerät an die Sprechmuschel und drückte auf »Play«. Durch das Rauschen zweitausend Kilometer langer Leitungen strömten elektronische Schlagzeugtöne zum Klang eines modernen Synthesizers, dessen Art die folkloredurchtränkten Ohren dieses Landes überhaupt noch nie gehört hatten.

»To fill your heart like no three words could ever do.« Eine hohe Männerstimme setzte zum Refrain ein, in erhöhter Tonart neu geschaffener Umstände: »I just called to say, I love you. I just called, to say how much I care. I just called to say, I love you. And I mean it from the bottom of my heart.«

Târgu Mureş, Montag, 23.09.85

Vergib mir, mein lieber Béla, das Telefongespräch von letzter Nacht, vergib mir, dass ich nicht fröhlich sein konnte.

Du warst so glücklich, doch ich war so beschwert von verwirrenden Gefühlen. Ich habe am Telefon geweint, weil ich dich so vermisse, weil ich dich so sehr liebe, und du so weit von mir entfernt bist! Mich erleichtert ein wenig der Gedanke, dass die Tortur des Übens vorbei ist, du dich beruhigen und jetzt mehr auf dich achtgeben kannst.

So habe ich Samstagnacht diesen Brief begonnen, nachdem du mir das Lied vorgespielt hattest.

Wenn du wüsstest, was ich für eine hässliche Nacht am Mittwoch hatte, als du nach deinem Probespiel anrufen wolltest. Bis Mitternacht blieb ich neben dem Telefon wach, danach habe ich es so nah neben das Bett gebracht, wie das Kabel reichte, damit ich sofort abheben kann, wenn du anrufst. Doch zum Teufel! Nachts habe ich schlecht geschlafen, morgens war ich nervös, bis endlich um 11 Uhr deine Mutter bei uns erschienen ist, um uns zu sagen, dass du nicht durchgekommen bist.

Samstagabend war ich sehr hässlich am Telefon. Ich war im Grunde am »Nullpunkt«, wie man sagt. Nachdem ich von deinem Ergebnis erfahren habe, wurde mir bewusst, dass es real ist. Sabin hast du so klein zurückgelassen, du hattest gar keine Zeit, ihn zu sehen, dich an ihn zu gewöhnen, zu beobachten, wie er wächst, dich an ihm zu erfreuen! Es ist ein großes Opfer für dich, so weit von uns entfernt zu sein, doch es geht nicht anders, wir müssen von Neuem an den Punkt gelangen, glücklich zusammen zu sein, diese Periode zu vergessen. Es muss sein, denn sowohl Sabin, so klein er auch noch ist, als auch Alina brauchen dich, brauchen dich sehr.

Wie verärgert und unglücklich ich nach deinem Anruf war. Ich habe gleich angefangen, einen Brief zu schreiben, dich darum zu bitten, mir zu verzeihen, als ich das Telefon erneut klingeln hörte. Fast wäre ich vor Freude in die Luft gesprungen, als ich deine Stimme hörte. Ich wusste nicht, wie ich dir, außer in Gedanken, dafür danken sollte, dass du noch einmal angerufen hast, denn die Minuten, in denen wir sprechen, vergehen so schnell, wieder endet das Gespräch, und ich werde traurig, so vieles Ungesagtes!

Ich habe mehrere Male versucht, dir zu schreiben, jedes Mal habe ich mit so viel Liebe begonnen, doch etwas hat mich davon abgehalten, die Briefe zu beenden. Jetzt ist es Abend, gemeinsam mit Mama, sie ist die ganze Zeit bei mir, habe ich die Kinder gebadet, sie haben gegessen, und jetzt schlafen sie wie zwei Engel.

Nun ist die Stunde, in der ich meine Gedanken ganz auf dich lenken kann. Das bedeutet nicht, dass ich im Laufe des Tages nicht an dich denke. In allem, was ich tue, allem, was ich erblicke, sehe ich dich, erinnere ich mich an die Zeit, als wir zusammen waren. Ich will mich nicht beklagen, aber ich kann nicht anders als an dich zu denken, an uns und daran, wann wir wieder zusammen sein können so wie vorher.

Sei beruhigt, mein Lieber, ich werde alles so machen, wie du es gesagt hast. Seit drei Tagen rauche ich nicht mehr. Ich habe es dir versprochen, doch im letzten Monat habe ich sehr viel geraucht. Jetzt ist es Abend, ich bin erleichtert, dass ein weiterer Tag vergangen ist.

Morgen geht es von vorne los. Um acht bringe ich Alina zur Schule, danach muss ich ins Amt, um einige Formalitäten wegen deines Fortgangs zu klären. Vom CEC kam eine Rechnung von 918 Lei, eine Zweimonatsrate für unser Zuhause, August und September, die auf deinen Namen ausgestellt ist, doch ich bekam vorgestern nur 800 Lei Gehalt, und ich habe darum gebeten, dass der Rest vom nächsten Gehalt einbehalten wird. Um 10 Uhr beginnt die Probe, wie du weißt. Abends das zweite Konzert ohne dich. Beim ersten Konzert habe ich dich ganz nah bei mir gespürt.

Was machst du wohl gerade? Wo schläfst du, wo bist du, wie wäschst du deine Sachen, wie kochst du? Das sind Fragen, denen ich nicht entkomme, die mich verfolgen. Und bis jetzt habe ich auf keine einzige eine Antwort bekommen. Wann werde ich wohl alles über dich erfahren, wann werde ich wohl beruhigt sein, wissend, dass es dir gut geht, dass du gesund bist? Ich bin nicht allein, habe die Eltern an meiner Seite, die mir helfen, mich bestärken, obwohl auch sie Hilfe benötigen. Doch du bist allein, wer hilft dir, wer sagt dir ein gutes Wort? Ich bitte dich, Béla, pass auf dich auf, vernachlässige dich nicht, wir, alle drei, lieben dich so sehr. Wir küssen dich in aller, aller Liebe.

Sabin, Alina und Rodi

Zum Weihnachtsfest wurde in Rumänien ein weiteres Dekret erlassen: Die maximale Wohnungstemperatur durfte nunmehr zwölf Grad Celsius betragen, was aber durch die immer länger anhaltenden Fernwärmeausfälle ohnehin so gut wie nie erreicht wurde. Dazu bescherten die Feiertage Rodica etwas, was sie in Angst und Schrecken versetzte. Am 24. Dezember landete eine Vorladung zur Securitate in ihrem Postfach. Die Befragung war auf den zweiten Weihnachtsfeiertag angesetzt, um neun Uhr morgens im Roten Saal des Ministeriums für interne Angelegenheiten.

In schlimmster Befürchtung dessen, was sie erwarten würde, bog Rodica bereits um acht in die Straße des Ministeriums ein, um nicht womöglich durch eine Verspätung negativ aufzufallen. Den Termin würde sie jedoch unmöglich einhalten können. Eine Schlange ängstlicher Gestalten zog sich durch die Dunkelheit bis zum Nebengebäude entlang. Sie stellte sich an und fragte den Mann vor ihr, wann sein Termin sei, er antwortete: »Halb zehn.« Rodica nannte ihre Zeit, doch vorlassen wollte er sie nicht. Jeder sah sich selbst zu Unrecht dort hinbestellt, im Gegensatz zu Vor- und Hintermann.

Völlig unterkühlt übertrat Rodica endlich die Schwelle des Haupteingangs, konnte sich für einen Moment am Türrahmen stützen. Ihr wurde schwindelig, als sie bemerkte, dass sich die Menge der Wartenden nicht etwa lichtete, sie fächerte sich in verschiedene Schlangen zu den unterschiedlichen Verhörsälen auf.

Die Ceauşescus schauten von Sonnenstrahlen umrahmt aus einem riesigen Gemälde in der Mitte der Eingangshalle auf sie herab, sein vorwurfsvoller Blick verriet, dass nur eine Beichte Einlass zu seinem Himmelreich gewähren würde – für den Fall, dass diese nicht erfolgte, wartete der Dobermann zu seinen Füßen.

Der Rote Saal stellte sich als verdreckte, braune Kammer heraus. Während sie von einem Uniformierten zum Hinsetzen aufgefordert wurde, und zwar mit den Handflächen auf der Sitzfläche unter den Schenkeln, standen zwei Männer in ziviler Kleidung abgewendet vor dem geöffneten Fenster und rauchten. Wie gerne hätte Rodica geraucht, zwar hatte sie aufgehört, wenngleich unfreiwillig, da keine Zigaretten mehr zu bekommen waren. Die Männer ließen keine Eile erkennen, also entschuldigte Rodica sich nicht für ihre zweistündige Verspätung; einen längeren Satz hätte sie ohnehin nicht aussprechen können, ihre Zähne klapperten so sehr, dass ihre Wangenmuskeln krampften. Immer noch abgewendet warfen die Männer ihre Stummel in den Schnee, ließen die eisenschwere Außenjalousie herabstürzen und tauchten den Raum in absolute Dunkelheit, ohne vorher die Gesichter zu entblößen. Sie kannten sich blind mit ihren Instrumenten aus, Stühle wurden gerückt, die Securisten setzten sich und lauschten ewige Sekunden dem Angstgeklacker ihres nächsten Opfers.

»Sie sind wohl sehr emotionalisiert!«, sagte endlich der linke. Der rechte stellte einen filigranen Schaltkreis um, eine auf Rodica gerichtete Tischlampe schrie ihr blendend entgegen.

»Wo ist Ihr Mann?«

»Ich weiß nicht.«

»Sie wissen genauso gut wie wir, dass er in Deutschland ist, warum lügen Sie?«

»Wussten Sie, dass er abhaut?«

»Nein.«

»Warum haben Sie ihn nicht aufgehalten?

»Ich wusste es nicht.«

»Warum haben sie ihn nicht gemeldet?«

»Er schadet damit ihrer beider Familien. Sie kooperieren nicht, das wird Konsequenzen haben«, sprach der linke zum Abschluss und rief nach dem Uniformierten zur Eskorte aus dem Roten Saal.

Obwohl sie nicht der Securitate unterstellt waren, verloren Lidia und Lulu zwischen den Jahren ihre Anstellungen, doch auch Bélas Bruder traf die Rache des Systems. Bei seiner Kündigung wurde der Familie über den kurzen Dienstweg außerdem noch nahegelegt, den verlorenen Sohn zu enterben, wolle man sich glaubwürdig von ihm distanzieren und Schlimmeres verhindern. So kam es auch, doch Béla sollte dies erst bei der Verlesung des Testaments nach dem Tod seiner Mutter erfahren. Das Gift der absoluten Kontrolle war bis in die feinsten Äderchen des gesellschaftlichen Lebens durchgesickert.

Rodica hatte das Glück, auf den Rückhalt ihrer Familie zählen zu können, und je mehr sie ihre Größe durch Verständnis zeigten, desto schwerer fiel Rodica der Gedanke, genau auf diese Menschen zu verzichten, wenn sie Béla folgen würde. Ihr einstiger Weg war nun entzweigerissen, unvereinbar, so intensiv sie auch überlegte; es gab keine Lösung. Eine Seite ihres Glücks würde sie am Ende aufgeben müssen, das sägte immer mehr an ihrer Substanz. Im ersten Monat nach Bélas Flucht hatte sie zwanzig Kilo verloren, hatte fast ausschließlich eine Aufnahme des *Valse Triste* von Jean Sibelius in Dauerschleife auf dem Plattenspieler verzehrt; sie wusste, dieses Stück hatte Béla bei der Fluchttournee gespielt, durch die Klänge fühlte sie sich ihm nah. Ihr Gefühl entsprach dabei ganz dem, das Béla vor seiner Entscheidung empfunden haben musste. Irgendwann aber bat Ai sie, damit aufzuhören, es sei nicht weiter zu ertragen.

Der Trauerschleier vor dem Glanz im Auge meiner Mama verhinderte, dass ich mich ganz in ihrem Blicke spiegeln konnte, also erlernte ich mich selbst durch die Reflektion an meiner Schwester. Wir spielten gemeinsam im kleinen Zimmer, und irgendeine Handlung missfiel ihr, sie sagte tadelnd: »Nuku, nu«, und zeigte mit dem Finger auf mich. Das Imitieren verschaffte mir große Freude, mein Finger tat es dem ihren gleich, bohrte sich in ihre

Richtung, ich wiederholte: »Nuku, nu!« Sie schaute mich verwirrt an, überlegte, deutete nun mit dem Finger auf sich selbst. »Alina!« Meinen Finger auf sie gerichtet fragte ich: »Ai?« Jetzt strahlte sie mich an, ich war nun bestärkt, das Unvorstellbare zu wagen, drehte den Zeigefinger zu mir, meinte nun ganz mich. »Nuku?«

»Nuku! Nuku, da!«

Ich quiekte, als hätte Ai soeben einen vorzüglichen Witz erzählt, und sie war außer sich vor Freude, Zeuge meiner Ich-Werdung gewesen zu sein.

Ich deutete auf meine Jacke und die Schuhe, entschied, dass ich mich nun außerhalb der Wohnung im Verhältnis zu allem anderen begreifen wollte. Es war Samstag, wie üblich besuchten Bumami und Horea uns in Tudor. Bumami bereitete mit Mama und Lidi in der Küche ein unverhofft üppiges Mittagessen. Am Vortag war Rodica und ihrer Schwester etwas sehr Besonderes gelungen: Sie bemerkten, dass der Verkäufer des kleinen Ladens an der Ecke ihrer Straße eine unerwartete Lieferung entgegennahm, völlig überfordert von der Organisation einer improvisierten Schnellausgabe vergaß er sogar, die Lebensmittelmarken zu beachten. Zwei Mal konnten sich die Schwestern mit immer volleren Manteltaschen anstellen, ehe es sich herumgesprochen hatte. Der Ausverkauf wurde bekannt gegeben, als sie sich zum dritten Male anstellten wollten.

Der Telefonanschluss in unserer Wohnung war inzwischen eingerichtet worden. Es klingelte unentwegt seit den frühen Morgenstunden, doch Mama hörte niemanden am anderen Ende der Leitung. Sie erblickte uns in voller Montur und bat Horea, uns nach draußen zu begleiten, damit sie in der Nähe des Telefons bleiben konnte. Vor dem Block genoss Horea die Ahnung erster Sonnenstrahlen, während er mit uns am Fluss entlang zum blauen Hund spazierte.

Ich freute mich darauf, mich dem Hund mit Namen vorzustellen, war gespannt, ob er genauso überrascht sein würde wie ich, dass ich nicht er und er nicht ich sei. Dieses neue Wissen machte große Freude beim Darüber-Nachdenken, auch, wenn es Muskelkater in den Denkmuskeln verursachte. Mir eine Grenze zwischen Dingen, die ich sah, und denen, die ich dachte, zu imaginieren, das sprengte meine Vorstellungskraft. Horea ließ während meiner Diskussion mit dem blauen Hund meine Hand nicht los. Bei meinem Großvater fiel es mir noch schwerer, eine Trennung zu erkennen. Ich sah kein Ich in einem Gegensatz zu ihm, ich fühlte mich ganz er, der mir in der vaterlosen Zeit weit mehr als ein Ersatz geworden war; ich sah ihn selbst in mir, so sehr ich auch versuchte, uns unabhängig zu betrachten.

Gerade als ich vor Hunger zu quengeln beginnen wollte, trieb uns ein leichter Regen wieder nach Hause. Als wir uns dem Sichtfeld von Lidis Balkon näherten, bemerkten wir Mama, die wild gestikulierte und uns mit unerwartet harscher Stimme aufforderte, sofort nach oben zu kommen.

Es war Tata gewesen, der seit Stunden versucht hatte, anzurufen, doch die Leitungen waren überlastet. Knapp siebenhundert Kilometer weiter nördlich sollte ein Atomreaktor explodiert sein, und radioaktive Strahlung würde sich über den gesamten Kontinent verbreiten, wir sollten so schnell wie möglich Jod-Tabletten besorgen und auf keinen Fall die Wohnung verlassen.

Horea zog sofort los, Mama hängte sich an den Hörer und versuchte, alle Verwandten zu erreichen. Bei Bélas Bruder kam sie nicht durch, zumindest seine Schwester hob Stunden später ab, völlig durchnässt, weil sie nach der Arbeit Ewigkeiten auf eine Mitfahrgelegenheit gewartet hatte. Onkel Puiu antwortete genervt, es sei nichts anderes als westliche Propaganda, Panikmache. Die rumänischen Medien verbreiteten die gleiche Meinung, als eine Woche später die ersten Meldungen bekannt gegeben wurden: Man brauche sich nicht zu sorgen, der »Lenker« habe die Zügel in der Hand und das Wohl des Volkes fest im Blick, wobei verschwiegen wurde, dass der Landesvater sich schon längst in seinen Atomschutzbunker verkrochen hatte, mit seinem Kugelschreiber in der Hand.

Ihren siebten Geburtstag wünschte sich Ai auf die gleiche Weise zu verbringen wie zwei Jahre zuvor, als sie gemeinsam mit ihrem Onkel umgeben von der ganzen Familie auf der Aussichtsplattform des Platoul Cornești gefeiert hatte – bei der Kindereisenbahn, die sie mir nun unbedingt zeigen und mich auf eine Fahrt mitnehmen wollte.

Der Kontakt zum väterlichen Teil der Familie war mittlerweile auf das Nötigste beschränkt, die Atmosphäre verbesserte sich nicht, so sehr sich alle auch zu bemühen vorgaben.

Auf dem Höhepunkt der Energiekrise 1985 war ein landesweites Sonntagsfahrverbot für Automobile ausgesprochen worden, im Sommer hatte man es so weit gelockert, dass am ersten und dritten Sonntag eines Monats Autos mit gerader Anfangsziffer auf dem Kennzeichen fahren durften, an den übrigen Sonntagen dann diejenigen mit ungerader Zahl.

Horea hätte uns gerne in zwei Touren mit seinem Wagen zum Platoul Cornești gefahren, doch die Benzinpreise waren so weit angestiegen, dass er es sich nicht leisten konnte, das Auto zu betanken. So ging es einem Großteil der Bevölkerung, wodurch sich landesweit die »Mode« etablierte, per Auto-Stopp ans Ziel zu gelangen.

Also liefen Ai, Mama und ich gemeinsam mit Bumami, Horea, Lulu, Titiam, Lidi und meiner zwei Monate alten Cousine mit den riesigen Guckmurmeln eine Dreiviertelstunde aus Tudor zum Platoul Cornești. Fast ausnahmslos sah man auf den Straßen überfüllte DDR-Trabanten, die mit billigem Waschbenzin betrieben werden konnten.

Oben angekommen bot sich Ai ein trister Anblick. Zwar drangen Musik und Gelächter aus einigen umzäunten Bereichen, in denen sich Grüppchen eingemietet hatten, die Kindereisenbahn aber war verbarrikadiert. Also spazierten wir an den Feiergesellschaften vorbei in Richtung Zoo. In einem der Pachtbereiche entdeckte Mama in der Menge ihren Schwager. Als sie durch eine Lücke zu ihm treten wollte, stellte sich ihr der Patron in den Weg. »Geschlossene Gesellschaft!«

»Wir gehören zur Familie!« Doch der Mann ließ nicht mit sich diskutieren. »Bitte, nur kurz, meine Tochter hat Geburtstag!«

Ai begann zu beschwichtigen, es sei nicht so wichtig. Der Mann rieb Daumen und Zeigefinger aneinander zum Zeichen, dass allein mit Geld dort hineinzukommen war.

Er stellte sich breitbeinig in die Lücke seines Zaunes und versuchte auf groteske Weise, Mamas Blick in den Innenbereich durch seine erhobenen Arme zu versperren; er glich der kleinen Holzfigur mit dem Perlenfaden über dem Kopf, die Tata uns gemeinsam mit Comicheften aus Deutschland zu Ais Geburtstag geschickt hatte, die, wenn man am Faden zog, Arme und Beine in die Höhe schnellen ließ. Rodica schlang ihren Blick um den Mann herum und behielt ihren Schwager im Auge. Sie konnte nicht erkennen, ob er sie gesehen hatte, jedenfalls mied er es, in ihre Richtung zu schauen, solange sie dort stand. Er griff mit einer Zigarette in der Hand nach seiner Frau, zog sie auf seinen Schoß und küsste sie so leidenschaftlich, dass sich Rodicas Brust zusammenzog. Machte er diese Geste etwa nur, um ihr das ganze Ausmaß ihrer Einsamkeit vor Augen zu führen?

Irgendwann, sagte Mama zu Ai, wenn dies alles vorüber sei und man der guten Stimmung zuliebe sicherlich so täte, als sei nichts gewesen, dann würde sie nicht schweigen. Zu vergeben, das würde sie wohl schaffen, irgendwie, doch vergessen könne sie das nicht.

Béla wohnte inzwischen zur Miete in einem Marler Gebäude, das Amnesty International für die geflüchteten Musiker der Philharmonia Hungarica gebaut hatte, das im Volksmund »Gulasch-Bunker« genannt wurde. Mit gemeldetem Wohnsitz konnte Béla nun all die wichtigen Amtsbriefe erhalten, die für den Antrag auf Familienzusammenführung nötig waren, doch ein halbes Jahr sollte noch vergehen, ehe alles vollständig war. Bis dahin freute Béla sich jedes Mal über den Eingang einer neuen Nachricht aus der Heimat, er verschlang die beschriebenen Ereignisse des alltäglichen Lebens, die ihm schmerzlich fehlten. Über siebenhundert Seiten in mehr als zweihundert Briefen schickten sie sich in den zweieinhalb Jahren zu. Je näher der Moment kam, in dem Rodica mit uns das Land verlassen sollte, trat eine bestimmte Frage in ihren Briefen immer öfter auf: »Du liebst mich doch noch genauso wie zuvor?«, das formulierte Extrakt ihrer alptraumhaften Befürchtungen, am Ende möglicherweise verloren und unfähig der Sprache, allein mit zwei Kindern in der Fremde ohne Béla dazustehen.

Ihre Befürchtung war nicht unbegründet, hatten sich doch bis nach Târgu Mureş Gerüchte verbreitet, wie weit gewisse Kollegen den Freiheitsbegriff für sich auslegten und ihn sogar auf ihre früheren Treueschwüre ausweiteten, gänzlich offen und vor den Augen aller.

Zu den Briefen mit den ehrlichen Versicherungen, dass er Rodica mehr liebe als je zuvor, schickte Béla uns monatlich Pakete zu, die im Durchsuchungszimmer der Securitate am Hauptbahnhof in Târgu Mureş abgeholt werden mussten. So gut wie nie entgingen den Securisten die Geldverstecke mit den Scheinen, die kleine Münztasche der Jeans durchsuchten sie erst gar nicht, da gleich die ganze Hose in ihren privaten Besitz überging, genauso wie alles andere, worin sie einen Wert für sich erkannten.

Nach der Revolution 1989 traute das Volk seinen Augen nicht, als Fernsehkameras die Privatwohnungen der Securisten durchleuchteten: Man sah deckenhoch gestapelt Luxusgüter, Hifi-Geräte, säckeweise Zigarettenstangen, zur Währung gewordenen Kaffee, Tiefkühltruhen gefüllt mit bestem Fleisch in Massen – schlicht alles, wovon das Volk nur träumte.

Obwohl er sich die Korruptionsbekämpfung auf die Fahnen schrieb, war der mittlerweile gealterte und von Diabetes gezeichnete Ceauşescu mehr mit der Vollendung seines Lebenswerks beschäftigt, das am Ende als Geschwür in der eingeebneten Wunde von Bukarest eine Fläche von 365 000 Quadratmetern einnehmen sollte mit mehr als 1100 Räumen und Sälen, manche von der Größe eines Fußballfeldes. Unabhängig von den Regeln der Statik wurden schwere Marmortreppen durch einen Fingerzeig des Ehepaares abgerissen und andernorts wieder aufgebaut. War der Ehemann erschöpft, so brachte sich die Ehefrau umso eifriger mit willkürlichen Ideen ein, beschäftigte rund um die Uhr die leitende Architektin Anca Petrescu und ihre vierhundert Hilfsarchitekten, denen 200 000 Arbeiter in drei Schichten unterstellt waren. Bei Bedenken hinsichtlich der Schwerkraft hieß es, dass von ihm noch kein Dekret erlassen worden sei, das die Umsetzung seiner Vorstellung verhindere.

Getrieben von seiner Vision, bei der Eröffnungsansprache vom Balkon des Volkspalastes zig Millionen Menschen zu erreichen, wurde der Boulevard vor dem Palast noch weiter ausgebaut, und Wohntürme für Funktionäre wurden an den Seiten hochgezogen, sieben Kirchen dafür auf Schienen versetzt, viele andere abgerissen. Die orthodoxe Kirche schwieg sich, wie gewöhnlich, dazu aus. Ganze Häuserblocks wurden entzweigesägt und samt ihrer Bewohner durch die Stadt geschoben; im Zeitrafferballett folkloristischer Berieselung tanzten die Gebäude umeinander herum, bis schließlich das Gesicht der Stadt vollständig entstellt durch das Fratzenrelief eines kranken Mannes niederschaute auf das Elend der Bevölkerung am Rande seiner Existenz.

Nach Neujahr 1987 schrieb Béla, dass er eine Wohnung für uns vier gefunden und bereits den Mietvertrag unterschrieben hatte. Der Brief kam gleichzeitig mit einer Abschlagsrechnung an, die Rodica nicht mehr bezahlen konnte, und die Abschaltgebühr für das Gas wäre teurer gewesen als die Rechnung selbst. So sah sie sich gezwungen, die Wohnung endgültig aufzugeben. Glücklicherweise konnten wir unseren Besitz rechtzeitig in den 7 November schaffen, ehe das Türschloss ausgewechselt, die Wohnung konfisziert und innerhalb der Securitate weitergereicht wurde. Béla hatte vor der Flucht das billige Linoleum gegen wertvolles Parkett ausgetauscht, das wieder herausgerissen werden musste, um die Wohnung in den Grundzustand zurückzuversetzen. Als Entschädigung blieben abzüglich der Kosten für Reparatur- und Renovierungsarbeiten fünftausend Lei übrig von den hundertsechsundzwanzigtausend Lei, die sie bereits abbezahlt hatten.

Der ehemalige Traum einer Eigentumswohnung reichte nun nur mehr, um die Benzinkosten für die Autofahrten in die umliegenden Verwaltungsbezirke zu decken, um die benötigten Stempel zu unserer Ausreise einzuholen, und schließlich zu einer Versandstation an der ungarischen Grenze, von der aus man die letzten Habseligkeiten verschicken konnte, ehe man das Land verließ. Wir hatten Anrecht auf ein Gesamtgewicht von hundert Kilogramm, fünfzig davon für Mama und jeweils fünfundzwanzig für Ai und mich. Rodica hatte erst wenige Tage zuvor die Führerscheinprüfung bestanden, so konnte sie Horea auf der insgesamt vierzehnstündigen Fahrt hin und zurück etwas entlasten.

Als Vaterlandsverräter wurden sie in Empfang genommen und in rüdem Ton in einen Durchsuchungsraum geführt. Dort mussten sie den Inhalt der mitgebrachten

Tüten auf einem Tisch ausbreiten, angeleitet vom Gebell der beiden Offiziellen, »Wäsche hier. Das hier ist nicht erlaubt. Was soll das? Das dürfen Sie nicht mitnehmen. Das kommt dorthin. Das Besteck hierhin!«

Sie bohrten ihre Finger durch die intimsten Stellen der Kleidung, während Horea sich nach dem Kobalt-Kaffeeservice bückte. Erst jetzt bemerkte Rodica, wie bleich ihr Vater war, seine Hände zitterten so sehr, dass ihm eine Tasse des Hochzeitsgeschenks aus der Hand fiel und zerbrach. Der Offizielle schrie ihn an und zwang ihn, die Scherben mit bloßen Händen in ein Kehrblech zu sammeln. Im Würgegriff aufgescheuchter Traumata sah Horea sich aus der Zeit gefallen, um vier Jahrzehnte zurückgeworfen, er verlor jegliche Kontrolle über seinen Körper und begann sich immerfort im Kreis zu drehen, bis Rodica ihn bei der Hand griff und ihm die Gewissheit gab, dass sie im Hier und Jetzt an seiner Seite war. »Sie haben keine Macht mehr über uns.«

Als sie völlig erschöpft nach Mitternacht im 7 November ankamen, wunderten sie sich über den Schein im Wohnzimmerfenster, auch in der Küche brannte noch Licht, jemand rauchte am offenen Fenster. Maria öffnete gleich die Tür, zuckte hilflos mit den Schultern, sagte flüsternd, sie habe ihn nicht nach Hause schicken können, seit Stunden.

»Sind sie endlich da?«, tönte die Stimme von Onkel Puiu aus dem Wohnzimmer, sturzbetrunken.

»Sei leise, die Kinder schlafen!«, raunte Rodica, dann erblickte sie Ai und mich an seiner Seite.

»Sie schlafen nicht, sie hören mir zu und lernen!« Tante Speranța kam aus der Küche dazu, mit blau angelaufenen

Lippen zog sie Rodica zu sich herunter, küsste sie auf die Stirn und fragte, wo ihr Mantel sei, »Es ist eiskalt!«.

»Ich musste ihn verkaufen. Wieso seid ihr hier?«

»Bitte setz dich!« Im nächsten Augenblick begann Onkel Puiu, hemmungslos zu weinen.

Horea trat sanft an uns Kinder heran und zog uns von Puiu fort, dessen zur Faust geballte Hände erzitterten, es war nicht zu erahnen, ob er als Nächstes um sich schlagen, schreien oder lautlos in sich zusammensacken würde. Stattdessen wurde er verstörend ruhig und klar. »Wir wollen euch um Verzeihung bitten.«

Auf Rodicas fragenden Blick hin begann er zu erzählen. Puius Bruder hatte sich in den Westen abgesetzt, und daraufhin hatte sie das System, das sie aus voller Überzeugung unterstützten, enteignet. Die Nerzzüchterei, ihr ganzer Stolz, ihr Glaube an das Richtige – alles weg. Sie standen vor dem Nichts, eingereiht in das Schicksal eines ganzen Landes.

»Béla hat das einzig Richtige getan.«

Zwei Wochen später wurde es Rodica beim Augenaufschlagen bewusst, dass der unbeschwerte Tagesanbruch wie aus der Zeit vor Bélas Flucht nur ein Traum gewesen war. Stattdessen hatte die Kaffeemühle sie an ihrem Abschiedsmorgen ins Bewusstsein gerissen. Sie schälte sich lautlos aus dem Bett, um Ai und mich so lange wie möglich schlafen zu lassen, zwängte sich an unserem Gepäck vorbei und hielt kurz inne, bevor sie die Küche betrat.

»Bună dimineața«, wünschte sie mit entschlossener Stimme einen guten Morgen, auch wenn sie in ihrem seelischen Zustand nur noch brüchig im Stande war, eine Entschiedenheit zu behaupten.

Horea blickte sie mit müden Augen lächelnd an, ließ sich von seiner Tochter auf die Stirn küssen, so wie er es bei ihr als kleines Mädchen immer getan hatte. Bumami ließ nicht von der kreischenden Kaffeemühle ab, bis sie genügend Kraft gesammelt hatte, umarmte ihre Tochter, wandte sich dann sofort wieder ab, um ihre Tränen zu verstecken. Die Eltern waren blass, sie hatten nicht geschlafen und sich auch nicht getraut, sich zu bewegen, um uns nicht zu wecken. Die Nacht über lagen sie angezogen auf dem Bett, ihre Decke hatten sie uns überlassen, da die Heizung eine Woche zuvor im ganzen Haus abgestellt worden war. Als der Morgen graute, konnte Horea nicht mehr tatenlos im Bett liegen. Er ging zum Markt, in der Hoffnung, vielleicht Glück zu haben und uns die Leckereien zu besorgen, die wir liebten, doch als er sah, wie lang die Schlangen waren, kehrte er mit leeren Händen durch den Neuschnee wieder heim.

Nun saßen sie zu dritt schweigend in der Küche, vermieden es, sich anzusehen, und tranken den letzten Kaffee, den Bumami für diesen Morgen aufbewahrt hatte. Es rummste laut im Flur. Von dem hässlichen Gefühl fehlender Locken meiner Mama in der Hand war ich aufgewacht, stolperte über die Zipfel meines vollgenässten Schlafsacks und knallte gegen den Schuhschrank. Bumami, Horea und Mama eilten in den Flur, hoben mich auf, zuletzt erschien Ai mit tief verschlafenem Blick. Sie umarmten uns so fest und lange, dass wir keine Luft bekamen. Als ich zu weinen aufhörte, bemerkte ich, wie ernsthaft sie schauten. Sonst waren sie immer hocherfreut, mich morgens zu sehen, egal, ob mir nachts wieder einmal ein Missgeschick geschehen war. Bumami lachte immer laut heraus, scherzte liebevoll, wenn sie den Reißverschluss meines Schlafsacks öffnete, wie furchtbar schlimm es stank, doch nun lag eine merkwürdige Trauer in dieser Umarmung, deren Ursache ich nicht verstand.

Wenig später erschienen Lidi, Lulu, Ina und Titiam, sie ließen uns von Tante Speranța und Onkel Puiu grüßen, Mama würde sicher verstehen, dass sie nicht kommen könnten. Mich hatten sie vor der Wohnungstür im Hausflur abgestellt, so dick eingepackt wie nie zuvor. Ich sah, wie zwei Geigenkästen an mir vorbeigetragen wurden, zwei eingepackte Gemälde, ein kleiner und zuletzt ein großer Koffer wanderten die Steintreppe hinab. Mehrmals wurde im Wagen umgeräumt, den Horea rückwärts vor dem Hauseingang geparkt hatte. Dann gingen alle noch einmal durch die ganze Wohnung, um sicherzugehen, dass wir nichts vergessen hatten. Mama musste gestützt werden, als Bumami die Tür endgültig ins Schloss zog. Sie umarmten sich der Reihe nach und gaben unheimliche Laute von sich. Ich hatte nur noch Hintern vor den Augen; einer kam mir viel zu nah und schubste mich, dass ich rücklings mit dem Kopf voran über die Kanten der fünfzehn Steinstufen hinabglitt und erst knapp vor dem Wagen die Bewegungswucht verlor.

Ai war als Erste bei mir, tief erleichtert, als sie mich bei Bewusstsein fand, dann doch irritiert, weil ich sogar lächelte. Sie rief der herunterstürmenden Menge zu, alles sei gut, dem dick gefütterten Latzmann und der Mütze zum Dank, die Lidi mir zum Abschied geschenkt und direkt angezogen hatte. Ich schaute in acht verweinte Augenpaare, die ein wenig ihre Traurigkeit verloren, als ich verlangte: »Încă o dată!« – noch einmal!

Am späten Nachmittag kamen wir in Alba-Iulia an, wo wir die restlichen Stunden bis zur Abfahrt des Zuges in der Wohnung von Bumamis Nichte verbrachten. Zwischen Mittag- und Abendessen sollten Ai und ich Mittagsschlaf halten, doch ich wollte nicht, kam an den Tisch, an dem sie saßen, sagte zu Mama: »Ich will nach Hause!« Sie schaute verloren in die Runde, »Welches denn! Wir haben kein Zuhause mehr«, suchte dabei die Blicke der Herabschauenden um sich herum, in der Hoffnung, dass einer von ihnen sie am Arm nehmen und aus diesem Alptraum erlösen würde. Doch keiner schaute, niemand weckte sie, nicht einer sagte einen Laut, und bald standen wir am Zug in Richtung Grenze.

Als wir das Gepäck in das Abteil geschafft hatten und der Zug sich in Bewegung setzte, ohne dass Bumami und Horea ausgestiegen waren, fühlte ich mich erleichtert – sie würden uns auf dieser Reise begleiten, wohin auch immer sie uns führen sollte.

Wir fünf waren allein im Abteil. Ai und Bumami saßen uns gegenüber, hielten sich an beiden Händen, ich hockte auf Horeas Schoss, Mama neben uns am Fenster. Nach dem nächsten Halt erwachte ich von reißend lauten Zuggeräuschen, die unser ruhiges Abteil fluteten, als ein Mann in Uniform die Schiebetür aufriss und sich auf den freien Platz neben Horea und mich setzte. Ich bat Horea, nicht so fest zu drücken, seine Umarmung tat mir weh, doch er konnte seinen Griff nicht lockern, ich begann zu schreien. Ai holte mich auf ihren Schoß, versuchte mich zu beruhigen, dann übernahm Bumami, der es schließlich gelang.

Der Mann schaute mich entnervt an, bald wanderte sein Blick durch das Abteil, blieb an der Gepäckablage hängen. Er erfasste die Situation sofort, hier wollte jemand das Land verlassen. Er griff nach seiner Zigarettenpackung, doch anstatt in den Gang vor das Abteil zu treten, zwängte er sich zwischen unseren Beinen hindurch an das Fenster, zündete sich eine Zigarette an und nahm drei tiefe Züge, bevor er endlich das Fenster herunterzog. Im eisigen Luftstrom stand er da und rauchte ruhig auf, schnippte seinen Stummel hinaus. Das Fenster jedoch schloss er nicht, und er setzte sich auch nicht wieder hin. Stattdessen legte er die Arme auf den Fensterrahmen, stützte sein Kinn darauf ab, betrachtete die Dämmerung.

Ai und ich durften unsere Köpfe nie so weit aus dem Zugfenster lehnen, alle sagten immer, es sei viel zu gefährlich, bei allem, woran man so vorbeischoss. Nun war ich gespannt, ob dem Mann nicht vielleicht der Kopf abgerissen würde. Mama hatte alle Farbe verloren, Horea war genauso blass wie die Haut an seinen Fäusten. Ehe er sich traute, darum zu bitten, das Fenster schließen zu dürfen, drehte der Mann sich um, schaute nacheinander in unsere Gesichter und scherzte, dass es ihm in diesem Abteil etwas zu kalt sei. Er quetschte sich durch unsere Beine zurück, nahm seine Sachen und verschwand. Das Fenster aber ließ er offen.

Nachdem Horea das verzogene Fenster zu schließen versuchte, Mama und Ai mussten ihm dabei helfen, unterbrach endlich Bumami die lange Stille: »Nu vă e foamiţa?«, habt ihr kein Hüngerchen? Noch nie klang die Verniedlichung aus ihrem Mund so trist, als würde sie über unsere Köpfe streicheln und dabei das kalte Echo schon empfinden. Trotz Appetitlosigkeit ließen wir uns von ihr füttern, Horea hielt Mama fest im Arm, sie nickte zwar hin und wieder blickverloren, doch konnte der Trost, den Horea ihr zuflüsterte, seine Wirkung nicht entfalten. Schroff sagte sie zu ihm, er habe ja recht, doch ihre Handbewegung wies jede weitere Bereitschaft ab, in all dem irgendetwas Gutes sehen zu wollen.

Als ich später hörte, in welchem Ton Bumami tief in der Nacht zu mir sprach, riss ich sofort die Augen auf und erschrak über die Hektik der Bewegungen. Der Zug kam mit schwerem Ruck zum Stehen, irgendetwas musste jetzt sehr schnell gehen. Zwei Männer mit Mänteln und Gewehren stürmten das Abteil, verlangten bellend Pässe und Einsicht in unser Gepäck, so laut, dass ich sofort zu schreien begann. Als die Männer die Pässe von Bumami und Horea untersuchten und bemerkten, dass darin etwas fehlte, unterstellte einer der Männer sofort, sie würden unerlaubt das Land verlassen wollen. Horea versuchte panisch zu beschwichtigen, er fragte, ob es nicht stimme, dass der Zug erst in einer Stunde die Grenze überfahren würde, »Wir wollen uns nur noch von unserer Tochter und den Enkelkindern verabschie...«.

Schreie um mich herum, Bumami und Horea wurden am Kragen ihrer Mäntel vor das Abteil gezerrt, der Soldat riss das Gangfenster herunter und rief seinen Kollegen auf dem Bahnsteig zu: »Illegaler Grenzübertritt.«

Mamas Schrei gefror, als die Männer uns den Weg in den Gang versperrten, sie schaute an den Grenzsoldaten vorbei auf ihre Eltern, Horeas Pupillen weiteten sich bis zum Anschlag, er sammelte den letzten Rest an Kraft und sprach mit gelähmter Stimme des Entsetzens: »Seien Sie keine Unmenschen. Bitte, wir müssen uns verabschieden.«

»Halt‘s Maul, du Krimineller!«, schrie der Soldat und stellte sich breitbeinig in die Tür, während sich der andere an unserem Gepäck zu schaffen machte. Weitere Männer stürmten den Gang, der Breitbeinige zeigte auf Bumami und Horea, »Diese beiden, raus!«, doch die Füße unserer Großeltern schlugen Wurzeln, fünf Mann konnten sie nicht raustreiben. Zuletzt sah ich den geschwungenen Griff eines Gewehres, ausholend und zuschlagend auf etwas hinter der Abteilwand. Ai riss mich herum und drückte mein Gesicht mit aller Gewalt an ihren Bauch, umschloss mich mit ihrer Jacke.

Ein Riegel absoluter Weigerung, dies alles weiter in mich aufzunehmen, schob sich vor meine Wahrnehmung der Außenwelt. Ich spürte, wie Ais Bauchmuskeln mit jedem weiteren Angstlaut eines jeden ihrer Atemzüge bis zur völligen Erschöpfung krampften, bis ich auf die Knie fiel, mich um ihren Oberschenkel klammerte, wo es warm und feucht an meiner Wange wurde.

Vor Sonnenaufgang erreichten wir Budapest. Ein Onkel von Bélas Mutter holte uns ab und brachte uns zu sich nach Hause, wo wir baden, essen und schlafen konnten. Tata rief dort an, doch Mama wollte ihn nicht beunruhigen und sagte, dass alles gut gegangen war, fasste dennoch die Ereignisse zusammen. Die Soldaten hätten die Gemälde konfisziert, wären Bumami und Horea nicht bis zur Grenze mitgefahren, um sie wieder mit zurückzunehmen. Trotz der offiziellen Genehmigung zur Ausfuhr hätten die Grenzer entschieden, dass diese Kunst als Kulturerbe des Vaterlandes anzusehen sei und als solche das Land nicht verlassen dürfe. Mit den Geigen habe es sich genauso verhalten, diese seien ebenfalls über das Gangfenster an Bumami und Horea übergeben worden. Bei der Securitate war die Information eingegangen, dass Mama unerlaubt rumänisches Kulturgut aus dem Land schaffen wollte; sie konnte sich gleich denken, welcher der Kollegen diese Lüge durchgestochen hatte. Die offizielle Ausfuhrgenehmigung wurde ignoriert, obwohl Rodica protestierte, dass sie ihr das einzige Werkzeug ihres Handwerks, die Voraussetzung zur Ausübung ihres Berufes nicht wegnehmen dürften.

Rodica hörte Bélas Atem durch den Hörer, er fand keine Worte. Er wusste, wie es um ihr Seelenleben stand, dennoch fragte er, wie es ihr ginge, dann brach die Verbindung ab. Sie fiel zurück in die Erinnerung an die Nacht zuvor, sah, wie Bumami und Horea mit den Gemälden und den Geigenkästen in den Händen verloren auf dem Bahnsteig standen, als der Zug sich in Bewegung setzte, wie sie selbst die einzelnen Fenster des Ganges entlangrannte, um einen weiteren letzten Blick auf ihre Eltern zu erjagen, und noch einen, ein allerletzter blieb noch, bevor sie das Ende des Waggons erreichte und das erneute Klingeln des Telefons sie in die Gegenwart zurückriss.

»Es geht mir gut. Ich bin stark«, sagte sie, doch ihre Tränen hörten bis zum Abend nicht mehr auf zu fließen, bis sie begriff, dass sie nun ohne weitere Hilfe von Verwandten oder Freunden die letzte Etappe bestehen musste, die uns über einen längeren Zwischenhalt in Wien schließlich am kommenden Morgen nach Köln führen sollte. Der Mann, in dessen Wohnung wir den Tag über verbracht hatten, bestach den Schaffner, damit wir das Abteil ganz für uns hatten, ab jetzt waren wir auf uns allein gestellt.

Mama wischte ein letztes Mal ihre Tränen fort und sagte: »Gata, capul sus!« – Schluss jetzt, Kopf hoch! Es machte ihr noch nicht einmal etwas aus, als ich gegen

Mitternacht mit der Milch aus meinem Fläschchen eine Sauerei veranstaltete und ihren schwarzen Lederrock damit besudelte.

Gegen zwei Uhr nachts war Béla mit allen Vorbereitungen fertig geworden, hatte sich donnermüde hingelegt und dennoch keine Sekunde schlafen können. Zwei Jahre hatte er sich dieses Gefühl herbeigesehnt, aufzuwachen und mit dem ersten Augenaufschlag zu wissen, der Tag unserer Ankunft war gekommen, der erste gemeinsame unseres neuen Lebens. Nun aber, verlängert aus dem gestrigen, erschien es ihm als ein einziger langer Bogen von sechshundertsieben nicht enden wollenden Tagen.

Nach drei Stunden des Umherwälzens stellte er den Wecker eine Stunde vor der eingestellten Zeit ab, erhob sich vom Teppichboden. Seit einer Woche hatte er neben dem neuen Ehebett geschlafen, denn er wollte nicht eine einzige Nacht ohne seine Frau darin verbringen. Béla schüttelte die Decke aus und warf sie mehrmals über die Matratzen, bis sie perfekt mittig lag, und strich alle Falten aus. Nacheinander ging er die Zimmer ab, schaltete das Licht an und kontrollierte, ob er kein Detail übersehen hatte, die Tapete mit den Comicfiguren im Kinderzimmer hatte sich zum Glück nicht vom Putz gelöst. Die ausgewaschenen Farbrollen im Badezimmer waren mittlerweile trocken, er sammelte alle Utensilien und Werkzeuge in einem Eimer, den er in den Gemeinschaftskeller brachte. Anschließend bereitete er die Einkäufe vom Vortag zu, schnitt das Brot für uns drei in unterschiedlichen Größen mundgerecht, bestrich es mit einer dicken Schicht Butter, belegte die Hälfte der insgesamt sechzehn Sandwiches mehrlagig mit Schinken und Käse, die anderen mit Salami und garnierte sie mit dünnen Gurkenscheiben ohne dunkelgrünen Rand.

Durch das Küchenfenster betrachtete er, ob der Himmel sich bereits dunkelblau von den schwarzen Baumspitzen abzugrenzen begann, doch noch war es nicht so weit. Er schaute auf die Uhr: 5:47 Uhr, noch ungefähr vier Stunden bis zur Ankunft unseres Zuges. Nachdem er die Provianttüten und die drei Limonadenflaschen zum Wagen gebracht hatte, betrat Béla ein letztes Mal allein die Wohnung, drehte in allen Zimmern für uns die Heizungen voll auf, schaltete die Lichter aus und setzte sich auf das Sofa mit den eingesteppten Schwungmustern im Wohnzimmer.

Erst jetzt merkte er, dass seine Finger zitterten. Der Muskelschmerz zog sich bis in alle Sehnen, sein Körper war die Anstrengungen nicht gewohnt, Betten und Schränke aufzubauen. Ganz von null hatte er sein Leben neu begonnen, der Einsatz hätte nicht höher sein können, und während er sein Gesicht vor lauter Fassungslosigkeit des Glücks in seinen Hände vergrub, ereilte ihn für einen kurzen Augenblick die bittere Angst, dass er vielleicht noch schliefe; es pritzelte in seinen Fingern, bald im ganzen Körper, er befürchtete, dass die Lichtpunkte sich auch auf seinen Verstand ausweiten würden, bis sich sein Bewusstsein aus diesem verdächtig schönen Traum herausstülpte – doch noch immer saß er auf dem Sofa, atmete ein und empfand tiefen Stolz auf das Nest, das er uns erschaffen hatte.

Dunkelblau über den Häusern gegenüber, jetzt war es da, es gab keine Zeit zu verlieren. Was, wenn der Zug verfrüht einfahren würde? Er ging in die Küche, nahm die

Blumensträuße aus der Spüle, die er am Vortag gekauft hatte, zog den Mantel an und machte sich auf seinen allerschönsten Weg. Zu uns.

Die Ankunftszeit war auf 09:44 Uhr geplant. Das erste Mal waren wir bereits um 06:30 Uhr ausstiegsbereit, vor Sonnenaufgang. In ihrer Erschöpfung hinterfragte Mama die fälschlich mitgeteilte Ankunftszeit eines Reisenden nicht, sondern weckte uns harsch, sorgte dafür, dass wir auf keinen Fall den Halt verpassten. So verließen wir unser Abteil mit dem Gepäck in Richtung Tür.

Ai klebte mit der Nase an der verschmutzten Scheibe, während die Bremsen aufschrien, versuchte das Schild am Bahnsteig zu lesen, doch sie konnte sich so schnell nicht den ganzen Ortsnamen merken, sondern nur ein »A« am Anfang und zwei »f« in der Mitte. Sie sprang an mir vorbei und kontrollierte am Zuglaufschild mit der Überschrift »Wien-Holland-Express«, wo wir uns befanden, suchte nach dem Halt mit den gemerkten Buchstaben und bewahrte uns vor einem falschen Ausstieg in Aschaffenburg. Es sollten vor Köln noch Hanau, Frankfurt, Mainz, Bingerbrück, Koblenz und Bonn folgen.

Also schleppten wir das Gepäck zurück ins Abteil, packten die Puppe von Ai und mein Auto wieder aus, die wir uns am Bahnhof in Budapest hatten kaufen dürfen, spielten uns einander gegenüber in den Dämmerschlaf hinein und rutschten abwechselnd einnickend vom Sitz und knallten auf den Boden, wenn der Zug bremste oder beschleunigte, ohne dass Mama uns mit ihrer verzögerten Reaktion davor bewahren konnte. Nachdem mein Weinen verebbte, beobachtete ich, wie Mamas Augen zufielen und ihr Kopf sich neigte. Sofort riss sie ihn wieder hoch, Panik krallte sich um ihren Hals, sie befürchtete, sie habe mehrere Stunden geschlafen und den Halt verpasst, dabei war es nur ein kurzer Augenblick, den die Lider ihr verdeckten. Sie kontrollierte die Uhr, stemmte sich gegen die Flut der Angst, entschied, dass jetzt Schluss sei, der letzte Rest an Kraft müsse nun gesammelt werden.

»Wir holen jetzt einen Kaffee!« Mama stand entschlossen auf, um sich endlich etwas Gutes zu tun, sich einen Hauch alter, unbeschwerter Tagesanbrüche zu leisten, doch sie erinnerte sich stechend an den Klang der Kaffeemühle, der sie zwei Tage zuvor noch geweckt hatte, im nun verlassenen Zuhause. Ihr drückte sofort ein großer Knoten streuend aus dem Hals gegen ihre Lunge, die Atmung hakte sich an ihren Rippen fest. Bumami und Horea. Wie dunkel musste der Zustand ihrer Stimmung erst sein, so verlassen in der leeren Wohnung, jetzt, wo wir gegangen waren, ohne Hoffnung auf ein Wiedersehen, ohne Spur von einem »Bald« hinter jedem »Wann«, ohne die Gewissheit eines »Ja« hinter schwerem »Ob«. Als Kind in den Sommerferien war ihr bewusst, dass die Trennung nur einen Monat dauern würde, wie glücklich sie doch damals war, allein dieser Gewissheit wegen, dass ihr Heimweh endlich sein würde. Nun war es anders, dieser Abschied war endgültig. Sie musste die Gedanken beiseitewuchten, um nicht vollends einzustürzen.

»Kommt!« Mama packte die Trauer beim Kragen und drückte ihr ein Lächeln ins Gesicht. Die Puppe und das Auto sollten wir auf den Sitzen lassen. Mama führte uns an der Hand durch zwei weitere Waggons in den Speisewagen. Ai rannte sofort zur Auslage, um zu schauen, was es alles Buntes gab, Mama stellte sich an das Ende der Schlange und begann das Kleingeld zu zählen; es sollte nur noch für einen Kaffee reichen.

Ich hingegen hatte Sorge, dass mein Auto gestohlen würde oder womöglich wegführe, also lief ich schnell zurück. Freundliche Menschen halfen mir beim Öffnen der Zwischentüren in den Wagen. Glücklicherweise lag das Auto unbewegt auf meinem Sitz, ich schnappte es und lief zurück. Dieses Mal dauerte es ein wenig, bis jemand kam, um mir die Zwischentür zu öffnen. Es war Ai, ich strahlte sie an. Als ich jedoch ihren entsetzten Blick sah, wusste ich, ich hatte einen großen Fehler begangen. Sie schüttelte mich durch, was ich mir dabei gedacht hätte, einfach wegzulaufen? Ai zerrte mich zurück in den Speisewagen, in dem Mama völlig aufgelöst, weinend auf einer Bank saß, unumstößlich davon überzeugt, dass sie mich verloren hatte. Ich wollte ihr mein Auto schenken, doch sie reagierte nicht. Also versuchte ich in Worte zu fassen, dass ich so etwas nie wieder tun würde, doch half es alles nichts. Auch nicht, als wir sie zu zweit ganz fest umarmten und ihr zuflüsterten, dass doch alles gut sei.

Die Strecke nach Köln war Béla die Tage zuvor mehrmals Probe gefahren, hatte sich für jede Eventualität eine Ausweichroute überlegt, die Notizen zu den Wegbeschreibungen lagen griffbereit auf dem Beifahrersitz. Er fuhr so schnell, wie es der Wagen zuließ, kurz vor dem Autobahnkreuz Leverkusen setzte Schneeregen ein, die Scheiben beschlugen vollends. Mit dem Ärmel seines Mantels wischte er die Nebeltropfen auf der Innenseite weg, nahm konzentriert die letzte Ausfahrt, jetzt nur noch geradeaus.

Er schaute auf die Uhr; zwei Stunden hatte er noch Zeit, um rechtzeitig am Gleis zu stehen, er drosselte erleichtert die Geschwindigkeit.

Als der Regen aufgehört, der Scheibenwischer schon lange die letzte Gischt der Überholenden fortgestrichen hatte und sich am Horizont endlich die Turmspitzen des Doms vor hellem Grau erahnen ließen, war auf einmal kein Auto vor und keines mehr hinter ihm. Béla kurbelte das Fenster herunter, die Folien der Blumensträuße auf der Rückbank raschelten im Zug kaltfeuchter Luft, er betrachtete die Wolkendecke. Ein Lichtstrahl zog an ihm vorbei, orange vor tiefem Grau, dann noch einer, gefolgt von einer langen Reihe weiterer Flutlichtmasten, die sich im Trennbereich der Schnellstraße in den Himmel streckten. Béla fiel auf, dass jede Laterne ganz die Form einer Note hatte: An langen Stielen leuchteten die Notenköpfe. Freie, im Nichts schwebende Musik erklang in seinem Kopf, deren Melodie ohne jenes Fundament, das ihr erst Bestimmung schenkt, unmöglich zu deuten ist.

Als die Fahrgäste in Bonn ausgestiegen waren und die Zugestiegenen den Gang verlassen hatten, brachte Ai unser Gepäck zur Tür, hob mich hoch und setzte mich auf die Koffer, von wo ich die Landschaft gut betrachten konnte. Für einen kurzen Moment drang die Sonne durch einen Wolkenriss hinter dem Kabelspiel hindurch. Ich griff nach Mamas Hand, um ihr den Wärmestrahl zu zeigen, doch sie schaute weiter unbewegt ins Leere. »Nuku, imediat ajungem, totul e bine!«, sagte Ai zu mir. Gleich würden wir ankommen, alles sei gut. Nichts war gut, denn Mama vergrub ihre Wahrnehmung weiter tief in ihrem Innersten.

Von Mama ungesehen verschwand der Sonnenstrahl, die Kabel flirrten weiter, sie zogen meine ganze Aufmerksamkeit auf sich. Ich versuchte, mich für eine der Stromleitungen zu entscheiden, doch jede einzelne entwischte meinem Blick, es war nicht zu erahnen, wohin ihr Weg als Nächstes führen würde. Von Zeit zu Zeit glich das Muster einem Notensystem, doch weder geradlinig wie auf Papier noch ausgefüllt von den Noten einer Melodie, sondern verstummt und losgelöst von der uns fremd gewordenen Realität des 19. März 1987. Im letzten Anlauf vor dem Ziel war es bloß eine freie Einheit zweier Striche, die vor der grauen Wolkendecke zuckte, mal mehr, mal weniger weit voneinander entfernt, an vorbeiziehenden Masten befestigt, dazwischen durchhängend, aufeinander zuspringend, aus dem Blick verschwindend und wiederauftauchend.

Familienverzeichnis

Nuku / Sabin / Sabinuku / Nukuţu	—	Erzähler
Rodica / Mama	—	seine Mutter
Béla / Tata	—	sein Vater
Alina / Ai / Alinuşa	—	seine Schwester
Horea Sava	—	Rodicas Vater, Erzähler
Maria / Bumami / Mărioara	—	Rodicas Mutter
Lidi	—	Rodicas Schwester
Lulu	—	Lidias Ehemann
Titiam	—	ihr Sohn
Ina	—	ihre Tochter
Buni	—	Horeas Mutter
Ion	—	Horeas Vater
Dorin	—	Horeas Bruder
Petru Mărgineanu	—	Marias Vater
Nela	—	Marias Schwester
Virgil	—	Nelas Ehemann
Momo	—	Bélas Mutter
Ticu	—	Bélas Vater
Der Onkel	—	Bélas Bruder
Ilo	—	seine Frau
Adi	—	ihr Sohn
Iţa	—	Bélas Schwester
Nelu	—	Itas Ehemann
Cristina	—	ihre Tochter
Onkel Küken / Puiu	—	Horeas Cousin
Tante Hoffnung / Speranţa	—	Puius Ehefrau

Dank

Ich danke meinem Notensystem; meiner Familie, die mir das Leben, das ich führen darf, sowie das Vertrauen geschenkt hat, unsere Geschichte in Worte zu fassen.

Karin Graf, dass ich im Windschatten ihrer Flügel Anlauf nehmen durfte.

Ulrike von Stenglin, für ihr Vertrauen und ihren Mut, den Gutkind Verlag ins Leben gerufen zu haben, der meinem Roman ein liebevolles Zuhause wurde.

Gaby Hartel und Boris Wilsdorf, für die feinfühlige und unterstützende Arbeit am Hörbuch.

Thomas Kunze für das Standardwerk *Nicolae Ceaușescu – Eine Biografie* sowie dafür, das Fachlektorat von *Vaterländer* übernommen zu haben.

Den wundervollen Menschen, die mich in jeder denkbaren Hinsicht unterstützt haben: Lisa Mannagottera, Julia von Hardenberg, Silvia Schumacher, Simone Henke, der gesamten Literaturagentur Graf & Graf, Lisa Heimann und dem Hörbuch Hamburg Verlag sowie Angela Dwyer und Olga Marie Becker.

Dominik Hahn, mit dem ich ewig zwölf Jahre alt bleiben kann.

Werner Hahn, wo auch immer er gerade sein Publikum verzaubert.

Und ich danke vor allem dir, die wir füreinander zugleich Begleitung und Melodie sind; mein Wasseraugenmädchen, nach dem ich mein ganzes Leben gesucht habe, ohne zu wissen, ob, wann, wo und wie wir uns begegnen würden.